MODERNE FERTIGHÄUSER

DAS GROSSE
BAUHERREN-HANDBUCH

Impressum

Bundesverband Deutscher Fertigbau (Hrsg.): Moderne Fertighäuser – Das große Bauherren-Handbuch.

1. Auflage 2011.
© Fertigbau Informationsdienst GmbH 2011

ISBN: 978-3-9814379-0-4

Herausgegeben vom Bundesverband Deutscher Fertigbau e.V. (BDF) anlässlich des 50-jährigen Verbandsjubiläums.

Verlag und Vertrieb:
Fertigbau Informationsdienst GmbH
Flutgraben 2
53604 Bad Honnef
Deutschland

Telefon: 0 22 24 / 93 77 - 0
Telefax: 0 22 24 / 93 77 - 77

E-Mail: info@bdf-ev.de
Internet: www.bdf-ev.de

Redaktionsbeirat:
Detlef Bühmann, Georg Huf, Alexander Lux

Lektorat:
Paul Daleiden

Druck:
www.druckerei-engelhardt.de
Gedruckt auf:
BVS matt FSC und
MyNova silk FSC

MIX
Aus verantwortungs-
vollen Quellen
FSC
www.fsc.org   FSC® C104415

Redaktion:
Anselm Kipp (Leitung),
Bastian Herzig, Dietrich Stoverock

Layout und Gestaltung:
Bastian Herzig

Preis: € 10,00

Bildnachweis:
Archiv Bundesverband Deutscher Fertigbau e.V., Bad Honnef; BDF-Mitgliedsunternehmen; BAUHAUS Archiv, Dessau; Albert-Einstein-Archiv, Berlin

Ein Wegweiser durch den Holz-Fertigbau

von Johannes Schwörer,
Präsident des Bundesverbandes
Deutscher Fertigbau

Liebe Leserinnen und Leser,

kaum eine Entscheidung ist so komplex und emotional wie die für einen Hausbau. Schließlich geht es um die in der Regel größte finanzielle Investition im Leben eines Menschen. Umso wichtiger ist, dass der Bauherr alles richtig macht: Dass er sich gut beraten lässt, dass die finanziellen Rahmenbedingungen stimmen und das Eigenheim in allem den eigenen Wünschen entspricht. Es gibt meist keinen zweiten Versuch. Der erste sollte sitzen!

Viele Wege führen ins eigene Haus. Bauherren suchen im Dschungel der Bauweisen, Baustoffe und Anbieter Orientierung. Dieses Buch ist ein Angebot der führenden Hersteller von Holz-Fertighäusern an Sie, den deutschen Fertigbau kennen und schätzen zu lernen. Sie erfahren, wie die Eigenheime im Werk vorgefertigt werden und welche Vorteile die Fertigbauweise Ihnen bietet. Keine Angst: Das Handbuch ist keine bunte Werbebroschüre. Wir wollen Sie nicht überreden, sondern überzeugen. Trotzdem ist jede Seite geprägt von

der Gewissheit, dass Holz-Fertighäuser viel zu bieten haben. Ganz unbescheiden behaupte ich: Der Fertigbau ist das Bauen der Zukunft!

2010 war bereits jedes siebte neu genehmigte Ein- und Zweifamilienhaus in Deutschland ein Fertighaus. Der Marktanteil ist in den vergangenen 20 Jahren gestiegen. Gründe dafür sind die Energiesparsamkeit der Häuser, ihre individuelle Architektur und der gesunde Baustoff Holz.

Dieses Handbuch richtet sich an Bauinteressierte und diejenigen, die es noch werden wollen. Und zwar unabhängig davon, ob sie bereits eine Musterhausausstellung besucht haben oder auf der Wohnzimmer-Couch anhand von Fachpublikationen und Internet von den eigenen vier Wänden träumen. Und unabhängig davon, ob sie als junge Familie ihr erstes eigenes Nest bauen oder im besten Alter einen neuen Aufbruch wagen wollen.

Ob Fertigbau-Kenner oder -Einsteiger: Sie, liebe Leserinnen und Leser, werden in diesem Kompendium viel entdecken – Neues und vielleicht auch Überraschendes. Wussten Sie schon, dass Fertighäuser aus Holz in Deutschland eine lange Tradition haben? Dass die Wurzeln der Bauweise hierzulande in der berühmten BAUHAUS-Architekturschule der „Goldenen Zwanziger" des 20. Jahrhunderts liegen? In dieser Zeit begann die Firmengeschichte vieler Haushersteller aus der von mittelständischen Familienunternehmen geprägten Fertigbau-Branche. Die meisten wurden als kleine Zimmereien gegründet und stiegen später in die industrielle Fertigung von Holzhäusern ein. Heute hat der Bundesverband Deutscher Fertigbau 43 namhafte Mitgliedsunternehmen. Sie sind bundesweit tätig und errichten jedes Jahr Tausende Fertighäuser.

Dieses Handbuch besteht aus drei Teilen. Der erste bietet Ihnen einen umfassenden Überblick über den Holz-Fertigbau in Deutschland. Der zweite ist ein Bauherrenratgeber. Er beschreibt exemplarisch einen typischen Beratungs- und Hausbauprozess im Fertigbau, von der Kontaktaufnahme bis zur Abnahme des neuen Domizils. So lernen Sie die wichtigsten Stationen auf dem Weg in ein Fertighaus kennen, begleitet von Tipps von Fachleuten und Praktikern.

Wir laden Sie darüber hinaus herzlich ein, sich mit Ihren Fragen direkt an die Fachberater der Haushersteller zu wenden. Im Service-Teil am Ende des Kompendiums finden Sie Porträts aller führenden deutschen Fertighausunternehmen und der 15 großen deutschen Musterhausausstellungen - natürlich mit Kontaktdaten.

Ich wünsche Ihnen viel Spaß bei Ihrer Reise durch die Welt des Holz-Fertigbaus. Den Wegweiser dazu halten Sie in Hän-

den. Ich hoffe, Sie werden sich bei uns heimisch und zuhause fühlen!

Ihr

P.S.: An der Entstehung dieses Buches haben viele fleißige Hände mitgewirkt. Besonders danken möchte ich Herrn Paul Daleiden, dem erfahrenen Fertigbau-Fachmann und Herausgeber von zahlreichen renommierten Publikationen im Fachschriften-Verlag. Er hat das Buch kompetent lektoriert und uns viele wertvolle Hinweise gegeben.

P.S.P.S.: Bauherren, Baudamen, Baupaare, Baufamilien, Hausbauer, Häuslebauer... Die Bezeichnungen für Menschen, die ein Haus bauen, sind zahlreich. Im Handbuch verwenden wir meist die gebräuchlichste Bezeichnung „Bauherr". Damit wollen wir natürlich niemanden ausschließen: Jeder und jede kann und soll sich als „Bauherr" angesprochen fühlen...

Teil I
Der Fertigbau –
Porträt einer modernen Bauweise

1. Einführung in den Fertigbau

Energiesparender und individueller Hausbau der Zukunft

von Dirk-Uwe Klaas,
Hauptgeschäftsführer des
Bundesverbandes Deutscher Fertigbau

Liebe Leserinnen und Leser,

allzu oft ist das Fertighaus für Bauherren noch die „große Unbekannte", wenn es an die Planung der eigenen vier Wände geht. Dabei reicht die Geschichte der Bauweise in Deutschland bis zu den Fachwerkbauten des Mittelalters zurück. Der industrielle Fertigbau etablierte sich bei uns Mitte des 20. Jahrhunderts. Heute bauen die Haushersteller individuelle Eigenheime für alle Zielgruppen und in allen Preislagen.

Die Fertigbau-Grundidee ist so simpel wie überzeugend. Warum soll ein Haus eigentlich erst auf der Baustelle in vielen kleinen Einzelschritten aus vielen kleinen Bauteilen entstehen? Bei einem Auto würde sich jeder verwundert die Augen reiben, wenn es im eigenen Garten zusammengesetzt würde...

Also werden im Fertigbau in wettergeschützten Werkshallen große Wand- und Deckenelemente hergestellt und auf der Baustelle in maximal zwei Tagen zu einem trockenen, ausbaufertigen Haus montiert. Als Baustoff dient der natürliche Alleskönner Holz, der stabil und haltbar ist. Die vorgefertigten Bauteile der Holzkonstruktion sind mit Dämmmaterial gefüllt und mit soliden Plattenwerkstoffen verschlossen. Die Grunddämmung wird also nicht auf der Außenwand angebracht, sondern befindet sich in der Holztafelwand.

Bei diesem Innenleben überrascht es nicht, dass Fertighäuser energiesparend sind, wenig Heizenergie benötigen und keine Probleme kennen, die Voraussetzungen für eine staatliche Bauherren-Förderung zum Beispiel über die KfW-Bank zu erfüllen. Die Haushersteller haben außerdem die Gebäudehülle energetisch optimiert. Besser ausgeführt und minimiert wurden beispielsweise die Wärmebrücken, also die Bereiche von Bauteilen, an denen Wärme nach draußen verloren geht. Wo weniger Energie entweicht, muss weniger Energie aufgewendet werden: Vorteil Fertigbau!

Keine Branche der Bauwirtschaft hat eine derart rasante Entwicklung zurückgelegt wie der industrielle Fertigbau. Für einen einheitlichen und hohen Branchenstandard bürgt seit 1989 die „Qualitätsgemeinschaft Deutscher Fertigbau", der alle führenden Hersteller angehören. Sie macht Vorgaben zu Hauskonstruktion, energetischen Mindestanforderungen und Bauherrenfreundlichkeit. Weil Vertrauen gut, Kontrolle aber besser ist, prüfen Kontrolleure mehrfach die Haushersteller im Werk und auf der Baustelle. Nur wenn es keine Beanstandungen gibt, wird ein Gütesiegel für ein Jahr an das Unternehmen verliehen. Kein Wunder, dass es in der Fachwelt einen exzellenten Ruf genießt.

Die zunehmende Individualität der Häuser ist der zweite Faktor, der den Fertigbau in den vergangenen Jahrzehnten geprägt hat. Ob Architektur, Grundriss, Haustechnik oder Innenausstattung: Vielfalt ist angesagt. Die meisten Fertighäuser werden heute individuell geplant. Das gilt sowohl für schlüsselfertige Eigenheime als auch für preisgünstigere Ausbauhäuser, die Bauherren in Eigenleistung vollenden.

Die Liste der Vorteile von Fertighäusern ist lang: Die Zeitspanne von der ersten Hausidee bis zum Einzug ist wegen der Vorfertigung kürzer als bei anderen Hausbau-Formen. Die Hersteller bieten ihren Kunden einen Fixpreis und einen festen Fertigstellungstermin. Alle Leistungen kommen aus einer Hand. Bauinteressierte können Musterhäuser besuchen und anhand dieser Beispielhäuser Ideen für ihr Traumhaus entwickeln. Dabei stehen ihnen Fachberater zur Seite.

Jedes Jahr werden in Deutschland mehr als 10.000 Ein- und Zweifamilienhäuser in Fertigbauweise errichtet – Tendenz steigend. Warum halten renommierte Experten den Fertigbau für die Bauweise des 21. Jahrhunderts? Wo liegt das Geheimnis dieser „etwas anderen", zeitgemäßen und hochwertigen Art des Hausbaus? Antworten auf diese Fragen liefert das erste Kapitel unseres Handbuchs.

Ihr

1.1 Fertigbau: Hausbau der besonderen Art

1.1.1 Einführung

Der Hausbau war im Leben der Menschen immer ein Vorgang von besonderer Bedeutung. Das eigene Haus zu bauen ist ein Ur-Bedürfnis. Schon die frühen Menschen suchten Schutz in Behausungen. Die schützten vor wilden Tieren, Wind und Wetter, vor Kälte und Hitze. Außerdem boten sie einen Ort für soziale Gemeinschaft, der Sicherheit und Wärme vermittelte. In allen Gesellschaften weltweit gilt der Hausbau bis heute als ein entscheidend und quasi schicksalhaft. Entsprechend haben sich in den verschiedenen Kulturen Traditionen und Riten, wie die Haussegnung oder das Richtfest, herausgebildet.

Sie geben Zeugnis vom Stellenwert des eigenen Hauses, der über die Erfüllung der natürlichen Schutzbedürfnisse hinausgeht. Ein Haus stiftet Identität, gibt

Heimat, ist das Nest der Familie und ein Ort zum Wohlfühlen. Wissenschaftler behaupten, die Motive für den Hausbau hätten sich seit Jahrhunderten und Jahrtausenden nicht prinzipiell geändert – obwohl sich in Architektur, Konstruktion und technischer Ausstattung der „Behausungen" Dutzende, wenn nicht Hunderte Revolutionen ereignet haben.

Ein Haus drückt Identität und Lebensstil aus

Wofür steht der Hausbau im 21. Jahrhundert? In der Moderne ist die Bedeutung des Wohnens für die Identität der Menschen stark gestiegen. Ein Haus drückt mehr denn je einen bestimmten Lebensstil aus, den die Bewohner leben und sich geben. Stand noch bis Mitte des vergangenen Jahrhunderts der Platzbedarf für die normalerweise großen Familien im Vordergrund der Wohnumstände, geht es heute vermehrt um den Ausdruck der individuellen Persönlichkeit. Die spiegelt sich in Architektur oder Energiesparsamkeit des Hauses wider. Der Grundriss ist an die Bedürfnisse der Bewohner angepasst. Die meisten Menschen möchten in überschaubaren Wohneinheiten leben, in Ein- oder Zweifamilienhäusern, freistehend oder als Doppelhaushälfte. Große, mehrgeschossige Häuser mit vielen Wohnparteien und entsprechend eingeschränkter

Privatheit prägen dagegen das Bauen im so genannten „verdichteten Raum", also den (Innen-)Städten und Ballungsräumen.

Bauweisen und Baustoffe in Geschichte und Gegenwart

Schon immer haben Menschen verschiedene Baustoffe und Bauweisen genutzt, um Häuser zu errichten. Diese wurden und werden vor allem aus Stein und Holz gebaut, später kamen aufgrund der neuen technischen Möglichkeiten Stahl und Beton hinzu. Unterschiedliche Konstruktionsweisen bildeten sich aus, wie der Ziegelbau, der Tafelbau und der Skelettbau. Die Verfügbarkeit der Baustoffe, klimatische Bedingungen, regionale und kulturelle Traditionen spielen seit jeher eine wichtige Rolle, wenn es um die Wahl der Bauweise für Eigenheime geht.

In Deutschland werden die meisten Häuser in der so genannten „konventionellen" Bauweise gebaut. Gemeint ist damit die Errichtung von Stein-auf-Stein gemauerten Bauwerken direkt auf der Baustelle. Ziegelhäuser werden aus Mauerziegeln, die Decken aus Beton oder Stahlbeton gefertigt. Die bei Bauherren und in der Öffentlichkeit stetig bekannter werdende Alternative dazu ist die so genannte „Fertigbauweise".

1.1.2 Bauweisen und Baustoffe

Ein Haus aus vorgefertigten Bauteilen

Fertigbau bedeutet, dass vorgefertigte großformatige Wand- und Deckenelemente auf der Baustelle in kurzer Zeit zu einem Gebäude zusammengefügt werden. Die eigentliche Produktion der Hauskonstruktion erfolgt nicht dort, wo das Gebäude stehen wird, sondern an einer separaten Produktionsstätte. Der industrielle Fertigbau weist den höchsten Vorfertigungsgrad auf. Komplette und geschlossene Bauteile werden in Werkshallen vorproduziert.

Im Laufe der Geschichte hat das Prinzip der Vorfertigung unterschiedlichste Ausprägungen angenommen. Die alten Ägypter brachten für ihre Pyramiden Steinblöcke über weite Strecken zu Pharaonen-Gräbern. Schon eher an den heutigen Fertigbau erinnern Berichte, sie hätten ganze Steinwände über weite Entfernungen herantransportiert. Eine andere Art der Vorfertigung ist aus dem Mittelalter bekannt. In den typischen deutschen Fachwerkhäusern, wie sie noch vielfach in historischen Altstädten anzutreffen sind, bildeten Balken die tragende Konstruktion, die Zwischenräume wurden zum Beispiel mit Lehm gefüllt.

Ein erster Blick in die Geschichte...

Die Geschichte des modernen Fertigbaus begann Mitte des 19. Jahrhunderts, als in den USA in Zeiten des Goldrausches schnell fertig gestellte Häuser benötigt wurden. Seitdem ist dort der Fertigbau die übliche Bauweise.

In Deutschland haben vor allem Vertreter der Dessauer Architekturschule BAUHAUS Ende der 1920er Jahre die Vorfertigung für den Eigenheimbau entdeckt. Die Idee: Standardisierte Serienfertigung von architektonisch konsequenten und funktionalen Fertighäusern, die ästhetisch anspruchsvoll und dabei erschwinglich sind. Schon in dieser Zeit lassen sich die Vorteile erkennen, die den Fertigbau bis heute prägen: die Vorfertigung der Bauelemente im Werk und die kurze Bauzeit auf der Baustelle.

Die nach dem Zweiten Weltkrieg aus Zimmereien entstandene Fertighausindustrie nahm diesen Gedanken wieder auf. Als Baustoff setzte sich Holz durch. Weil sich zunehmend mehr Menschen ihr eigenes Haus leisten konnten, folgte im Nachkriegs-Deutschland ein regelrechter Bauboom, der in den 1970er Jahren seinen Höhepunkt fand. Damals galten Häuser in Fertigbauweise als preisgünstig – und manchmal als minderwertig und gleichförmig. Dabei war die Erschwinglichkeit positive Folge der seriellen Vorfertigung der Häuser. Diese ist bis heute einer der Vorteile des Fertigbaus.

In den 1980er Jahren löste sich die Branche vom Image der „Billigbauweise" und verordnete sich eine Qualitätsoffensive. Diese gipfelte in der von den führenden Herstellern initiierten Gründung einer Qualitätsgemeinschaft Deutscher Fertigbau (QDF). Die Hersteller werden seitdem mehrmals im Jahr im Werk und auf der Baustelle von Prüfern kontrolliert. Die Anforderungen an die Bauqualität sind in einer Satzung festgeschrieben, die für alle Mitglieder der Qualitätsgemeinschaft verbindlich ist.

Ohne seine Wurzeln zu verleugnen, wagte der Fertigbau eine Neuausrichtung. Heute verstehen sich die Hersteller der Branche als serviceorientierte Hausbau-Unternehmen. Wie in der BAUHAUS-Dekade legen sie Wert auf anspruchsvolle Architektur, die sowohl klassisch als auch zeitgenössisch sein kann. Vor allem aber ist sie vielfältig.

Die standardisierte Fertigung ist der Individualität gewichen: Die Häuser werden zunehmend auf die Wünsche der Kunden hin geplant. Die schnelle Errichtung ist ein Vorteil der Bauweise, den viele Bauherren zu schätzen wissen, jedoch meist nicht mehr das wichtigste Argument für den Kauf eines Fertighauses. Diese gibt es in allen Preislagen, vom günstigen Ausbauhaus bis hin zum Spitzensegment. Gute Wärmedämmung und moderne Haustechnik sind Standard in der Branche. Die Häuser punkten bei Kunden vor allem mit ihrer Energiesparsamkeit. Garant dafür ist die Konstruktionsweise, die auf dem Baustoff Holz basiert.

Bauen mit einem nachhaltigen Rohstoff

Holz ist ein natürlicher und nachwachsender Rohstoff, der im Fertigbau der mit Abstand gebräuchlichste Baustoff ist. Holz ist langlebig und stabil, umweltfreundlich und klimaschonend. Denn Gehölze speichern während ihres Wachstums Kohlenstoff und binden ihn für ihre Lebensdauer. Die verlängert sich entsprechend, wenn das Holz genutzt wird, also etwa in Möbeln oder in Häusern. Ein Kubikmeter Holz bindet etwa eine Tonne CO_2 in Form von

Kohlenstoff. Dadurch gelangt zunächst weniger von dem Treibhausgas in die Atmosphäre. Erst bei der Entsorgung, der Verbrennung oder dem Verrotten des Holzes, gibt es das CO_2 wieder ab.

Studien zeigen, dass die Herstellung einer Außenwand in Holz-Tafelbauweise außerdem weit weniger Primärenergie wie Öl oder Gas benötigt als die einer vergleichbaren Wand aus Stein oder Beton. Letztere müssen mit hohem Energieaufwand produziert werden, während das Holz auf natürlichem Wege bereitgestellt wird.

In Deutschland wird die Bewirtschaftung der Forstgebiete nachhaltig praktiziert. Das bedeutet, dass ständig mehr Holz nachwächst als geschlagen wird. Der Rohstoff Holz ist in ausreichendem Maße verfügbar und erneuert sein eigenes Vorkommen immer wieder aus sich selbst heraus. Das Bauen mit Holz ist auch in dieser Hinsicht umweltverträglich und ökologisch sinnvoll.

1.1.3 Fertigbauweise

Eine Holztafel, die es in sich hat

Holz-Fertighäuser basieren auf einer Holz-Konstruktion. Holz ist der Hauptbestandteil der Häuser und sorgt für die Statik des Gebäudes. Es gibt verschiedene Arten des Fertigbaus mit Holz-Elementen. Die häufigste in Deutschland ist der so genannte Holz-Tafelbau. Die Konstruktion besteht aus großformatigen und vorgefertigten Bauelementen, die lasttragend und raumabschließend eingesetzt werden. Die Gefache genannten Innenräume der Bauteile sind mit Dämmmaterialien gefüllt. Die Wände und Geschossdecken werden zum Beispiel mit Holzwerkstoff- oder Gipsbauplatten beidseitig „beplankt", also mechanisch mit Klammern oder Nägeln oder mit Spezialkleber fest verschlossen.

Zunächst wird ein Riegelwerk aus getrockneten und exakt zugeschnittenen Holzbalken zusammengesetzt. Dazu werden Ober- und Untergurt genannte Balken zu einem Holzbauelement verbunden. Innen werden mit Stielen einzelne Kammern in der Wand voneinander abgetrennt. Das Riegelwerk wird dann auf einer Seite geschlossen und innen mit Dämmmaterial gefüllt.

Abhängig davon, ob es sich um Außen- oder Innenwände oder Deckenelemente handelt, werden Leitungskanäle für Strom, Wasser, Heizung oder Lüftung integriert. Die Tafeln werden an diesen Stellen an einer Seite zunächst nur vorläufig verschlossen. Auf der Baustelle werden später Leitungen, Rohre und ähnliches für die Haustechnik in die Wände eingezogen. Die Aussparungen in den Holztafeln für Fenster und Türen werden durch entsprechenden Zuschnitt der Platten auf der Außen- und Innenseite realisiert. Die Materialien der Beplankung der Tafeln variieren, je nach Einbauten oder Bestimmung der Wand in der Hauskonstruktion. Die Deckenelemente werden aus Holz oder einer Kombination aus Holz und Beton gefertigt.

Auf die Außenseite der Wand wird ein Wärmedämmverbundsystem mit zusätzlicher Dämmung oder beispielsweise eine hinterlüftete Fassade aus Holz montiert. Im industriellen Fertigbau werden im Werk bereits Fenster und Türen eingebaut, der Grundputz oder Fassadenelemente wie Holzplatten, Metallplatten oder vorgehängtes Glas werden auf die Außenwände aufgetragen.

Die fertigen Bauelemente werden nach einer Endkontrolle mit Lastkraftwagen zur Baustelle gebracht und dort in ein bis zwei Tagen zu einem regendichten und ausbaufertigen Haus montiert.

Der Außenwandaufbau der einzelnen Hersteller variiert und hängt je nach Haus von der gewünschten Dämmwirkung der Wand ab – die im so genannten „U-Wert" gemessen wird. Gemeinsam ist ihnen, dass sie verschiedene Schichten aufweisen und in der Tafel Wärmedämmung integriert ist. Im Querschnitt befindet sich unter dem Außenputz meist ein Wärmedämmverbundsystem, eine Holzwerkstoff- oder Gipsbauplatte, dann das Gefach mit dem Dämmmaterial, bevor auf der Innenseite eventuell eine Diffusionsbremse und auf jeden Fall erneut eine Holzwerkstoffplatte (wie Spanplatte, OSB-Platte) oder eine Platte aus Gipswerkstoffen als Beplankung angebracht sind.

Im nicht-industriellen Fertigbau wird meist die Holz-Rahmenbauweise verwendet, die mit der Holz-Tafelbauweise verwandt ist. Hier werden die Holz-Rahmen aber nicht im Werk, sondern erst auf der Baustelle geschlossen, nachdem dort Fenster, Türen und Dämmung eingefügt wurden. Der Vorfertigungsgrad ist erheblich niedriger als im industriellen Fertigbau.

Eine weitere Fertigbau-Version ist die Holzskelettbauweise, die klassischerweise in Fachwerkbauten zu finden war. Im modernen Fertigbau nutzt man eine

Weiterentwicklung dieser Konstruktionsweise. Heute ist die Skelettbauweise bei Neubauten eher selten. Quer- und Längsbalken sind die tragenden Elemente dieser Konstruktion. Senkrechte Stützen und waagerechte Träger bilden das Skelett des Gebäudes. Die Stützen können bis zu fünf Meter weit auseinander stehen. Die Wände müssen keine Lasten tragen.

Die Zwischenräume, die „Ausfachungen" genannten Gefache, werden mit vorgefertigten Holztafeln oder Glaselementen gefüllt. Einige Haushersteller nutzen große Fensterflächen mit Mehrfach-Glasscheiben, die für viel Transparenz im Inneren des Hauses sorgen. Fertighäuser in Skelettbauweise haben ihre eigene Architektursprache und sind meist aufwändig gebaut.

Wetterunabhängige und präzise Fertigung im Werk

Die Vorfertigung der bis zu 12,50 Meter großen Bauteile in einer von der Baustelle getrennten Produktionsstätte hat für Bauherren gravierende Vorteile. Die wettergeschützte Herstellung und die letztlich aus der Vorfertigung resultierende kurze Bauzeit verhindern Probleme mit Feuchtigkeit im Neubau. Die computergestützte Produktion garantiert passgenaue Präzision. Diese ist entscheidend für die Dichtheit der Gebäudehülle, die Vermeidung von Wärmebrücken oder die Haustechnik-Anschlüsse. Viele Arbeitsschritte werden maschinell und automatisch unterstützt.

Eine exakte Bauausführung ist Voraussetzung dafür, die energetischen Standards einzuhalten, die vom Gesetzgeber vorgegeben werden. Weil die verschiedenen Gewerke in der Produktionshalle und auf der Baustelle Hand in Hand arbeiten, fallen Koordinierungsprobleme und Wartezeiten weg. Alle Arbeitsschritte verlaufen aufeinander abgestimmt. Der gesamte Bauprozess wird durch die Werksfertigung und das Prinzip „Alles aus einer Hand" planbarer. Das Haus ist bereits vor der Errichtung auf der Baustelle, die von speziell geschulten Fachkräften durchgeführt wird, in gewisser Weise „fertig". Ein „Fertig"-Haus ist – anders als ein auf der Baustelle zu mauerndes Haus – eben vorab „fertig-gemacht".

Eine Symbiose aus traditionellem Holzbau und industrieller Fertigung

Der Produktions- und Montageprozess im Fertigbau hat viele Besonderheiten. Eine davon ist, dass traditionelle Holzbaukunst und moderne industrielle Fertigung mit Hilfe von hochtechnisierten und computer-gestützten Maschinenanlagen verbunden werden. In den Werkshallen der Hersteller und auf den Baustellen findet man folglich sowohl den klassischen Arbeiter-Blaumann als auch die traditionelle Handwerker-Arbeitskleidung, einschlägiges Holzbau-Werkzeug genauso wie Maschinen.

Die Symbiose aus bodenständigem und solidem Holzbau-Handwerk und Serien-Fertigung macht für viele Beschäftigte der Branche und nicht zuletzt die Bauherren den Reiz des Fertighauses aus. Die Bauelemente entstehen mit Hilfe von Muskelkraft und High-Tech-Maschinen. Die Technik sorgt für exakte Planung und Ausführung der Bauteile, die bodenständigen Handwerker geben dem Haus seine „Seele".

Verschiedene Gewerke Hand in Hand

Die Aufgaben der Beschäftigten bei der Herstellung der Holz-Tafelelemente sind so unterschiedlich wie Architektur und Grundrisse der Häuser, die sie anfertigen. Denn der Produktionsprozess im industriellen Fertigbau ist komplex und anspruchsvoll. Schon im Werk kommen nach der Vorfertigung der Wände und Decken weitere Gewerke zum Einsatz. Fachkräfte bauen Fenster und Türen ein, erledigen Grundputz und Fassadengestaltung, fertigen Haustreppe und Gauben vor. Im Einzelfall wird sogar bereits im Bad gefliest.

1.2 Fertigbau in Deutschland heute

1.2.1 Einführung

Die deutsche Holz-Fertigbauindustrie wird von traditionsreichen mittelständischen Untenehmen geprägt. Die meisten der 43 Mitglieder des Bundesverbandes Deutscher Fertigbau (BDF) sind Familienunternehmen, die seit Jahrzehnten im Holzbau tätig sind. Viele haben ihre Ursprünge in einer kleinen Zimmerei, die nach dem Zweiten Weltkrieg auf industrielle Herstellung umgesattelt hat. Alle Hersteller im Bundesverband Deutscher Fertigbau (BDF) liefern und beraten bundesweit, viele auch im Ausland. Die Mehrzahl hat ihre Sitze in Süd- und Südwestdeutschland. In diesen Regionen ist Bauen mit Holz besonders fest im regionalen Bauwesen verankert. Deshalb haben sich dort die meisten Anbieter etabliert.

**Eine traditionelle Bauweise
wird neu entdeckt**

Während in Skandinavien oder den USA die Mehrheit der Häuser in Fertigbauweise errichtet wird, entdecken viele Bauherren den Fertigbau in Deutschland erst jetzt. Studien zeigen, dass hierzulande oft noch alte und längst überholte Vorurteile eine Rolle bei Kaufentscheidungen im Hausbau spielen. Dass diese Vorbehalte zunehmend verblassen, das zeigt der steigende Marktanteil des Fertigbaus. Langsam tritt die Bauweise zwischen Nordsee und Alpen aus dem Schatten des konventionellen Bauens. Wie einflussreich regionale Traditionen sind, das beweist ein Blick auf die Marktanteile in den Bundesländern. In Baden-Württemberg und Rheinland-Pfalz ist schon jedes vierte neu genehmigte Eigenheim ein Fertighaus. Im Bundes-Durchschnitt wurde jedes siebte neue Ein- oder Zweifamilienhaus in Fertigbauweise errichtet.

Neben der bundesweit tätigen Fertighausindustrie bieten kleinere Zimmereien Fertighäuser aus Holz an. Sie sind meist nur in ihrem näheren Umfeld tätig und können nur einen erheblich geringeren Vorfertigungsgrad anbieten. Die im Bundesverband Deutscher Fertigbau (BDF) organisierten industriellen Hersteller decken aber den Großteil des Marktes ab. Sie bauen etwa 80 Prozent aller Holz-Fertighäuser.

Die meisten Fertighäuser, nach einer Umfrage mehr als zwei Drittel, werden schlüsselfertig übergeben. Die Hersteller erledigen dann aus einer Hand Hauserrichtung und Innenausbau. Die Alternative ist das so genannte „Ausbauhaus". In diesem Fall wird nur das ausbaufertige Haus auf der Baustelle errichtet, der Bauherr erbringt oder organisiert den Ausbau in Eigenleistung.

Ob schlüsselfertig oder als Ausbauhaus: Der Leistungsumfang wird in jedem Fall in einem Hausbauvertrag geregelt. Das geschieht in einer umfassenden Bau- und Leistungsbeschreibung, in der bis ins Detail festgelegt wird, welche Leistungen der Käufer erwirbt. Viele Bauherren setzen aus Kostengründen auf die so genannte „Muskel-Hypothek", die Eigenleistung: Wer selbst Hand anlegt und mit Freunden oder Verwandten Fliesen legt, Malerarbeiten übernimmt oder bei der Installation der Haustechnik hilft, der kann entsprechend sparen. Auf der anderen Seite garantiert die schlüsselfertige Übernahme, dass die Arbeiten auf hohem Niveau und von Fachkräften ausgeführt werden. Der Bauherr kann zum vereinbarten Zeitpunkt einziehen, ohne dass Arbeiten am oder im Haus offen sind.

Der gesamte Prozess Hausplanung, Hausproduktion und Ausbau geht im Fertigbau in wenigen Monaten über die Bühne. Die Dauer hängt davon ab, ob bereits ein Grundstück vorhanden ist und wie groß und aufwändig das Haus geplant wird. Weitgehend unabhängig ist der Bau eines Fertighauses vom Wetter und der

Jahreszeit. Durch die Vorfertigung und die schnelle Montage des Gebäudes behindern Frost oder Feuchtigkeit die Arbeiten nicht in dem Umfang, wie es bei konventionellen Baustellen und den dort üblichen Rohbauten der Fall ist.

1.2.2 Musterhäuser und Fachberater

**In Musterhäusern das
eigene Haus erleben**

Eine weitere Besonderheit des Fertigbaus ist die Art des Vertriebs. Die Hersteller bieten ihren Kunden vor der Kaufentscheidung die Besichtigung von so genannten „Musterhäusern" an. Ein Musterhaus ist voll eingerichtet, aber unbewohnt. Es zeigt exemplarisch eine beispielhafte Realisierung eines Hausentwurfes. Diesen Entwurf, der unter anderem aus einem Grundriss, einer bestimmten Architektur und einem Haustechnik-Konzept besteht, kann der Bauherr individuell nach eigenen Wünschen verändern und für sich produzieren lassen. Fertighäuser sind keine gleichförmigen und unveränderbaren Typenhäuser. Sie sind individuell und werden individuell, werden bauvorhabenbezogen geplant und hergestellt.

Ein Musterhaus ist also nicht die einzig mögliche Variante eines immer gleich aussehenden und gleich geschnittenen Hauses, sondern ein Beispielhaus. Es vermittelt Bauinteressierten einen Eindruck von den Möglichkeiten bei der Planung ihres Hauses. Es dient als Orientierung bei der Entwicklung von Ideen für das eigene Traumhaus.

Fertighäuser werden in der Regel individuell geplant. Ein prinzipieller Gegensatz zu Architektenhäusern besteht insofern nicht. Es ist heute eher eine Seltenheit, dass ein Bauherr sich für einen Hausentwurf ohne jede Änderung, also mit gleichem Grundriss, gleicher Architektur etc. entscheidet. Wer das tut, hat jedoch einen finanziellen Vorteil: Wegen der wegfallenden Planungskosten für die Individualisierung des Entwurfes in Hinsicht auf die Wünsche des Bauherrn kann dieser mit geringeren Kosten kalkulieren. Wer also ein Haus erwirbt, das nicht von dem beispielhaft vorkonfigu-

rierten Häusertyp abweicht, der muss naturgemäß weniger zahlen, als wenn Grundriss und Architektur an die Bauherren-Wünsche angepasst werden.

Bauinteressierten stehen in Deutschland Hunderte Musterhäuser zur Besichtigung offen. Viele Hersteller zeigen an ihren Werksstandorten Beispielhäuser, die erkundet werden können. Außerdem zeigen 16 große Musterhausausstellungen bundesweit von Hannover bis München Eigenheime der führenden Fertighausanbieter. Dort stellen jeweils verschiedene Hersteller aus, so dass Bauinteressierte einen Überblick über die Bandbreite des Branchen-Angebotes bekommen. Die Anzahl der Beispielhäuser pro Ausstellung reicht von 12 bis zu mehr als 60. Neben den Hausausstellungen gibt es eine große Zahl von einzeln stehenden Musterhäusern. Im ganzen Bundesgebiet sind es mehr als 500, die besichtigt werden können. Wo diese stehen und wo man die Öffnungszeiten in Erfahrung bringen kann, das kann im Internet unter www.bdf-ev.de abgerufen werden.

Einmal im Jahr, meist an einem Sonntag im Frühling, lädt die Fertigbau-Branche zum „Tag des deutschen Fertigbaus" ein. Dann öffnen viele Hersteller aus den Reihen des Bundesverbandes Deutscher Fertigbau (BDF) ihre Tore für Bauinteressierte. Neben Werksführungen und Vorträgen stehen Bauherrenberatungen und Verlosungsaktionen auf dem Programm. Oft können auch Musterhäuser und die

Bemusterungszentren besichtigt werden. Im Internet gibt es unter der Adresse www. fertighauswelt.de eine Informations-Plattform zum Fertigbau. Nutzer können sich dort über alles Wissenswerte zu den Musterhausausstellungen schlau machen. In einer Datenbank werden die Ausstellungen und jedes einzelne dort gezeigte Haus vorgestellt. Eine Galerie des Fertigbaus lädt dazu ein, mehr als 120 Häuser kennen zu lernen. Eine wichtige Informationsquelle sind außerdem die zahlreichen Fachzeitschriften, die jeden Monat neu in den Regalen der Kioske liegen. Dort werden Haus-Entwürfe porträtiert und Hersteller vorgestellt. Baufamilien-Reportagen vermitteln ein authentisches Bild von einem Eigenheimbau. Viele Bauinteressierte schätzen diese Titel als guten Einstieg in die Beschäftigung mit dem Hausbau.

Fachberater sind „Hausbau-Manager"

Das umfassende Portfolio der Fertighaushersteller, das verschiedenste Leistungen aus einer Hand umfasst, hat dazu geführt, dass sich eine besondere Form der Bauherren-Beratung in der Branche herausgebildet hat – die Betreuung durch so genannte „Fachberater". Fachberater sind „Hausbau-Manager". Sie beraten Kunden persönlich und kompetent rund um den Hausbau. Für alle Fragen von der Bedarfsanalyse über Finanzierung, Hausplanung bis zu den Vertragsmodalitäten stehen sie Bauherren mit Rat und Tat zur Seite.

Gerade weil Bauen ein komplexes Thema ist, das von der Grundstückssuche bis hin zum Antrag auf eine Baugenehmigung viele Detailprobleme aufwirft, profitieren Bauherren davon, einen festen Ansprechpartner zu haben. In der brancheneigenen Weiterbildungseinrichtung BDF Akademie werden Fachberater aus- und fortgebildet. Nach einer Prüfung verlassen sie die Akademie als IHK-zertifizierte „Fachberater Fertighausvertrieb".

Bauherren nehmen meist über Fachberater im Musterhaus Kontakt zu Herstellern auf. Die erste Beratung selbst findet entweder dort oder in der Wohnung der Bauinteressierten statt. Die Kontaktaufnahme über das Internet ist ebenso üblich. Auf den Homepages der Hersteller finden sich Angaben, wo ein Fachberater oder ein Beratungsbüro in der Nähe zu finden ist. Die Unternehmen senden auf Anfrage Informationsmaterial per Post oder E-Mail nach Hause. Falls gewünscht nimmt ein Fachberater telefonischen Kontakt mit den Interessenten auf. Dazu reicht es aus, ein Online-Formular auszufüllen und abzuschicken.

Viele Bauinteressierte besitzen bereits ein Grundstück, auf dem sie bauen wollen. Andere hingegen sind noch auf der Suche. Viele Hersteller von Fertighäusern

haben eigene Grundstücksservices eingerichtet und unterstützen ihre Kunden in spe bei der Suche nach dem passenden Bauplatz. In vielen Fällen können Fachberater Bauplätze vermitteln.

Dazu nutzen sie eigene Netzwerke und Kontakte zu Kommunen, Banken, Maklern, Bauämtern oder anderen Bauherren. Haben sie ein Grundstück ausfindig gemacht, das nach Lage, Größe und Preis für den Bauherren in Frage kommt, wird geklärt, ob das Gelände baurechtlich die Voraussetzungen dafür erfüllt, die Bauherren-Wünsche an Architektur oder Geschosszahl des zu bauenden Eigen-

heims zu realisieren. Der Bauplatz wird also vorab nicht nur auf Finanzierbarkeit und Erschließung, sondern auch auf die Eignung als Standort des vom Bauherrn favorisierten Eigenheims geprüft. Dieser Service mündet im Idealfall in den Erwerb des Grundstücks durch den Kunden.

Voraussetzung für jeden seriösen Hausbau ist eine tragfähige Finanzierung. Im Idealfall ist diese durch Gespräche mit der Hausbank bereits sichergestellt, notwendige Kredite sind unter Dach und Fach.

Die Fachberater stehen auch hier für Hilfestellungen bereit. Viele sind Fachleute in der Immobilienfinanzierung, andere vermitteln die Bauinteressierten an Experten. Einige Hersteller unterhalten sogar einen eigenen Finanzierungsservice. Auf Wunsch erstellen Experten gemeinsam mit den Bauherren einen Finanzierungsplan, der mit Kreditinstituten wie den Hausbanken besprochen wird. Außerdem auf der Tagesordnung: Fördermittel. Die Fachberater weisen den Weg zu zinsgünstigen Krediten und Tilgungszuschüssen der KfW-Förderbank.

Der nächste Schritt ist die Planung des Hauses. Dazu erarbeiten die Fachberater gemeinsam mit den Bauherren ein Hausangebot. Das Eigenheim wird individuell auf ihre Wünsche und ihr Grundstück zugeschnitten. Das gilt für Architektur und Haustechnik genauso wie für den Grundriss. Anschließend schließen Hersteller und Bauherr einen Hausbauvertrag, dem eine Bau- und Leistungsbeschreibung zugrunde liegt und der einen Fixpreis und einen Zahlungsplan vorsieht. Darin ist festgelegt, welche Zahlung bei welchem Baufortschritt zu leisten ist.

Fazit: Der Fachberater spielt bei der Hausplanung im Fertigbau die Schlüsselrolle und begleitet die Bauherren bis zum Vertragsabschluss und zur anschließenden Bemusterung und Hausproduktion. Seine Rolle als Ansprechpartner übernimmt ab der Baustellenphase der Bauleiter. Er koordiniert den Hausbau, vor Ort vertreten vom Polier. Bis zur Bauabnahme spricht er alle Arbeitsschritte und Produktionsstationen mit den Bauherren ab und klärt Fragen zur Baustellenherrichtung oder zu Versicherungen. Er behält den Überblick über das Bauvorhaben, von der Bauteil-Produktion bis zur Hausabnahme.

Große Auswahl im Bemusterungszentrum

Vom Abschluss des Bauvertrages bis zum Einzug in ein Fertighaus vergehen je nach Umfang des Bauvorhabens nur wenige Monate. Hat der Kunde sich für eine schlüsselfertige Ausbaustufe entschieden, folgt auf den Vertragsabschluss und die endgültige grundstücksbezogene Hausplanung die so genannte „Bemusterung". Die Bauherren wählen in einem Einrichtungszentrum des Herstellers von Bodenbelägen und Dachziegeln bis zu Steckdosen und Lichtschaltern alle Komponenten für den Ausbau ihres Eigenheims aus. Die Bemusterungszentren sind an den Werksstandorten eingerichtet. Dort können die Kunden aus einem umfassenden Sortiment von Markenartikeln wählen. Die Bemusterung dauert mindestens einen Tag, meistens sogar länger. Die Bauherren müssen viele Einzelentscheidungen treffen. Der Termin erfordert deshalb viel Konzentration und eine gute Vorbereitung. Alle Entscheidungen werden in einem Protokoll festgehalten. Die meisten Häuslebauer empfinden die Bemusterung aber nicht nur als anstrengend, sondern auch als schön: Denn das Eigenheim nimmt Gestalt an.

1.2.3 Bauherrenfreundlichkeit

Bezahlt wird, was geleistet wurde

Im seriösen Fertigbau gilt die eherne Regel, dass Zahlungen strikt nach Baufortschritt erfolgen. Dieses Branchen-Gesetz ist Bestandteil der Satzung der Qualitätsgemeinschaft Deutscher Fertigbau (QDF). Alle Mitgliedsunternehmen müssen sie einhalten. Eine Überzahlung oder Vorauszahlung ist ausgeschlossen.

Vor der Hausproduktion legen die Bauherren dem Unternehmen lediglich eine Finanzierungsbestätigung vor. Ist die Bemusterung absolviert und die Baugenehmigung erteilt, werden die Bauelemente für das Haus vorgefertigt und zum vereinbarten Termin montiert. Falls ein Keller geplant ist, wird die Baugrube ausgeschachtet und der Keller gebaut. Ansonsten werden Fertighäuser auf Bodenplatten montiert, die das Erdgeschoss vor Feuchtigkeit schützen und das Fundament des Gebäudes bilden. Die eigentliche Hauserrichtung ist spätestens am zweiten Tag vollendet, am Ende des ersten steht das neue Eigenheim regendicht auf dem Bauplatz. Nach dem Innenausbau und den restlichen Arbeiten an der Fassade steht dem Einzug des Bauherrn nichts im Wege.

Die Baugenehmigungszahlen belegen, dass die Fertigbauweise stetig mehr Zuspruch findet. Bestimmte Bevölkerungsgruppen, Altersgruppen, Schichten oder Familientypen, die ein besonderes Faible für die Bauweise haben, lassen sich nicht deutlich idenfiziert. Die Hersteller bauen Häuser für alle Ansprüche und alle Lebensabschnitte. Typische Kunden sind junge Familien, Paare mittleren Alters und Menschen in der zweiten Lebenshälfte. Zwar ist der Hausbau für die meisten unter ihnen eine Premiere. Zunehmend sind Bauherren aber schon bauerfahren – sie wollen ein zweites Mal bauen, beispielsweise, weil sich ihre Lebensumstände durch Auszug der Kinder oder neue Partnerschaften verändert haben. Viele nehmen sich vor, im neuen Haus „endlich" alles auf ihre Bedürfnisse zuzuschneiden. Entsprechend intensiv fällt dann oft die Planungsphase aus. Ganz oben auf der Wunschliste stehen Hobby-Räume oder ein Grundriss, der viel Platz für Gäste oder einen großzügigen Küchen- und Essbereich bietet. Auch altersgerechtes Wohnen und Barrierefreiheit spielen bei der älteren Generation eine wichtige Rolle, wenn es um die Anforderungen an ihren neuen Wohnsitz geht.

1.2.4 Qualitätssicherung

**Qualitätssicherung
in der Fertighausbranche**

Gerade weil der Fertigbau in der Vergangenheit mit Vorurteilen zu kämpfen hatte, setzt die Branche seit langem auf strenge Qualitätskontrollen und bauherrenfreundliche Rahmenbedingungen. Die Qualitätsgemeinschaft Deutscher Fertigbau (QDF) ist eine der ältesten Qualitätsgemeinschaften im deutschen Hausbau. Ihre Bedeutung wächst. Das liegt nicht zuletzt daran, dass das Qualitätsbewusstsein der Bauherren steigt und diese hohe Ansprüche an Baumaterial, Energieeffizienz und Kundenfreundlichkeit stellen.

Im Fertigbau setzt die Satzung der Qualitätsgemeinschaft Deutscher Fertigbau (QDF) den Branchen-Standard. Der Anforderungskatalog, dem sich alle im Bundesverband Deutscher Fertigbau (BDF) organisierten Hersteller unterwerfen, wird jährlich von Experten aus Wissenschaft, Forschung und Baupraxis überarbeitet und an die aktuellen Standards angepasst. Die Einhaltung der strengen Gütekriterien wird von Sachverständigen überwacht – bei Produktion und Montage. Die QDF-Satzung regelt technische Anforderungen an Hauskonstruktion und Bauprodukte, Haustechnik, Luftdichtheit, Schall-, Brand- und Wärmeschutz. Außerdem werden Vorgaben für die Service-Angebote der Haushersteller gemacht. Vorgeschrieben ist zum Beispiel, dass ein Festpreis angeboten wird und ein vertraglich fixierter Fertigstellungstermin auf Wunsch möglich ist. Die Unternehmen dürfen Zahlungen nur an den Planungs- und Baufortschritt koppeln. Außerdem wird die Materialqualität und die Bearbeitung des Baustoffes Holz reglementiert. Der Einsatz von chemischen Stoffen ist über das gesetzlich vorgeschriebene Maß hinaus verboten – und wird da, wo er erlaubt ist, vermieden. Für die einzelnen Bauteile ist ein hoher energetischer Standard vorgegeben. Damit ist garantiert, dass die Häuser wenig Heizenergie benötigen.

Ein Blick in die Geschichte der Qualitätsgemeinschaft Deutscher Fertigbau (QDF) zeigt, dass die Satzung immer ein Spiegelbild der Branchenentwicklungen war. Bei der Gründung 1989 wollten die Hersteller nicht zuletzt skeptische Bauherren mit einem garantierten Mindeststandard von der Qualität ihrer Eigenheime überzeugen. Die Satzung hat sich seitdem zu einem in der Fachwelt anerkannten Qualitätssicherungssystem entwickelt, das die Anforderungen dem wachsenden Leistungsstand der Branche regelmäßig anpasst.

1.2.5 Hauspreise

Qualität hat ihren Preis

Früher galten Fertighäuser als preisgünstig. Heutzutage stellt sich die Lage differenzierter dar. Moderne Holz-Fertighäuser
sind hochwertige Gebäude, die eine hoch-
wirksame Wärmedämmung aufweisen.
Sie verlieren kaum Wärme, weil sie eine
dichte und intelligent konstruierte Gebäudehülle mit wenigen und aufwändig
ausgeführten Wärmebrücken aufweisen.
Für Heizung und Warmwasserbereitung
werden neueste Energiespartechniken
genutzt. Die haben ihren Preis. Dennoch
können auch Bauherren mit schmalem
Budget sich ein solches Haus leisten.
Praktisch begabte „Selbermacher" können ein Ausbauhaus erwerben und dieses
in Eigenleistung fertigstellen. Hier fängt
die Preisspanne bei etwa 80.000 Euro an
– für ein Qualitätshaus von einem Anbieter, der in das Qualitätssicherungssystem
der Branche ohne Abstriche eingebunden
ist und entsprechend geprüft wird.

Eine zweite Sparmöglichkeit ist es, auf
vorkonfigurierte Haus-Entwürfe zu setzen
und damit Planungs- und Anpassungsko-
sten zu sparen. Nicht vergessen darf man,
dass die Mehrkosten bei Dämmung und
Anlagentechnik sich aufgrund des niedrigeren Energiebedarfes des Eigenheims
gerade in Zeiten steigender Energiepreise
in absehbarer Zeit amortisieren. Außerdem ermöglicht der geringe Energiebedarf

der Häuser oft eine öffentliche Förderung,
zum Beispiel über Kredite oder Tilgungszuschüsse der KfW-Förderbank.

Je nach Zielgruppe und Marktsegment
haben die Fertighaushersteller unterschiedliche Angebote für verschiedene
Ansprüche und finanzielle Möglichkeiten

entwickelt. Von einem klassischen kompakten Eigenheim für eine junge Baufamilie mit begrenztem Budget bis zu einer
mehrere hundert Quadratmeter großen
Villa mit parkähnlichen Anlagen können
die Unternehmen alles realisieren. Einige
Unternehmen konzentrieren sich auf bestimmte Preisklassen oder Zielgruppen.
Das untere Preissegment für ein schlüsselfertiges Eigenheim reicht bis zu etwa
150.000 Euro, das mittlere bis zu 300.000
Euro. In der Premium-Klasse ist die Skala
naturgemäß nach oben offen. Wichtig: Bei
Mitgliedsunternehmen des Bundesverbandes Deutscher Fertigbau (BDF) müssen alle Häuser unabhängig vom Preis

den Standard der Qualitätsgemeinschaft Deutscher Fertigbau (QDF) nachweisen.

Der Eigenheimbau generell ist in den vergangenen Jahren nach Beobachtungen von Marktteilnehmern teurer geworden, bedingt vor allem durch steigende Anforderungen an die energetischen Eigenschaften von Neubauten.

Energieeffizientes Bauen rechnet sich

Die gesetzlichen Vorgaben in der so genannten „Energieeinsparverordnung" (EnEV) wurden mehrmals drastisch verschärft. Damit will der Gesetzgeber den Energieverbrauch in Gebäuden reduzieren und den Klimaschutz stärken. Die letzte Verschärfung der EnEV erfolgte 2009, für 2012 ist die nächste Anpassung geplant. Nach den in der EnEV 2009 festgelegten Maßstäben dürfen Neubauten nur einen geringen Energiebedarf und Wärmeverlust über die Gebäudehülle aufweisen. Um das zu erreichen, muss die Wärmedämmung ausreichend sein und die Gebäudehülle in Hinsicht auf Wärmebrücken optimiert werden. Auch der Einsatz von Energiespartechnik geht in die Berechnung des energetischen Niveaus ein. Insgesamt wurde der energetische Standard gegenüber der Vorgängerversion der EnEV um durchschnittlich 30 Prozent anspruchsvoller. Dadurch sind Häuslebauern zusätzliche Kosten in beträchtlicher Höhe entstanden.

Den Fertigbau hat die Verschärfung der Anforderungen allerdings nicht so hart getroffen wie andere Bauweisen. Denn der Branchen-Standard war schon vor der EnEV-Novelle so hoch, dass kaum zusätzliche Investitionen notwendig waren und die Kosten für die Bauherren nur moderat anstiegen. Der Fertigbau konnte und kann hier die Vorteile seiner Konstruktionsweise ausspielen: Weil Dämmmaterialien bereits in die Holztafel-Wände integriert sind, muss außen entsprechend weniger zusätzliche Dämmung angebracht werden. Der Einsatz von innovativer Haustechnik, die regenerative Energiequellen einbindet, ist im Fertigbau Standard.

1.3 Warum der Fertigbau das Bauen der Zukunft ist

1.3.1 Einführung

Die gesellschaftlichen und politischen Debatten um die Zukunft des Hausbaus konzentrieren sich seit einigen Jahren auf die
Schonung der Energie-Ressourcen und
Umweltverträglichkeit. Gerade die Not-
wendigkeit, den CO_2-Ausstoß drastisch
zu reduzieren, wirft Fragen nach dem
Klimaschutz beim Bauen auf. Weil mehr
als 40 Prozent der CO_2-Emissionen im
Gebäudebereich entstehen, ist Energieeffizienz im Fokus der Klimaschutzpolitik.
In der öffentlichen Wahrnehmung steht
dann, wenn es um die Steigerung der Energiesparsamkeit von Gebäuden geht, die
Sanierung von Altbauten im Vordergrund.
Anders ausgedrückt: In der energetischen
Ertüchtigung der so genannten „Bestandsgebäude", also zum Beispiel von
Eigenheimen aus den 1950er Jahren, wird
das größte Potenzial für den Klimaschutz
im Gebäudebereich identifiziert.

Was dabei übersehen wird: Es gibt zahlreiche Altbauten, die sich nicht mehr in
wirtschaftlich angemessener und finanziell tragbarer Weise sanieren lassen.
Immerhin wurden zwei Drittel aller Wohngebäude in Deutschland vor Einführung
der ersten Wärmeschutzverordnung 1979
errichtet. Sie erfüllen nicht einmal nied-
rigste Anforderungen an Wärmedämmung
und Wärmeverlust. Ein Gutteil dieser
Häuser sind selbst mit hohem baulichen
und technischen Aufwand nicht mehr zu
akzeptablen finanziellen Bedingungen so
zu sanieren, dass sie keine Heizenergie-
verschwender mehr sind. Außerdem ist
oftmals ihr Grundriss so veraltet, dass die
Bedürfnisse des modernen Wohnens mit
Füßen getreten werden und ein zeitgemäßer Lebensstil nur eingeschränkt möglich
ist.

Diese Gründe sprechen nach Ansicht vieler Experten dafür, nicht mehr sanierungswürdige Bestandsgebäude abzureißen
und an gleicher Stelle einen energieeffizienten Neubau zu errichten. In Fachkreisen
gilt die Regel: Ein Neubau ist oft die ener-
gieeffizienteste Sanierung eines Altbaus.

Das zeigt, dass der Neubau bei den Be-
mühungen um mehr Klimaschutz und weniger Energieverbrauch bei Gebäuden in
Deutschland eine wichtige Rolle spielen
wird.

1.3.2 Energieeffizienz und Umweltverträglichkeit

Das Bedürfnis nach dem eigenen Haus ist ungebrochen

Umfragen zeigen, dass das Bedürfnis nach den eigenen vier Wänden ungebrochen ist. Wohnen nach eigenen Wünschen, Privatheit, Selbstverwirklichung: Die Motive für den Drang ins Eigenheim sind vielfältig. Zwar wird der Verbrauch von Freiflächen für Bauwerke zunehmend kritisch hinterfragt. Die Flächenneuversiegelung kann jedoch dadurch in Grenzen gehalten werden, dass nicht mehr sanierungsfähige oder -würdige Altbauten abgerissen werden. Werden sie durch Neubauten ersetzt, wird kein weiterer Boden versiegelt.

Ohnehin ist die Flächenneuversiegelung in den vergangenen Jahren in Deutschland stark zurückgegangen. Zwischen 2005 und 2008 lag der Flächenneuverbrauch für Siedlungs- und Verkehrsflächen bundesweit bei durchschnittlich 104 Hektar pro Tag. Im Zeitraum von 2001 bis 2004 waren es noch 115 Hektar, die pro Tag neu versiegelt wurden. 2009 fiel dieser Wert sogar auf nur 78 Hektar pro Tag. Das spiegelt sich in den Zahlen für die erstmalige

Inanspruchnahme von Flächen für Gebäude wider: Sie ist von 2008 auf 2009 von 33 Hektar auf 26 Hektar pro Tag gesunken. Zählt man die Verkehrsflächen hinzu, lag der Neuflächenverbrauch 2009 bei insgesamt 44 Hektar pro Tag.

Politisches Ziel im Rahmen der Nachhaltigkeitsstrategie ist es, die Flächenneuversiegelung für Gebäude- und Verkehrszwecke bis 2020 auf 30 Hektar pro Tag zu begrenzen. Die Bundesregierung propagiert deshalb das Prinzip „Innenentwicklung vor Außenentwicklung": Vor der Neuversiegelung von Freiflächen zum Beispiel an Stadträndern sollen die Potenziale bereits versiegelter und nicht mehr oder unzureichend genutzter Flächen gehoben werden.

Neubau bedeutet heute vermehrt Lückenschluss. In der so genannten „Nachverdichtung" werden Brachflächen innerhalb einer zusammenhängenden Bebauung nachträglich geschlossen. Gerade im innerstädtischen Bereich ist das eine häufige Form des Neubaus. Die sieht meist so aus, dass Baulücken mit mehrgeschossigen Häusern „zugebaut" werden.

Ein Problem für viele Bauwillige ist die vielerorts zu knappe Ausweisung von neuen Baugebieten durch die Kommunen. Das erhöht in Gebieten mit hoher Nachfrage nach Bauland die Bodenpreise und schränkt die Möglichkeiten ein, Wohneigentum zu schaffen. So gesehen werden viele Städte und Gemeinden dem Wunsch

ihrer Bürger nach eigenem Wohnraum nicht gerecht. Wo Bauplätze fehlen, geht für manchen der Traum vom Eigenheim nicht in Erfüllung.

Zukunftsfragen des modernen Bauens

Angesichts von globaler Erderwärmung, steigenden Energiekosten und zunehmendem Umweltbewusstsein bei Politik und Bauherren sind Umweltverträglichkeit, Klimaschutz und Energieeffizienz entscheidende Faktoren für den Eigenheimbau der Zukunft. Der Fertigbau hat seine Antworten auf diese Fragen gefunden und stellt sich selbstbewusst dem Wettbewerb. Nach Meinung vieler Experten aus Wissenschaft und Baupraxis hat die Branche gute Chancen, ihren Marktanteil auszubauen und spürbar von öffentlicher Förderung für energieeffizientes Bauen zu profitieren.

Der Eigenheim-Neubau in Deutschland ist in den vergangenen Jahren tendenziell drastisch zurückgegangen. 2010 wurden 86.000 Ein- und Zweifamilienhäuser neu genehmigt. Zehn Jahre zuvor waren es noch mehr als 220.000. Entscheidender Grund für den Rückgang war der Wegfall der staatlichen Förderung in Form der Eigenheimzulage im Jahr 2006. Diese sollte durch die Einführung der „Eigenheimrente" teilweise ersetzt werden. Als bedeutender für die Förderlandschaft hat sich die Entwicklung der energetischen Anforderungen erwiesen.

Denn die Politik orientiert die Rahmenbedingungen für den Neubau immer mehr an Klimaschutz und Energiesparsamkeit. Die nächste Aufstockung der energetischen und baulichen Anforderungen soll nach Plänen der Bundesregierung in der Überarbeitung der Energieeinsparverordnung (EnEV) erfolgen. Die Novelle ist ohnehin notwendig, weil seit Mitte 2010 eine neue EU-Rahmenrichtlinie für die Gesamtenergieeffizienz in Gebäuden gilt.

Der energetische Standard von Neubauten steigt

Demnach müssen alle privaten Neubauten ab 2021 einem „Nahe-Nullenergiehaus-Standard" entsprechen. Sie dürfen nur einen Restenergiebedarf aufweisen und müssen diesen zu einem Großteil aus erneuerbaren Energien decken. Da die in Deutschland geltenden gesetzlichen Bestimmungen schon jetzt die strengsten europaweit sind, werden die Auswirkungen auf den energetischen Standard hierzulande zwar nicht revolutionär sein. Die EU-Richtlinie muss aber innerhalb von zwei Jahren in nationales Recht umgesetzt werden. Voraussichtlich Mitte 2012 wird eine neue Version der EnEV verabschiedet. Nach einer Übergangsfrist könnte sie Anfang 2013 in Kraft treten. Da sie im Einklang mit der EU-Rahmenrichtlinie mit steigenden Anforderungen an die Standard-Wärmedämmung der Häuser stehen muss, wird das Bauen in Deutschland absehbar aufwändiger – und damit kostenintensiver.

Die EnEV gibt das energetische Niveau für alle Neubauten vor – unabhängig von ihrer Bauweise. Allerdings fällt es den Planern und Herstellern von Holz-Fertighäusern leichter, die Anforderungen zu erfüllen. Das hängt mit den Besonderheiten der Bauweise zusammen, die energieeffizientes Bauen begünstigen.

Holz-Fertighäuser sind energieeffizient

Das Geheimnis der Energieeffizienz im Fertigbau ist die Konstruktionsweise. Zwar verfügt Holz als Baustoff im Vergleich zum Beispiel zu Mauerziegeln über eine günstigere eigene Wärmeleitfähigkeit. Den eigentlichen Unterschied zwischen Mauerwand und Holz-Fertigbauwand macht jedoch, dass in der Konstruktion der Holztafeln in den Gefachen Raum für Dämmmaterial vorhanden ist, während Steinwände aus Ziegeln oder Beton keinen oder kaum Platz im Inneren bereithalten. Auch bei einem Fertighaus muss im Regelfall zusätzliche Dämmung in einem Wärmedämmverbundsystem auf der Wandaußenseite angebracht werden. Die Wände bleiben jedoch erheblich schlanker als im Ziegelbau, wo bei gleichen energetischen Eigenschaften der Außenwände in ungleich größerem Umfang Dämmung aufgetragen werden muss.

Weil in dem Holz-Riegelwerk der Tafelwand Platz für hocheffizientes Dämmmaterial ist, entfaltet eine Fertigbauwand ihre Dämmwirkung also bei einer relativ geringen Gesamtdicke. Grundsätzlich gilt: Eine Außenwand in Holz-Tafelkonstruktion spart gegenüber einer konventionell gemauerten Wand bei gleicher Dämmwirkung spürbar Raum ein. Auf das ganze Haus gerechnet, ergibt sich nach Musterberechnungen für ein Haus durchschnittlicher Grundfläche ein Vorteil von bis zu sieben Quadratmetern Raum. Das bedeutet, dass der Bauherr bei einem Fertighaus bei gleichem energetischem Standard rechnerisch ein kleines Zimmer „geschenkt bekommt".

Holz-Fertighäuser haben in der Regel keine Probleme, die von der KfW-Förderbank als Fördervoraussetzungen vorgegebenen energetischen Standards einzuhalten. Das schaffen die Hersteller in der Regel mit weniger Aufwand als ihre Konkurrenz aus der Stein-auf-Stein-Bauweise, die mit dickerer Dämmschicht gegen den Wärmeverlust ihrer Häuser ankämpfen muss.

Fazit: Der Fertigbau hat bei der Energieeffizienz, dem „Mega-Thema" des modernen Bauens, in vielen Punkten die Nase vorn. Wer wenig Energie verbraucht, muss wenig Energie bezahlen und hat bessere Chancen auf Fördermittel. Energieeffizienz zahlt sich „ein Häuserleben lang" aus.

Eine umweltverträgliche Bauweise

Der Fertigbau schont die natürlichen Ressourcen. Die Umweltverträglichkeit zeigt sich nicht nur in der Energiesparsamkeit, sondern auch an weiteren Faktoren: an der Nachhaltigkeit und Klimafreundlichkeit des Baustoffes Holz und an der positiven Ökobilanz von Holz-Fertighäusern.

Nachhaltigkeit plus Umweltverträglichkeit ist gleich Holzbau: Diese einfache Formel bringt den Öko-Vorteil des Baustoffes Holz auf den Punkt. Nachhaltigkeit ist dabei mehr als geringer Primärenergieverbrauch. Denn als nachhaltig wird ein regenerierbares System beschrieben, das sich auf natürliche Weise selbst erhält. Nachhaltigkeit ist ein in sich so weit wie möglich geschlossener Kreislauf der Natur, der ohne Abfallprodukte und Verluste an Energie oder Biomasse auskommt. Bezogen auf den Holzbau heißt das: Holz-Fertighäuser können aufgrund ihres Baustoffes energiesparend hergestellt, Klima schonend genutzt und umweltverträglich entsorgt werden.

Der Einsatz des Baustoffes Holz wird von Bauexperten und Umweltschützern empfohlen – und von der Politik. Schon in der Charta Holz hat die damalige rot-grüne Bundesregierung 2004 für mehr Holzbau geworben. Bundeslandwirtschaftsministerin Aigner aus der schwarz-gelben Koalition folgte 2010 mit einer unverblümten Empfehlung für den Holzbau. In einer Pressemitteilung ihres Ministeriums wird sie folgendermaßen zitiert: „Moderne Holzhäuser gewährleisten ein sehr gutes Wohnklima und eignen sich hervorragend für eine energiesparende Bauweise."

Der Holzbau genießt in der Politik partei-
übergreifend hohes Ansehen. Der Bundesverband Deutscher Fertigbau (BDF)
hat in den vergangenen Jahren unregel-
mäßig den Preis des Deutschen Fertigbaus an Verantwortliche in Politik und
Gesellschaft vergeben, die den Fertigbau
in Deutschland gefördert haben. Unter
anderem haben die damaligen Minister-
präsidenten Oettinger und Stoiber die
Branchen-Auszeichnung erhalten.

1.3.3 Ökobilanz

Eine Gesamtbetrachtung aller Faktoren
der Umweltverträglichkeit wird in der so
genannten „Ökobilanz" getätigt. Für den
Holzbau fällt sie positiv aus. Ein Holzhaus
benötigt für die Herstellung der Bauteile
weniger Energie als ein vergleichbares
Haus aus Mauerziegeln oder Beton. Holz
ist zudem ein klimafreundlicher Baustoff.
Denn Holz bindet Kohlenstoff und dient

während seiner Lebens- und Nutzungsdauer als CO_2-Speicher. Es gilt die Regel:
Je mehr Holz genutzt wird, desto mehr
CO_2 wird gebunden, desto mehr wird die
Erdatmosphäre entlastet.

Der Holzbau hat Vorteile gegenüber der
Steinbauweise, wenn die Ökobilanz über
die gesamte Lebensdauer betrachtet
wird. Das zeigen wissenschaftliche Studien wie die ÖkoPot-Studie" der Universitäten Hamburg und Stuttgart aus dem
Jahr 2008. Für die Branche ist die gute
Ökobilanz nicht nur als Argument für eine
Förderung des Baustoffes Holz seitens der
Politik wichtig. Sie wirbt mit ihren Öko-
Vorteilen und spricht damit gezielt Menschen an, die ihr Haus umweltbewusst
bauen wollen.

1.3.4 Fördermittel

Politik und Staat fördern energieeffizientes Bauen

Das Thema Energiesparen ist von einer belächelten Nische für vermeintliche „Ökos" und Umweltbewusste zu einem Mega-Thema geworden und hat in allen politischen Lagern seinen Siegeszug angetreten. Der sorgsame Umgang mit Energie und den fossilen Energiequellen ist längst in der Mitte der Gesellschaft angekommen. Und das nicht nur aus ethischer Einsicht oder weil das Umweltbewusstsein zu einem sorgsameren Umgang mit „Mutter Natur" mahnt. Sondern auch deshalb, weil ohne den sparsamen Einsatz der endlichen Ressourcen diese bald nicht mehr ausreichend verfügbar wären – und wenn, dann nur zu horrenden Förderkosten und Verbraucherpreisen. Vor diesem Hintergrund treibt die Politik den Ausbau der erneuerbaren Energien seit einigen Jahren voran.

Klimaschutz und Energieversorgung sind öffentlichkeitswirksame Top-Themen der Politik auf allen Ebenen – erst recht seit den Debatten über die Kernkraft in Folge der Störfälle in Japan im März 2011. Kommunen und Länder legen Förderpro-

gramme für energieeffizientes Bauen und sparsame Haustechnik auf. Die Bundesregierung hat sich in einem viel beachteten Energiekonzept im September 2010 hohe Ziele gesetzt. In dem Papier, das die Richtschnur für die Energiepolitik Deutschlands bis 2050 sein soll, wird anvisiert, dass der Gebäudebestand bis 2050 schrittweise CO2-neutral werden soll. Das heißt, dass der geringe Energiebedarf der Häuser aus erneuerbaren Energiequellen kommen soll, so dass kein Treibhausgasausstoß mit dem Betrieb des Hauses verbunden ist. Der Primärenergieverbrauch der Häuser soll im gleichen Zeitraum um 80 Prozent sinken.

Das Energiekonzept zeigt, dass Klimaschutz ein beherrschendes Thema der Baupolitik bleiben wird. Dafür sprechen die Fakten: 30 Prozent des Verbrauchs von Primärenergie fällt im Gebäudebereich an, 40 Prozent des CO2-Ausstoßes geht auf den Gebäudebereich zurück. Wer das Klima schützen will, muss an dieser Stelle ansetzen. Deshalb investiert die Bundesregierung namhafte Beträge in die Förderung von Sanierungen – und von energieeffizienten Neubauten. Denn eine Reduzierung des Treibhausgasausstoßes kann nach einhelliger Expertenmeinung nur gelingen, wenn nicht nur Bestandsgebäude energetisch auf den neuesten Stand gebracht werden, sondern außerdem möglichst viele Eigenheime, die neu errichtet werden,

Förderung für energieeffizientes Bauen

KfW-Förderprogramm „Energieeffizient Bauen"

kfw
BANKENGRUPPE

▬ **Gefördert wird der Neubau oder Ersterwerb von Wohnimmobilien**
  ▸ **Zinsgünstige Kredite**, maximal 50.000 Euro pro Wohneinheit
  ▸ **Tilgungszuschüsse** bis zu 5.000 Euro pro Wohneinheit
  ▸ **Kreditanträge** über die Hausbank

▬ **Förderstufen**
  ▸ **KfW-Effizienzhaus 70**
  ▸ **KfW-Effizienzhaus 55/Passivhaus**
  ▸ **KfW-Effizienzhaus 40**
  ▸ Zahl gibt an, welchen maximalen Energiebedarf das Gebäude gegenüber einem entsprechenden Referenzgebäude gemäß Energieeinsparverordnung (EnEV) 2009 haben darf

Quelle: KfW Bankengruppe   imu 301 0610

einen außergewöhnlich hohen energetischen Standard haben. Weil dieser mit Zusatzkosten für bessere Dämmung oder aufwändigere Haustechniken verbunden ist, unterstützen staatliche Stellen seit Jahren Bauherren bei ihren Investitionen.

Die KfW-Förderprogramme unterstützen Investitionen

Finanzielle Hilfe gibt es aus vielen Fördertöpfen, beispielsweise aus Wohnungsbauprogrammen der Bundesländer. Die großzügigste Unterstützung können Bauherren über die staatliche KfW-Förderbank mit Sitz in Frankfurt am Main erhalten. Die Bundesregierung stellt dem Kreditinstitut aus dem Bundeshaushalt jedes Jahr hohe Beträge aus dem so genannten „CO2-Gebäudesanierungsprogramm" zur Verfügung. Diese Mittel werden für die Zinsverbilligung von Krediten und direkte Tilgungszuschüsse für Bauherren und Sanierer eingesetzt. Die Darlehen werden über die Hausbank beantragt und von ihr durchgeleitet. Die in Merkblättern veröffentlichten Förderbedingungen orientieren sich an einem Standard, der in Anlehnung an die Energieeinsparverordnung (EnEV) für den Jahresprimärenergiebedarf und den Wärmeverlust definiert wird. Mit anderen Worten: Wer ein Haus baut, das für Heizung und Warmwasser weit weniger Primärenergie verbraucht als gesetzlich vorgeschrieben, der kann konditionsgünstige Kredite und direkte Zuschüsse in beträchtlicher Höhe erhalten.

Die geförderten Häuser werden, weil sie Energie effizient nutzen, „Effizienzhäuser" genannt. Weil sie wenig Energie verbrauchen, reduzieren sie im Vergleich zu anderen Gebäuden den CO2-Ausstoß und schützen damit das Klima. Der Bauherr profitiert durch geringere Betriebskosten des Hauses. Die KfW hilft also dabei, die für Energieeffizienz notwendigen Mehrkosten für Investitionen in Wärmedämmung und Haustechnik aufzufangen.

In ihrem Energiekonzept hat die Bundesregierung angekündigt, auch mittelfristig Geld zur Förderung von energieeffizientem Bauen und Sanieren bereitzustellen. Das CO2-Gebäudesanierungsprogramm soll bis mindestens 2021 verlängert und nach Möglichkeit finanziell besser ausgestattet werden. Bauherren können demnach in den kommenden Jahren weiter damit planen, dass energiesparende Neubauten gefördert werden. Weil die Nachfrage nach Krediten regelmäßig die verfügbaren Mittel übersteigt, sind Engpässe oder eine Verschlechterung der Konditionen aber nicht auszuschließen – und schon vorgekommen. Der Kreditbedarf für energieeffizientes Bauen und Sanieren wird von der renommierten Deutschen Energie-Agentur (dena) auf mindestens drei Milliarden Euro jährlich geschätzt. In den vergangenen Jahren standen im Bundeshaushalt jeweils etwa eine Milliarde Euro zur Verfügung – Tendenz fallend. Experten empfehlen Bauherren, so früh wie möglich Kreditanträge zu stellen, um die Finanzierung ihres Neubaus auf verlässliche Füße zu stellen.

Die KfW-Förderbank bietet Bauherren im Programm „Energieeffizient Bauen", in dem Neubauten gefördert werden, nicht nur zinsverbilligte Kredite von bis zu 50.000 Euro an, sondern auch Tilgungszuschüsse von bis zu zehn Prozent der Kreditsumme. Allein der Zuschuss kann also bis zu 5.000 Euro betragen. Rechnet man Zuschuss und Zinsvorteil zusammen, so können Bauherren – abhängig vom jeweils geltenden Marktzins – insgesamt einen finanziellen Vorteil von 8.000 bis 10.000 Euro aus der Förderung ziehen.

Zinsverbilligte Kredite und Tilgungszuschüsse

Gefördert werden seit 2010 die Förderstufen „KfW-Effizienzhaus 70", „KfW-Effizienzhaus 55" und „KfW-Effizienzhaus 40". Die nachgestellte Zahl steht dabei jeweils für den prozentualen Anteil des Primärenergiebedarfes des errichteten Hauses am Primärenergiebedarf eines in Ausrichtung und Größe vergleichbaren Hauses, das nur dem in der Energieeinsparverordnung (EnEV) vorgeschriebenen gesetzlichen Mindeststandard bei Wärmedämmung und Haustechnik entspricht. Ein „KfW-Effizienzhaus 40" benötigt also nur 40 Prozent der Primärenergiemenge, die ein gleich großes und gleich ausgerichtetes Eigenheim benötigt, das exakt die Vorgaben der EnEV erfüllt. Das energieeffiziente Haus unterschreitet also den EnEV-Standard um 60 Prozent. Zugleich müssen definierte Anforderungen an den Transmissionswärmeverlust erfüllt werden.

Für die höchste Förderkategorie „KfW-Effizienzhaus 40" gibt es die attraktivsten Konditionen und den höchsten Förderbetrag: Neben dem günstigen Kredit, der unter Marktniveau verzinst werden muss, erhalten Bauherren einen direkten Tilgungszuschuss von zehn Prozent der Kreditsumme, also maximal 5.000 Euro. Für Häuser, die als „KfW-Effizienzhaus 55" gefördert werden, sind es fünf Prozent, also maximal 2.500 Euro. Zusätzlich soll eine Förderung von Ersatzneubauten eingeführt werden. Das bedeutet, dass von der KfW geförderte Effizienzhäuser, die nach einem Abriss eines Altbaus an gleicher Stelle entstehen, eine spezielle Förderung erhalten. Die Konditionen werden von der KfW noch 2011 bekannt gegeben. Informationen hält die Homepage www.kfw.de bereit.

Bauherren von Holz-Fertighäusern haben aufgrund der Energieeffizienz ihres geplanten Eigenheimes gute Karten, in die staatliche Förderung aufgenommen zu werden. Weil Holz-Fertighäuser wenig Energie benötigen und verlieren, erreichen sie bei entsprechender Planung spielend die energetischen Level, die für eine Unterstützung mit Euro und Cent notwendig sind. Deshalb werben die Unternehmen der Branche selbstbewusst mit dem Slogan „Fertighäuser sind Effizienzhäuser". Viele Unternehmen bauen ihre Häuser grundsätzlich mindestens auf „KfW-Effizienzhaus 70"-Niveau: Alle ihre Eigenheime sind so konstruiert und ausgestattet, dass sie die Voraussetzungen dieser Förderstufe erfüllen.

1.3.5 Perspektiven

Vom Passivhaus zum Plusenergiehaus

Die bauliche und technische Entwicklung im energieeffizienten Neubau bleibt naturgemäß nicht stehen. Die Häuser sind in den vergangenen Jahrzehnten energiesparender geworden, synchron mit der Verschärfung der gesetzlichen Anforderungen. Passivhäuser benötigen oft gar keine klassische Heizung mehr. Ihre Fensterflächen sind optimal an der Sonne ausgerichtet, um über Sonneneinstrahlung Wärme zu gewinnen. Der Restenergiebedarf energieeffizienter Eigenheime wird zum Beispiel über Solaranlagen oder Wärmepumpen gewonnen. Ihre Gebäudehülle erleidet kaum Wärmeverluste. Für ein angenehmes Raumklima sorgt eine kontrollierte Lüftungsanlage. Vielfach ist eine Wärmerückgewinnung integriert: Die im Haus entstandene Wärme aus Bad und Küche wird auf frische Außenluft übertragen und wieder für die Beheizung der Räume genutzt. Viele Bauherren möchten sich von Öl und Gas unabhängig machen, sei es aus Kostengründen oder aus dem Bedürfnis heraus, das eigene Haus mit „sauberer" Energie zu bewirtschaften. Das geht am besten, wenn sie für Heizenergie und Warmwasser erneuerbare Energien nutzen und diese im und am Haus produziert wird.

Der Traum vieler umweltbewusster Hausbauer von der „Energieautarkie" wird wahr, wenn mit Sonnenenergie Wärme und Strom erzeugt wird. Die Produktion von Strom über eine Photovoltaik-Anlage auf dem Dach ist durch öffentliche Förderung so attraktiv geworden, dass Förderkonditionen und Vergütungen von der Politik mittlerweile gekappt werden mussten. Auch die Erwärmung von Brauchwasser und die Heizung können beispielsweise über Solarthermiekollektoren unterstützt oder vollständig gestemmt werden. Im Trend liegen Wärmepumpen, die Energie aus Erde, Luft oder Wasser für die Nutzung im Haus aufbereiten.

Die Energieeinsparmöglichkeiten beim Bewohnen eines Hauses sind im Passivhaus, das nur wenige Prozent aller Neubauten ausmacht, nach Ansicht von Experten weitgehend ausgereizt. Vielen Bauherren ist Energiesparsamkeit und der Einsatz von regenerativen Energien allein ohnehin nicht mehr genug. Sie wollen über den Eigenbedarf hinaus Strom produzieren.

Plusenergiehaus: Der neue Standard?

Der Passivhaus-Standard ist also nicht die letzte Stufe der Entwicklung von Energieeffizienz im Hausbau. Der neue Trend ist das so genannte „Plusenergiehaus". Das bedeutet, dass das Haus nicht nur die für den eigenen Verbrauch notwendige Menge an Energie selbst produziert, sondern darüber hinaus. Der Strom-Überschuss kann als Haushaltsstrom fungieren und ins Netz eingespeist werden. Derzeit laufen Projekte und Mustervorhaben, um die Potenziale von Gebäuden als Stromproduzent zu testen und entsprechende Techniken zur Marktreife zu bringen. Eine Schwierigkeit besteht darin, die Energie zu speichern, damit sie jederzeit verfügbar ist. Der Strom entsteht schließlich nicht zwangsläufig zu dem Zeitpunkt, in dem er verbraucht werden soll, sondern

beispielsweise dann, wenn die Sonne scheint.

Auch jahreszeitliche Schwankungen sind zu berücksichtigen: Im Hochsommer ist die Stromerzeugung aus Photovoltaik naturgemäß um ein Vielfaches höher als in den dunklen Wintermonaten. Haushersteller und Produzenten von Haustechnik entwickeln gemeinsam Speichertechnik, die Energie „just-in-time" verfügbar macht. Eine Möglichkeit ist ein Warmwasserspeicher, der Energie in Form von Wärme erhält.

Die Fertighausindustrie hat sich bei der Entwicklung von Plusenergiehäusern als Vorreiter in der deutschen Bauwirtschaft etabliert. Zahlreiche Haus-Entwürfe werden bereits angeboten. Die Hersteller kooperieren mit Forschungsinstituten und der Haustechnik-Industrie in Pilot-Projekten, in denen die Produktion und Nutzung von Strom und Wärme aus erneuerbaren Energien erprobt und optimiert wird. Jedes Jahr veranstaltet die Branche eine Technikertagung, die sich unter anderem mit diesem Thema befasst. In Vorträgen und Workshops debattieren Fachleute Möglichkeiten und Grenzen der Energieproduktion in Eigenheimen und der Konstruktion von Häusern auf Plusenergie-Niveau.

Welches Potenzial das Haus als Energieproduzent grundsätzlich hat, das zeigt ein prämierter Haus-Entwurf eines Fertighausherstellers aus dem Südwesten

Deutschlands. Das Gebäude produziert mit Solarthermie und Photovoltaik mehr Energie als es verbraucht. Der Überschuss wird für die Strom-„Betankung" eines Elektroautos in der hauseigenen Ladestation genutzt. Fünf Röhrenkollektoren auf dem Dach steuern bis zu 6.000 Kilowattstunden aus Sonnenlicht zum Heizwärme- und Warmwasserbedarf bei. Zur Energiespeicherung wird ein Wasser-Pufferspeicher eingesetzt. Die Photovoltaik-Anlage erzeugt mit 60 Modulen bis zu 11.000 Kilowattstunden Strom.

Warum der Holz-Fertigbau das Bauen der Zukunft ist

Fazit: In den Debatten um die Zukunft des Hausbaus weisen viele Fachleute dem Holz-Fertigbau eine Schlüsselrolle zu. Sie argumentieren, die Bauweise erfülle die Anforderungen an Bauen in Zeiten von Klimawandel und Energieknappheit in besonderer Weise. Die Pflicht zur Energiesparsamkeit durch gesetzliche Vorgaben komme dem Fertigbau ebenso entgegen wie die politischen Debatten um mehr Klimaschutz im Gebäudebereich.

Der Bausektor soll einen Beitrag dazu leisten, das Klima zu schützen und die Erderwärmung zu verlangsamen. Zur Minimierung des CO_2-Ausstoßes kann die vermehrte Nutzung des Baustoffes Holz beitragen. Außerdem müssen Häuser immer energiesparender werden. Der Restenergiebedarf soll möglichst vollständig aus erneuerbaren Energien gedeckt werden, damit die endlichen Primärenergieressourcen wie Öl und Gas geschont und schließlich überflüssig werden.

Das sieht auch die EU-Richtlinie zur Gesamtenergieeffizienz in Gebäuden vor, die ab 2021 für Neubauten einen Niedrigstenergiestandard vorschreibt und in Deutschland voraussichtlich 2012 in einer neuen Energieeinsparverordnung umgesetzt wird.

Diesen Rahmenbedingungen stellt sich der Holz-Fertigbau als energieeffiziente und klimafreundliche Bauweise zuversichtlich. Die Hersteller blicken selbstbewusst nach vorne. Das Fertighaus hat gute Chancen, für viele Bauherren das Eigenheim der Zukunft zu werden.

1.4 Eigenheimbau im 21. Jahrhundert

1.4.1 Einführung

Die Fertighausbranche hat viele Trends im modernen Bauen und Wohnen auf- oder sogar vorweggenommen. Das gilt für Architekturstile, den Einsatz erneuerbarer Energien und die Vielfalt der angebotenen Grundrisse. Die Wohnbedürfnisse haben sich in den vergangenen Jahrzehnten stark verändert. Das liegt nicht zuletzt daran, dass die Lebensstile, die in der Gesellschaft akzeptiert und praktiziert werden, vielschichtiger geworden sind. Die klassische Kleinfamilie „Vater-Mutter-Kin-

der" ist nicht mehr der uneingeschränkt geltende Standard, sondern nur noch die häufigste Variante unter verschiedenen Lebensentwürfen.

**Lebensstile spiegeln
sich in Häusern wider**

Die familiären und partnerschaftlichen Bindungen haben sich tendenziell gelockert. Mehr Menschen als früher wagen einen privaten Neuanfang, oft auch im reiferen Alter. Ob neue Partnerschaft oder Patchwork-Familie: Neue Situationen erfordern innere und äußere Mobilität. Außerdem denken und handeln viele zunehmend in Lebensabschnitten – die sich in unterschiedlichen Räumen und Wohnkonzepten widerspiegeln. Gerade dann ist ein Eigenheim von Vorteil, das sich baulich „mitverändern" kann. Das ist sowohl für die klassische Baufamilie als auch für die „älteren Semester" wichtig. Das typische Familienhaus bekommt von allen möglichen Spielarten Konkurrenz. Es gibt Bungalows, mehrgeschossige Eigenheime mit Einliegerwohnung oder Wohnkeller, kleine Häuser für Singles oder Paare ohne oder mit flügge gewordenem Nachwuchs.

Der demographische Wandel

Die demographische Entwicklung, also die längere Lebenserwartung der Menschen und der größer werdende Anteil Älterer, spielen eine wichtige Rolle bei der Entwicklung von zeitgemäßen Formen des Bauens und des Wohnens. Wenn die Familien weniger und kleiner werden, werden weniger Häuser mit dem klassischen Grundriss von Familienhäusern mit einem Eltern-Schlafzimmer, zwei bis drei kleinen Kinderzimmern etc. benötigt.

Stattdessen wünschen sich Bauherren gerade in fortgeschrittenem Alter ausreichend Platz für Hobbyräume oder einen weitläufigen Koch-Essbereich, um Freunde einzuladen und gesellig beisammen zu sein. Außerdem gewinnt das barrierefreie Bauen an Bedeutung – damit die Hausbewohner auch im Seniorenalter und bei vielleicht eingeschränkter Gesundheit in den eigenen vier Wänden bleiben können und dort gute Lebensbedingungen vorfinden. Oft werden Räumlichkeiten oder mögliche Umbauten für den Fall einer Pflegebedürftigkeit von Anfang an in die Hausplanung einbezogen.

Individuelles Wohnen für individuelle Menschen

Der dritte umfassende Trend ist die zunehmende Bedeutung des Wohnens für den persönlichen Lebensstil. Das Gebäude, die Einrichtung und die Atmosphäre drücken ein Lebensgefühl und eine Identität des Bewohners aus. Das war zwar grundsätzlich schon immer so. Aber heutzutage erleben und gestalten Menschen dies bewusster. Viele definieren sich über ihren Wohnstil und ihre Wohnumgebung. „Cocooning", das Zurückziehen in das eigene Haus, ist „in" und befriedigt ein Grundbedürfnis. Die eigene kleine Welt, die überschaubar ist und die individuell gestaltet werden kann, korrespondiert mit dem von Soziologen diagnostizierten Bedürfnis nach dem „Rückzug ins Private".

Man will sich in seinem Haus heimisch fühlen. Ein Eigenheim ist nicht nur Ort zum Essen und Schlafen, sondern auch zum Ausruhen, Nachdenken, Seele baumeln lassen, mit den Kindern zusammen sein, Freunde empfangen. Jedes Haus gibt Signale ab. Die Hausarchitektur zeigt die eigenen Vorlieben und ist die Visitenkarte der Bewohner gegenüber Nachbarn und der Umgebung. Kein Wunder, dass viele

Bauherren Wert auf die Individualität der Architektur legen. So sind zum Beispiel ausgefallene Dachformen immer häufiger anzutreffen. Einzige Grenze bei der Verwirklichung der eigenen Wünsche ist neben den Kosten möglicherweise der Bebauungsplan.

Umweltbewusstsein als Ausdruck der Persönlichkeit

Im Hausbau führte das steigende Umweltbewusstsein zu einer rasanten Entwicklung, deren Ende nicht absehbar ist. Galt Engagement für Umweltschutz und Schonung der Ressourcen noch in den 1970er Jahren bei manchem als Domäne von einigen wenigen „Öko-Spinnern", so gehört ein waches Bewusstsein für die Umwelt heute zum guten Ton. Sie ist eine Einstellung, die „Mainstream" geworden ist. Das hat den Hausbau von Grund auf verändert. Und das nicht zuletzt deshalb, weil Bauherren ihre Kaufentscheidungen davon abhängig machen, ob das Haus in ökologischer Hinsicht eine gute Figur macht. Sie wollen, dass das Gebäude und das alltägliche Leben darin energiesparend und umweltverträglich sind.

**Der Fertigbau hat gesellschaftliche
Trends früh aufgenommen**

Die Fertighausindustrie hat die Veränderungen früh erkannt und ihre Angebote daran ausgerichtet. Die Haus-Entwürfe sind seit Ende der 1970er Jahre umweltschonender geworden. Neue Haustechniken wie etwa Solaranlagen wurden erprobt und integriert. Neue Käuferschichten wurden in den Blick genommen: Zu der klassischen Baufamilie und Pärchen mittleren Alters traten die älteren Bauinteressierten, die in Marketing-Terminologie als „Best Ager" oder „Generation 50 Plus" bezeichnet werden. Die Bandbreite an möglichen Grundrissen und architektonischen Stilelementen wurde ausgeweitet. Allein ein Dutzend Dachformen sind heute in der Branche üblich. Die Einführung von Qualitätsstandards und besonders energieeffiziente Wandaufbauten taten in den 1980er Jahren ein Übriges, die Neuausrichtung des Fertighauses hin zu einem individuell auf die Bedürfnisse jedes Bauherrn zugeschnittenen Eigenheims voranzubringen.

Fazit: Der Fertigbau profitiert davon, dass die gesellschaftlichen Trends Energiesparsamkeit, Umweltbewusstsein und Individualisierung sich im Hausbau niederschlagen – und den Stärken der Bauweise entgegenkommen.

1.4.2 Umweltbewusstes Bauen

**Bauen und Wohnen im
Einklang mit der Natur**

Das zeigt sich besonders beim Trend zu Energieeffizienz und Umweltfreundlichkeit. Der Fertigbau besetzte das Thema früher als andere Bauweisen. Heute gibt es eine Käufer-Zielgruppe, die sich selbst als „Klimaschutz-Avantgarde" versteht. Sie bevorzugt bewusst das klimafreundliche Bauen. Für sie hat dieser Wunsch einen so hohen Stellenwert, dass sie dafür Mehrkosten in Kauf nimmt. Der ökologisch bewusste Hausbau ist Ausdruck ihrer Wertvorstellungen. Doch auch jenseits dieser besonders umweltschutz-affinen Gruppe von Bauherren legen die „durchschnittlichen" Hausbauer Wert darauf, dass ihr Haus ökologisch ist.

Das zeigt sich exemplarisch bei der Haustechnik, die regenerative Energiequellen nutzt. Der Siegeszug der Photovoltaik hat nicht nur mit Fördermitteln, sondern auch mit steigendem Umweltbewusstsein zu tun. Die Kollektoren auf dem Dach wurden einst belächelt. Heute sind sie ein akzeptierter Bestandteil des zeitgemäßen Wohnens und ein Zeichen für Modernität des Hauses und seiner Bewohner. Wer hätte gedacht, dass eine Solarthermie-Anlage einmal das Eigenheim „schmücken" würde – und von Bauherren mit Stolz vorgezeigt wird? Das Wissen über die Zusammenhänge von Energieverbrauch,

Klimagasausstoß und komfortablem Wohnen ist Allgemeingut geworden und den Bauherren des 21. Jahrhunderts präsent. Mit dem Problembewusstsein ist die Akzeptanz neuer Haustechniken gestiegen.

Eine ähnliche Entwicklung hat der Klimaschutz als Thema des Hausbaus hinter sich. Forscher warnen seit Jahrzehnten vor einer Erwärmung der Erdatmosphäre. Unumstritten ist, dass das Klima sich wandelt. Es wird wärmer – und zwar schneller als in vergangenen Jahrhunderten und Jahrtausenden. Das Problembewusstsein ist in der Öffentlichkeit wie bei Bauherren erst seit wenigen Jahren hoch. Medien, Politik und Öffentlichkeit berichten ausführlich über die Bedrohung durch den Treibhauseffekt. Der Klimawandel selbst ist für den Einzelnen nicht zu spüren. Zwar kann man Wetter fühlen: Man friert oder schwitzt, Körper und Seele reagieren auf Wetterwechsel. Das Klima selbst ist die Summe aller Wetterzustände über einen längeren Zeitraum.

Der Klimawandel ist insofern zunächst einmal ein abstrakter und statistischer

Effekt. Er kommt auf leisen Sohlen. Trotzdem ist die Bedrohung durch den Klimawandel durch die ausführliche Berichterstattung in der Bevölkerung zunehmend „angekommen". Bauherren fragen jetzt nach der Klimaverträglichkeit ihres geplanten Eigenheims.

Die Hersteller von Holz-Fertighäusern haben darauf gute Antworten: eine klimafreundliche Bauweise, einen nachwachsenden Rohstoff als Baustoff, wenig Energieaufwand bei der Herstellung der Bauelemente und Haustechnik, die erneuerbare Energien nutzt.

Technik mit Tradition

Der Fertigbau blickt auf eine lange Tradition zurück, wenn es darum geht, Heizwärme, Warmwasser und Haushaltsenergie sparsam einzusetzen und aus regenerativer Energie zu gewinnen. Die Integration von intelligenter Technik findet heute in Wärmepumpen, Solaranlagen oder Holzpelletsheizungen ihren vorläufigen Höhepunkt. Auch kontrollierte Be- und Entlüftung mit Wärmerückgewinnung erfreut sich bei Bauherren steigender Beliebtheit. Sie profitieren von den Kompetenzen der Branche, die sie sich unter anderem in langjähriger Partnerschaft mit den führenden Anbietern von Anlagen für Haustechnik-Systeme erworben hat. Erfahrung hat die Branche auch beim Einsatz zeitgemäßer Haustechnik-Systeme, die zentral über eine Bedienstation gesteuert werden.

Dazu gehört das Heizungsmanagement genauso wie der sparsame Einsatz von Strom für Licht. Lichtschranken und Zeitsteuerung helfen, Energieverbrauch und Kosten so gering wie möglich zu halten.

Haustechnik, die Komfort bietet und gleichzeitig sparsam und nützlich ist, hat also seit langem eine Heimat im Fertigbau. Der entstandene Innovationsvorsprung vor anderen Bauweisen hat dazu geführt, dass die Fertigbau-Branche ein bevorzugter Ansprechpartner für Haustechnik-Industrie und Forschungseinrichtungen ist, wenn es um technische Neuentwicklungen geht. Viele Heizungssystem-Hersteller stellen ihre neuesten Modelle bevorzugt in Fertighaus-Musterhäusern vor.

1.4.3 Bauherrenfreundliches Bauen

Planbarer Bauprozess und sichere Anlageform

Bauherrenfreundlichkeit ist das vielleicht wichtigste Kriterium für Bauherren, wenn sie sich für ihr Bauunternehmen entscheiden. Ein Hausbau wird nicht selten zur Belastung für Partnerschaft und Familie. Es geht um einiges – um viel Geld und um eine „Investition fürs Leben". Da liegen die Nerven manchmal blank, was sich auf die Lebensqualität auswirkt und beispielsweise die berufliche Leistung negativ beeinflussen kann. Die Hersteller von Fertighäusern nehmen für sich in Anspruch, die Belastungen und Anspannung für Bauherren so weit wie möglich zu minimieren.

Dem Bedürfnis nach Sicherheit kommt der Bauprozess im Fertigbau entgegen. Ist ein Festpreis vereinbart, sind böse finanzielle Überraschungen ausgeschlossen. Wenn der Finanzierungsplan mit einem kompetenten Fachberater oder dem Finanzierungsservice erarbeitet wurde, ist er solide durchkalkuliert und von der Bank per Finanzierungsbestätigung nachgewiesen. Die Fachberater klären über Hauspreis und Baunebenkosten auf. Dem Hausbauvertrag ist eine ausführliche Bau- und Leistungsbeschreibung beigefügt.

Vielfach sind steigende Kosten der „schlimmste Schlafräuber" für Bauherren, wenn bei konventionellen Gebäuden in

Folge von „Schlechtwetter" Verzögerungen oder Probleme mit Feuchtigkeit drohen. Im Fertigbau kann neben dem Fixpreis ein fester Einzugstermin vereinbart werden. Das verhindert, dass zusätzliche Mietkosten entstehen, weil man erst verspätet in sein neues Eigenheim einziehen kann. Die Kostensicherheit gibt Baufamilien mit knappem Budget das gute Gefühl, sich mit dem Hausbau nicht zu verheben und dauerhaft über die eigenen Kräfte zu verschulden.

Der Bauablauf im Fertigbau ist finanziell und zeitlich für Hersteller und Kunden planbar und berechenbar, was im konventionellen Hausbau in aller Regel nicht der Fall ist. Außerdem garantiert das Qualitätssicherungssystem jedem Bauherrn, dass er sich auf Qualität und Ausführung des erworbenen Hauses verlassen kann. Die Angst vor Baumängeln und dem sprichwörtlichen „Pfusch am Bau" hat im Fertigbau selbst in günstigen Preissegmenten keine reale Basis.

Finanzexperten empfehlen zur Vermögenssicherung eine Immobilie als Bestandteil sinnvoller Anlagestrategien. Die weltweite Finanzkrise der Jahre 2008 und 2009 hat gezeigt, dass Wertpapiere für Turbulenzen auf den internationalen Finanzmärkten in besonderer Weise anfällig sind. Die im Vergleich sicherste Anlageform ist das selbstgenutzte Eigenheim.

Comeback des Eigenheims als sichere Wertanlage

Nach Jahren der Aktieneuphorie feiert das Haus als Wertanlage ein furioses Comeback. Die monetären Renditeerwartungen an Aktienpakete haben dem Gedanken Platz gemacht, das Erarbeitete zum Beispiel als Teil der Altersvorsorge zu sichern und an die kommende Generation weiterzugeben. Fertighäuser sind wertbeständig – entgegen sich hartnäckig haltender, aber längst widerlegter Vorurteile. Ihr Wiederverkaufswert orientiert sich an der Langlebigkeit der Hauskonstruktion – und die steht derjenigen von Häusern in anderer Bauweise in nichts nach. Andere Faktoren des langfristigen Hauswertes sind der Energiebedarf und die Möglichkeit, später flexibel für mögliche neue Wohnbedürfnisse der Bewohner zu sein. Fertighäuser erfüllen beide Voraussetzungen.

Mehr Zeit während des Hausbaus

„Zeit ist Geld" heißt es in der Moderne, die gerne als „schnelllebige Zeit" beschrieben wird. Für den Hausbau heißt das: Viele Hausbauer haben selbst kaum zeitliche Ressourcen, ihr Haus zu planen, den Bau zu organisieren, die verschiedenen Gewerke auf der Baustelle zu koordinieren, die Qualität der ausgeführten Arbeit zu überprüfen, mehrere Monate für das Projekt zu opfern... Weil bei den Herstellern von Fertighäusern alles aus einer Hand kommt und der Bauprozess auf der Baustelle wesentlich kürzer ist als bei der konventionellen Bauweise, muss der Bauherr sich nicht zwangsweise tief in den Bauprozess involvieren. Er muss nicht selbst zum Bauexperten werden. Die Herstellerfirma betreut ihn in allen Fragen rund um den Hausbau, unterstützt bei Behördengängen und den Bauherrenleistungen wie der Vorbereitung der Baustelle.

Wer nicht jeden Tag am Bauplatz nach dem Rechten sehen muss, der hat mehr Zeit für Beruf, Hobbys, Partnerschaft und Familie. Das senkt das Risiko einer persönlichen Überlastung durch einen möglicherweise nervenaufreibenden Hausbau.

Jeder Hausbau ist naturgemäß mit Anstrengung, Nachdenken und schwierigen Entscheidungen verbunden. Je entspannter er jedoch vor sich geht, desto besser stehen die Chancen dafür, dass das eigene Wohlbefinden durch Bau-Stress nicht zu sehr in Mitleidenschaft gezogen wird. Bauherren, die zum zweiten Mal bauen, entscheiden sich oft mit Blick auf ihre Erfahrungen aus dem ersten Hausbau für ein Fertighaus.

1.4.4 Wohngesundheit

Gesundes und behagliches Wohnen ist „Wohlfühlwohnen"

Viele Bewohner schwärmen vom besonderen Wohngefühl in den Holzhäusern. Trendforscher bezeichnen es als „Wohlfühlwohnen". Es beschreibt das Bedürfnis, sich in den eigenen vier Wänden rundherum und ohne Abstriche wohl zu fühlen, Zuhause zu sein, Geborgenheit und Behaglichkeit zu erleben. Wohnemotionen sind ein Phänomen, das seit Beginn der 2000er Jahre in der Welt des Wohnens zunehmend Raum einnimmt.

Wohlfühlwohnen hat viele Gesichter. Viele verbinden damit, gerne Gäste zu haben und mit ihnen zu kochen, oder lange Klön- oder Spiel-Abende mit Familie oder Bekannten vor dem Kamin in angenehmer Atmosphäre und schöner Umgebung zu verbringen. Bauherren von Fertighäusern haben die Möglichkeit, Grundriss und Innenausstattung ganz auf diese Bedürfnisse hin zu gestalten. Die Fachberater sind erfahren darin, die Wünsche der Bauherren „herauszuhören" und mit ihnen bei der Hausplanung die Voraussetzungen für Wohlfühlwohnen zu schaffen. Dazu trägt die richtige Farbgebung ebenso bei wie eine Raumaufteilung, die Interessen und persönliche Bedürfnisse der Hausbewohner aufnimmt. Ein Klassiker des Wohlfühlwohnens, der in immer mehr Häusern zu finden ist, ist der offene Wohn- und Ess-

bereich, oft verbunden mit einer großen Fensterfront mit Blick in den Garten.

Eine zweite Facette des Wohlfühlwohnens ist das gesunde Wohnen. Nirgendwo verbringt man so viel Zeit wie im eigenen Haus. Schätzungen zufolge sind es bis zu 75 Prozent der Lebenszeit. Da möchte man natürlich die Sicherheit haben, dass man sich in einer gesunden Umgebung aufhält. Das gilt besonders dann, wenn Kinder im Haus aufwachsen. Gerade junge Baufamilien achten deshalb darauf, dass in ihrem Neubau die Wohngesundheit gewährleistet ist.

Mit der Wohngesundheit beschäftigt sich die noch vergleichsweise junge Disziplin „Baubiologie". Einige Fertighaushersteller verfügen über speziell geschultes Personal, das in Sachen Schadstofffreiheit, Raumluftqualität und Holzqualität in Bauplanung und -ausführung eingebunden wird. Der Baustoff Holz ist gesund und bringt als natürlicher Rohstoff alle Voraussetzungen für ein angenehmes Raumklima mit. Schlüssel zu gesundem Wohnen ist die minimale Schadstoffbelastung. Diese wird im Holz-Fertigbau in der Satzung der Qualitätsgemeinschaft Deutscher Fertigbau (QDF) vorgeschrieben. Zum Beispiel ist der Einsatz von chemischen Holzschutzmitteln verboten, soweit er nicht gesetzlich vorgeschrieben ist. Die Wände werden nicht mit der „Chemie-Keule", sondern durch konstruktive Maßnahmen wirksam vor Schädlingsbefall oder ähnlichem abgesichert. Der Wunsch nach gesundem Wohnen kommt nicht nur von einer ökologisch besonders bewussten Schicht, sondern aus breiten Kreisen der angehenden Bauherren. Die deutsche Fertighausindustrie hat eigene Forschungen zur Baugesundheit von Holz vorgelegt und wirbt mit den guten Ergebnissen dieser Studien. Fertighäuser werden entsprechend strenger baubiologischer Anforderungen gebaut. Ein Trend ist der Einsatz von Lüftungssystemen, die für frische und gesunde Raumluft sorgen. Das ist gerade angesichts dichter werdender Gebäudehüllen wichtig. Diese Systeme, bei denen verbrauchte Luft abgesaugt und durch unverbrauchte Außenluft ersetzt wird, sind im Fertigbau mittlerweile Standard.

1.4.5 Individualität

Individualität innerhalb und außerhalb den eigenen vier Wände

Die Architektursprache von Eigenheimen ist so vielfältig wie nie zuvor. Letzte Grenzen für die Wünsche der Bauherren sind die Baustatik und die Bestimmungen in Bebauungsplänen. Die Häuser werden individuell geplant. Vom klassischen Familienhaus bis hin zu BAUHAUS-Architektur kann der Bauherr vom Hersteller seine eigenen Vorstellungen von seinem Traumhaus realisieren. Das gilt auch für das Dach: Das traditionelle Satteldach bleibt „in", bekommt aber zunehmend Konkurrenz von aktuelleren Formen, wie Pultdächern oder Flachdächern.

Die Fassade ist frei gestaltbar. Holz kann dort angebracht sein, ist aber keinesfalls immer am Haus sichtbar. Holz-Fertighäuser bestehen aus einer Konstruktion, die auf Holz basiert. So manches Mal wirft diese Tatsache das Missverständnis auf, dass man das Holz tatsächlich sehen kann. Das ist meist nicht der Fall: Weder von außen noch im Hausinneren muss man zwingend Holz oder den Holzkern der Wände erkennen können. Denn das Innenleben der Konstruktion ist zwar aus Holz, außen sind die Häuser wie Eigenheime in anderer Bauweise in der Regel verputzt oder verklinkert. Natürlich kann aus optischen Gründen die Fassade mit Holz verkleidet werden. Das hat dann aber nichts mit der Bauweise, sondern mit individuellen Vorlieben der Bauherren zu tun. Gleiches gilt, wenn dem Eigenheim eine Klinkerfassade vorgesetzt wird.

2. Energieeffizient und klimaschonend – Das Fertighaus

Was ist ein Holz-Fertighaus?

von Georg Huf,
Vize-Präsident des Europäischen
Fertigbauverbandes (EFV),
Vorstandsmitglied des Bundesverbandes
Deutscher Fertigbau

Liebe Leserinnen und Leser,

ein Holz-Fertighaus ist ein Fertighaus aus Holz.

So einfach sollte man es sich sicher nicht machen, will man die Frage „Was ist ein Holz-Fertighaus?" beantworten. Auch die ausführlichere Variante: Ein Holz-Fertighaus ist ein Haus, das aus vorgefertigten Bauelementen errichtet wird und dessen Grundkonstruktion aus Holz besteht, wird der Frage nicht gerecht. Denn gemeint ist ja: Was macht ein solches Haus aus? Was ist das Besondere an dieser Bauweise?

Die Antwort darauf hat es in sich: Denn ein Holz-Fertighaus ist die Verbindung eines traditionsreichen und bewährten Baustoffes mit einer traditionsreichen und bewährten Bauweise zu einem unschlagbaren Team. Gemeinsam stehen sie für energiesparenden Hausbau, natürliches und modernes Wohnen, für Behaglichkeit in den eigenen vier Wänden und für bauherrenfreundliches Bauen.

Grund genug, dem Holz-Fertighaus nach der allgemeinen Einführung ein eigenes Kapitel zu widmen. Geschichte und Gegenwart einer noch immer viel zu wenig bekannten Bauweise: Das ist Gegenstand der folgenden vier Abschnitte.

Der Holz-Fertigbau ist zeitlos. Was sich wie ein selbstbewusster Werbe-Spruch anhört, ist ein Faktum. Denn der Holzbau und die Fertigbauweise sind beide uralt. Sie haben sich über Jahrhunderte hinweg behauptet und stetig weiterentwickelt. Das zeigt ein Blick in die Historie. Holz ist seit jeher ein bevorzugter Baustoff. Erste Fertigbauelemente wurden bereits in der Antike genutzt. Das Bauen im Mittelalter war in vielen deutschen Regionen vom Fachwerkbau mit Holz geprägt – eine Bauweise, die bis heute ihre Anhänger findet und besondere ästhetische Reize hat. Der heutige, moderne industrielle Fertigbau geht auf diese handwerklichen Wurzeln zurück, hat aber auch ein eigenes technisches und ästhetisches Fundament. Die berühmten Architekten Konrad Wachsmann und Walter Gropius waren in den 1920er Jahren Geburtshelfer in Deutschland. Die Bauweise war und ist in vielen Regionen der Welt bewährte Hausbau-Praxis. Im ersten Abschnitt dieses Kapitels laden wir Sie zu einer Zeitreise durch die Geschichte des Fertigbaus ein.

Im Anschluss daran stellen wir Ihnen ein Wunderwerk der Natur vor: Den natürlichen Baustoff Holz. Die Liste der positiven Eigenschaften dieses „Alleskönners" ist lang: Es ist umweltfreundlich, gesund, klimaschonend, belastbar, haltbar, nachwachsend etc. Die Aufzählung zeigt: Dem Holz gebührt eine Hauptrolle auf der Bühne des Hausbaus.

Danach werfen wir einen Blick auf den aktuellen industriellen Fertigbau in Deutschland und stellen Ihnen ein besonderes brancheneigenes Qualitätssicherungssystem vor: Die Qualitätsgemeinschaft Deutscher Fertigbau. Alle Mitgliedsfirmen des Bundesverbandes Deutscher Fertigbau haben sich verpflichtet, diese hohen Anforderungen als verbindliche Grundlage der Produktion und des Bauablaufs uneingeschränkt umzusetzen.

Den Schlussakkord bildet eine Übersicht über die zehn wichtigsten Vorteile eines Holz-Fertighauses – kurz und knapp aufbereitet für eine schnelle Orientierung, zum Merken und zum Weitersagen...

Die ständige Weiterentwicklung der Ausführungsdetails und der Materialien im industriellen Fertigbau garantiert Bauherren ein immer aktuelles und modernes Produkt. Die Qualitätssicherung gewährleistet ein hohes Maß an Sicherheit und Solidität. Sie sehen: Die Antwort auf die Frage „Was ist ein Holz-Fertighaus?" hat viele spannende Facetten...

Ihr

2.1 Traditionell und modern: Die Geschichte des Fertighauses

2.1.1 Einführung

Das Bauen mit Fertigteilen ist wahrscheinlich fast so alt wie die Menschheit selbst. Die ersten bekannten Zeugnisse stammen von den alten Ägyptern. Sie bauten ihre Pyramiden meist im Norden des Landes, schleppten die gewaltigen fertigen Steinblöcke aber den Nil hinunter, um sie auf der antiken „Baustelle" zu montieren. Die ersten Überlieferungen über den Einsatz handwerklich vorgefertigter Holzhäuser entstanden im 12. Jahrhundert in Japan. Quellen beschreiben eine zerlegbare und auf zwei Handkarren transportierbare Holzhütte. Vorfertigung und Holzbau gingen erstmals eine Symbiose ein.

Vorfertigung und Holzbau im Mittelalter

Auffällig ist, dass viele kluge Köpfe der Menschheitsgeschichte sich mit dem Fertigbau beschäftigt und damit experimentiert haben. Ein Beispiel für dieses Phänomen ist im Mittelalter anzusiedeln: Der berühmte Maler der „Mona Lisa", der Universalgelehrte Leonardo Da Vinci, baute 1494 die „Casa mutabile". Das Haus war vollständig vorgefertigt und wurde am Ufer des Flusses Tigris aufgestellt. Das Genie Da Vinci gilt deshalb als der Erfinder der frühen Tafelbauweise – und als ein Urvater des Fertigbaus. Als Zeugnisse mittelalterlicher Baukunst in Fertigbauweise sind in Deutschland heute noch viele Fachwerkhäuser zu sehen. Deren Wände

Das Einstein-Haus von Konrad Wachsmann

haben meist schwarze Holzrahmen, die wie einzelne Fächer aussehen. Sie sind mit Stroh und Lehm gefüllt, die die Wand bilden. Die Holzrahmen wurden im Mittelalter in der Zimmerei zugeschnitten und teilweise miteinander verbunden. Sie sind technisch und historisch betrachtet Vorläufer der heutigen Fertighäuser. Sie stehen am Anfang der Entwicklung einer Bauweise, die über die Jahrhunderte überliefert wurde. In Europa wirkten später die Interessen des Militärs als Antrieb für die Vorfertigung und Montage von Gebäuden in Holzbauweise. In Kriegszeiten wurden unter anderem Lazarettbaracken für die Verwundeten benötigt. Die ersten preußischen Lazarettbaracken entstanden 1807 in Königsberg.

2.1.2 Moderner Holzbau
in Deutschland

Holzbau in der Neuzeit

Der Holzbau war in seinen verschiedenen Spielarten im 19. Jahrhundert in Deutschland etabliert – geriet in Konkurrenz zum Baustoff Stein allerdings zunehmend ins Hintertreffen. Doch vor dem Hintergrund der einsetzenden Industrialisierung entstanden im Kaiserreich in den letzten zwei Jahrzehnten des 19. Jahrhunderts aus traditionsreichen Handwerksbetrieben Holzverarbeitungswerke, deren Fabrikation zunehmend von Maschinen geprägt war. Beispiele dafür sind die Wolgaster Holz-

industrie ab 1868 und ab 1887 die Firma Christoph & Unmack in Niesky. Dort kann man heute noch zahlreiche Häuser aus dieser Zeit besichtigen. Sie wurden überwiegend in Paneelbauweise gebaut. Doch im damaligen Preußen reduzierte sich der Anteil der Holzhäuser von mehr als 50 Prozent des Gesamtbestandes im Jahre 1816 auf nur noch 10 Prozent im Jahre 1883. Der Baustoff Holz wurde vor allem als Heizmittel genutzt. Er verlor an Wertigkeit, denn die neue Architektur aus Stein und Mörtel versprach, moderner zu sein. Außerdem wuchsen die Städte, in denen Großbauten und Mehrfamilienhäuser für die steigende Bevölkerungszahl benötigt wurden. Diese konnten damals aus statischen Gründen nicht aus Holz gebaut werden.

Die wichtigsten Konstruktionsarten der Holzbauweise waren damals Blockbau, Fachwerkbau, Skelettbau, Rippenbau und Tafelbau mit zum Teil vorgefertigten Wand- und Deckenelementen, die mittels einfacher Verbindungstechnik montiert wurden.

Seinen Siegeszug hat der Holzbau zuerst in der neuen Welt angetreten. In Amerika waren in der Zeit des „Wilden Westens" nicht nur die berühmten Saloons aus Holz. Holzhäuser wurden als Hotels, Privathäuser, Schulen, Sheriff-Büros und Poststationen gebaut. Als Mitte des 19. Jahrhunderts die Zeit des Goldrausches begann und scharenweise Einwanderer vor allem aus Europa nach Nordamerika kamen, waren Fertighäuser aus Holz aufgrund ihrer Vorteile beliebt und wurden massenhaft errichtet.

Die Trockenbauweise machte es möglich, direkt nach dem Aufbau einzuziehen; ein unschätzbarer Vorzug in Zeiten dringenden Wohnungsbedarfes. Noch heute stehen viele dieser alten Häuser in Städten der USA. Die Holzbauweise in ihrer moderneren Form ist bis heute in Nordamerika weit verbreitet.

Pioniere des modernen Fertigbaus in Deutschland

In Deutschland gelang dem Fertigbau in den 1920er Jahren der entscheidende Entwicklungsschritt. Nachdem in den letzten Jahrzehnten des 19. Jahrhunderts ein Rückgang der Holzbauweise verzeichnet wurde, stiegen um die Jahrhundertwende Interesse und Nachfrage wieder an. In dieser Zeit wurden viele der heutigen Mitgliedsunternehmen des Bundesverbandes Deutscher Fertigbau (BDF) als kleine

handwerkliche Zimmereien gegründet. Der Werk- und Baustoff Holz geriet wieder stärker in den Blick von Baumeistern und Architekten. Der Modernisierungsschub, der nun folgte und die Geburtsstunde des modernen Fertigbaus in Deutschland war, ist eng mit bedeutenden Namen der deutschen Technik- und Architekturgeschichte verbunden.

Der erste ist der des Tüftlers und Baumeisters Gustav Lilienthal, Bruder des berühmten Flugzeug-Erfinders Otto Lilienthal. Er entwickelte um 1900 die so genannten „Terrast-Häuser", die vollständig vorgefertigt waren und nur noch zusammengesetzt werden mussten. Sie waren wetterunabhängig herstellbar und in drei Tagen fix und fertig aufgebaut. Die schmuck- und schnörkellosen Häuser wurden unter anderem für Wohnkolonien für sozial Bedürftige eingesetzt. Lilien-thal errichtete Häuser gemeinsam mit dem späteren Gründer der diakonischen Bethel-Anstalten, Pastor Friedrich von Bodelschwingh.

Nach dem Ersten Weltkrieg zeichneten sich neue Chancen für den Baustoff Holz ab: Holz war als einziger Rohstoff in Zeiten von Wirtschaftskrise und Nachkriegsreparationen zunächst im Überfluss vorhanden. Die Herstellung eines Holzhauses benötigte wenig Energie, beispielsweise weniger von der knappen Kohle. Die Kehrseite der Medaille: Die Preise für Holz kletterten schnell, der Holzhausbau wurde für viele unerschwinglich.

Walter Gropius und Konrad Wachsmann

Erst Mitte der 1920er Jahre nahm die Baukonjunktur überhaupt wieder Fahrt auf, Siedlungen von vorgefertigten Häusern entstanden. War Gustav Lilienthal der frühe Wegbereiter des Fertigbaus, so folgte ihm der berühmte Architekt Walter Gropius als Motor für den endgültigen Durchbruch zur Moderne des Hausbaus. Gropius gründete 1919 die Architekturschule BAUHAUS in Weimar. Unter seiner Leitung wurde die Idee der Fertigbauweise gefördert und zu Perfektion und ästhetischem Anspruch gebracht.

Gropius erhielt tatkräftige Unterstützung von dem Architekten Konrad Wachsmann, der sich intensiv mit der Vorfertigung von Bauteilen beschäftigte. Später entwarf er sogar für den berühmten Albert Einstein ein Sommerhaus in Fertigbauweise, das im brandenburgischen Caputh bei Potsdam steht. Wachsmann arbeitete von 1926 bis 1929 als Chefarchitekt bei der damals größten europäischen Holzhausfabrik Christoph & Unmack in Niesky in der Oberlausitz. Hier begann er mit Forschungs- und Versuchsarbeiten zur Rationalisierung und Verfeinerung des Holzbaus. Er erkannte die Vorteile der Vorfertigung und trieb die Idee voran, die Industrialisierung der Fertigung mit dem Baustoff Holz neu zu kombinieren.

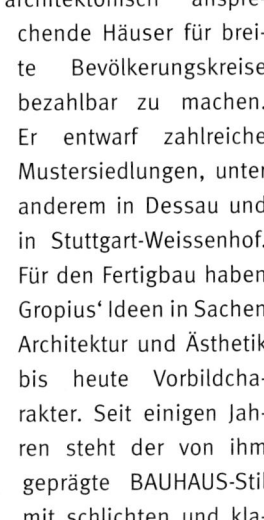

Walter Gropius setzte sich vor seiner Emigration in die USA im BAUHAUS mit dem Massenwohnbau auseinander und forderte programmatisch eine Rationalisierung in der Bauwirtschaft. Schnell kam er auf den Gedanken, mit Standardisierung und massenhafter Vorfertigung architektonisch ansprechende Häuser für breite Bevölkerungskreise bezahlbar zu machen. Er entwarf zahlreiche Mustersiedlungen, unter anderem in Dessau und in Stuttgart-Weissenhof. Für den Fertigbau haben Gropius' Ideen in Sachen Architektur und Ästhetik bis heute Vorbildcharakter. Seit einigen Jahren steht der von ihm geprägte BAUHAUS-Stil mit schlichten und klaren Formen bei Bauherren wieder hoch im Kurs. Die Massenfertigung sollte den Hausbau erschwinglich machen. Das Angebot war nicht auf Standard-Typenhäuser festgelegt. Man konnte nach dem Baukasten-Prinzip einen Grundtyp individuell variieren. Von Vorfertigung und individueller Planung über den Festpreis bis hin zur architektonischen Modernität sind in dieser Epoche die Fundamente gelegt worden, die bis heute den deutschen Fertigbau prägen.

Die deutsche Fertighausindustrie ist stolz auf ihre BAUHAUS-Wurzeln. Von Archi-

Walter Gropius

tektur über Konstruktion bis zu den Baustoffen ist der heutige Fertigbau seinen Ursprüngen treu geblieben: Individualität trotz Vorfertigung, Ressourcen schonender Einsatz des Werkstoffs Holz, zeitsparende und flexible Hausmontage, auf das Wesentliche reduzierte Formensprache der Architektur, innovative Bauingenieursleistungen.

Nach dem Zweiten Weltkrieg war die Nachfrage nach Wohnraum in deutschen Landen groß, weil viele Gebäude zerstört waren und Wohnquartiere in Trümmern lagen. Die weitere Entwicklung des Fertigbaus verlief in Folge der deutschen Teilung in Ost und West unterschiedlich.

2.1.3 Fertigteilbau in der DDR

Im Osten Deutschlands wurde der Fertigbau – dort Fertigteilbau genannt – wie der gesamte Bausektor von der Planwirtschaft und der staatlichen Kontrolle von Baumaterialien und der Grundstücksnutzung geprägt. Ideologische Vorbehalte gegenüber Eigenheimen und der Individualität von Wohnumgebungen und -verhältnisse bremsten den Hausbau lange aus.

Die Versorgung mit Wohnraum war Hauptziel der DDR-Bauwirtschaft nach dem Zweiten Weltkrieg. Dass dieses Problem bis 1989 nicht befriedigend gelöst werden konnte, war einer der Gründe für das Scheitern der DDR. Denn die sozialistische Baupolitik schlug fehl und konnte nach Meinung von Zeithistorikern selbst durch

Kurskorrekturen ab den 1970er Jahren die „Wohnungsfrage" nicht bewältigen.

In der DDR setzte sich aufgrund des Bedarfes an Wohnraum schnell die industrialisierte Produktion von mehrgeschossigen Häusern aus Fertigteilen durch, wie die bis heute bekannten „Plattenbauten" aus Beton-Großtafeln. Organisiert wurde der Wohnungsbau staatlich, gebunden an Vorgaben eines vorgegebenen Wirtschaftsplanes. Privater Einfamilienhausbau war ideologisch nicht akzeptiert und wurde zunächst weitgehend unterbunden. Erst in den 1970er Jahren förderte der Staat auch Bauherren. Deren Eigenleistungen wurden dringend benötigt und entwickelten sich zum Regelfall. Gebaut wurde mit Freunden und Nachbarn, Baumaterialien und Bauteile wurden von Baukombinaten bezogen.

Für Einfamilienhäuser in Fertigbauweise gab es nur wenige Typenreihen, deren Grundformen Ende der 1950er Jahre entwickelt wurden. Viele Bauherren trotzten der äußeren und inneren Gleichförmigkeit persönliche Haus-Entwürfe ab, die sich in der praktischen Ausführung wohltuend von den Vorgaben unterschieden. Manche Planungsbehörden reagierten mit Unwillen, andere tolerierten Kreativität und Eigeninitiative.

In der DDR gab es einige staatseigene Betriebe, die sich auf den Bau von Fertighäusern in Holztafelbauweise spezialisiert hatten. Sie produzierten lange vor allem für den Export. 1972 entstand bei Halle ein erster Musterhauspark. Dort präsentierten sich vier Haustypen. Bauherren mussten mit bis zu 50 Prozent Eigenleistung rechnen.

Die Geschichte des Fertigbaus in Ostdeutschland war von der restriktiven Baupolitik und dem Primat des Geschossbaus geprägt. Der Ein- und Zweifamilienhausbau spielte eine Nebenrolle – anders als im Westen Deutschlands.

2.1.4 Fertigbau in der Bundesrepublik Deutschland

Dort stellten in den 1950er Jahren erstmals Zimmereien auf eine industrielle Fertigungsweise um. Viele „Pioniere" des Fertigbaus sind bis heute Marktteilnehmer, bekannte Markennamen stammen aus dieser Zeit.

In Musterhäusern konnten sich Bauinteressierte einen Eindruck von dem zu erwerbenden Haus verschaffen. Diese bahnbrechende Verkaufsidee prägt den Vertrieb der Branche bis heute.

Die Fertighäuser der 1950er Jahre waren klein und funktional. Erst durch den wirtschaftlichen Aufschwung im „Wirtschaftswunderland" wurde aus dem Wohnungsbedarf ein Bauboom bei Ein- und Zweifamilienhäusern, der bis Mitte der 1960er Jahre anhielt. Um die Städte herum entstanden Neubaugebiete. Viele entwurzel-

te Menschen fanden in der Nachkriegszeit eine neue Heimat in erschwinglichen Fertighäusern. Die Schattenseite dieser historischen Leistung war die manchmal minderwertige Ausführung der preisgünstigen Häuser – und die daraufhin entstehenden Vorurteile gegen den Fertigbau, die lange nachwirkten.

1961 gründeten die führenden Hersteller den Vorläufer des Bundesverbandes Deutscher Fertigbau (BDF), unter dessen Dach sie sich bis heute organisieren.

Musterhausausstellungen und Häuser aus dem Katalog

1963 eröffnete auf Initiative des damaligen Chefredakteurs der Zeitschrift „Stern", Henri Nannen, die erste große Fertighausausstellung in Deutschland. Nannen engagierte sich persönlich und in seiner Zeitschrift für die Bauweise. In Zeiten von Bauboom und Versandhausblüte entdeckten die Katalog-Versandhändler das Fertighaus als Trendprodukt für sich. Kaufhof, Karstadt, Quelle und Neckermann nahmen Fertighäuser in ihr Programm auf. Für die Branche entstand ein lange erfolgreicher Vertriebsweg. Im Eigenheimzentrum von Neckermann wurden 1964 rund 190.000 Besucher gezählt. Auch publizistisch markierten die 1960er Jahre eine Zäsur. Ottmar Strebel gründete in Fellbach bei Stuttgart den Fachschriften-Verlag, der bis heute wichtige Medien zum Thema Eigenheimbau herausgibt. Die

Auflage der Zeitschriften schoss von Jahr zu Jahr mehr in die Höhe. Die Titel des Fachschriften-Verlages befriedigten und steigerten die Neugier vieler Bundesbürger auf die populärer werdende Bauweise.

Die 1970er Jahre wurden goldene Jahre für die Fertighausbranche. Sie arbeitete eng mit den Bausparkassen zusammen, was den Baufamilien die Hausbaufinanzierung erleichterte. Erstmals wurde die Energiesparsamkeit der Holzwände, die schon damals weniger Heizenergie verloren als die anderer Häuser, öffentlich thematisiert. Neue Hausausstellungen entstanden, unter anderem in Wuppertal und im Ballungsraum Stuttgart.

Noch wurden zahlreiche Fertighäuser über Kataloge verkauft. Doch bald verlagerte sich der Vertrieb primär in die Hausausstellungen, wo die Bauherren mit viel „Anschauungsmaterial" beraten wurden. Grundrisse und Architektur wurden vielseitiger: Bungalow, alpenländisches Haus, Landhaus oder Fachwerkhaus-Stil mit viel Glas und sichtbarem Holzskelett traten in den 1970er Jahren in den Vordergrund.

Neue Trends in den 1980ern: Vielfalt und Qualität

Den Baufamilien ging es nicht mehr nur um Funktionalität, sondern auch um Schönheit und Repräsentativität. Dieser Trend verstärkte sich in den 1980er Jahren. Allerdings wurden aufgrund der anziehenden Grundstückspreise zunehmend Reihenhäuser gebaut. Zwar blieb die Sehnsucht nach dem Eigenheim hoch, viele Familien hatten aber kein ausreichendes Budget mehr zur Verfügung, um sich ein freistehendes Haus mit entsprechend höherem Platzbedarf leisten zu können. Die Fertighausindustrie reagierte darauf, indem sie beispielsweise Reihenhäuser für das Stadtrandgebiet anbot. Die Hersteller von Fertighäusern gehörten in den 1980er Jahren zu den ersten Bauunternehmen, die Energiesparmaßnahmen an ihren Häusern förderten und ihre Haus-Entwürfe daran ausrichteten. Wohnbiologie und Energiespartechnik waren schon früh wichtige Themen der Branche. In der Architektur wuchs die Formenvielfalt weiter. Gleichzeitig wurden die Häuser in der Größe der Wohnfläche individueller. Wintergärten und Erker wurden beliebter. 1983 öffnete die Ausstellung in Bad Vilbel bei Frankfurt ihre Tore und zeigte zunächst ausschließlich Villen mit Krüppelwalmdach, Gauben, Glasanbauten, Holzfensterläden und Sprossenfenstern. Viele Hersteller setzten auf Nostalgie. Holz wurde zunehmend nicht nur als Baustoff der Wände, sondern auch zur Gestaltung der Fassaden eingesetzt.

Ein Meilenstein für die Branche wurde die Gründung der Qualitätsgemeinschaft Deutscher Fertigbau (QDF) im Mai 1989 durch den Bundesverband Deutscher Fertigbau (BDF). Sie schreibt seitdem den führenden deutschen Holz-Fertighausherstellern Qualitätsstandards vor. Diese werden jedes Jahr dem aktuellen Stand der Technik angepasst. Mit der Qualitätsgemeinschaft Deutscher Fertigbau (QDF) etablierte sich ein Gütesiegel, das bis heute in der Fachwelt und bei Bauherren Vertrauen genießt. Es gilt als Erkennungsmerkmal für Qualitäts-Fertighäuser.

2.1.5. Fertigbau seit der Wiedervereinigung

Der Fall der Mauer 1989 änderte auch in der Bauwirtschaft alles. Wiedervereinigung und Währungsunion bescherten der Fertighausbranche die größten Absatzerfolge seit vielen Jahren. In den neuen Bundesländern gab es aufgrund der restriktiven sozialistischen Baupolitik und der chronischen Baumaterialknappheit einen enormen Nachholbedarf. Weil keine gewachsene Struktur von mittelständischen Bauunternehmen in Ostdeutschland vorhanden war, konnten die Fertighaushersteller mit ihrem Konzept „Alles aus einer Hand" viele Bauinteressierte für sich gewinnen. 1995 war jedes vierte in den neuen Bundesländern und Ost-Berlin genehmigte Eigenheim ein Fertighaus. Produktionsstätten wurden in Ost- und Mitteldeutschland ebenso eingerichtet wie Musterhausausstellungen.

Parallel dazu nahm der Anteil der mit Eigenleistung fertig zu stellenden Ausbauhäuser zu. Fertighäuser wurden aufgrund der wachsenden Nachfrage in verschiedensten Ausbaustufen offeriert.

Die Branche heute: Hochwertige Öko-Architektur und BAUHAUS-Stil

Seit Mitte der 1990er Jahre kooperierten Hersteller zunehmend eng mit renommierten Architekten und Designern. Sie erweiterten ihr Produkt-Portfolio um hochwertige und von Architekten geplante Häuser für designorientierte Bauherren. Der Trend zum „Öko-Haus" nahm in dieser Zeit seinen Anfang – und hält an.

Denn diese Häuser weisen auch heute noch oft holzverkleidete Fassaden auf und nutzen das Tageslicht. Das geschieht zum Beispiel über die Verwendung von großen Glasflächen. Auf dem Dach wird eine Solaranlage installiert, ein Lüftungssystem optimiert das Wohnklima. Seit Anfang des neuen Jahrtausends sind Pultdachhäuser mit einer der Sonne zugewandten verglasten Seite gefragt. Die Sonnenenergie wird auf der Südfront genutzt, das Pultdach bietet im Gegensatz zum klassischen Spitzdach mehr Spielraum für solare und architektonische Gestaltungsmöglichkeiten. Energieeffizienz und -gewinnung sind wichtige Faktoren bei der Gestaltung von Architektur.

Steigender Marktanteil mit Potenzial nach oben

In ästhetischer Hinsicht feiert die BAUHAUS-Architektur in den 2000er Jahren Wiederauferstehung. Schlichte, aber elegante Funktionalität ist wieder „in". Genau wie der Fertigbau insgesamt: Der Marktanteil stieg in Deutschland bis zum Ende der 2000er Jahre auf 15 Prozent an. 1990 lag er in der alten Bundesrepublik bei Ein- und Zweifamilienhäusern gerade einmal bei 7 Prozent. Seit der Wiedervereinigung hat er sich also verdoppelt.

Experten sehen aufgrund der steigenden Bedeutung der Energiesparsamkeit der Häuser ein wesentlich höheres Marktpotenzial für die Bauweise. Um dieses zu heben wurde 2009 die FertighausWelt Metropolregion Nürnberg eröffnet. Die Musterhausausstellung ist die erste, in der nur sogenannte „Effizienzhäuser" gezeigt werden: Alle Musterhäuser benötigen weniger Heizenergie als gesetzlich vorgeschrieben.

Heute ist jedes siebte neu genehmigte Eigenheim ein Fertighaus, im Südwesten

Deutschlands sogar jedes vierte. Auch insgesamt steigt die Anzahl der neu genehmigten Häuser durch die anziehende Baukonjunktur an. Der Fertighausmarkt entwickelt sich dabei besser als der anderer Bauweisen.

Fazit: Den Architekten Walter Gropius und Konrad Wachsmann ist es durch ihre Forschungen und Mustergebäude zu verdanken, dass der moderne Fertigbau heute in Deutschland auf eine mehr als 80-jährige Geschichte zurückblicken kann. Im Jahr 1927 gelang den beiden die entscheidende Weichenstellung: Gropius entwickelte Haus-Entwürfe in zeitloser Konstruktion und Architektur für den privaten Woh-

nungsbau, Wachsmann entschied sich für die maschinelle Vorfertigung von Wänden und Decken bei Holzhäusern.

Auf Basis dieser Ideen bieten die deutschen Hersteller von Fertighäusern ihren Kunden seit Jahrzehnten energiesparende, architektonisch attraktive und langlebige Eigenheime an. Vorfertigung, Konstruktionsweise, Baustoff - der Fertigbau hat seine Wurzeln in längst vergangenen Tagen. Die Branche hat diese Traditionsstränge kombiniert und daraus ihr Hausangebot entwickelt.

2.2 Natürlich und nützlich: Der Baustoff Holz

2.2.1 Einführung

Holz ist eng mit der Menschheitsgeschichte verbunden. Auch wenn seine Bedeutung als Bau-, Werk- und Brennstoff in verschiedenen Teilen der Welt und in den einzelnen Epochen unterschiedlich war, ist Holz dem Menschen wie kein anderer Werkstoff vertraut. Rund um den Globus finden sich im Haushalt unübersehbar viele Dinge aus Holz. Neben Möbeln sind es weitere Produkte des täglichen Bedarfes und des Alltags, wie Bleistifte, Kochlöffel, Holzböden, Treppen oder Fensterrahmen. Außerdem ist Holz der älteste Baustoff und wird seit Jahrtausenden zum Bauen verwendet.

Ein idealer Baustoff

Als organischer Verbundwerkstoff besteht Holz aus luftgefüllten Zellen mit dem Hauptbestandteil Zellulose und der natürlichen Kittsubstanz Lignin. Dieser Aufbau formt einen Werkstoff, der geringes Gewicht, hohe Festigkeit und eine geringe Wärmeleitfähigkeit in sich vereint. Diese Eigenschaften machen Holz als Rohstoff für den Hausbau geeignet. Die Maße der dort verwendeten Hölzer hängen von vielen Faktoren ab. Dazu zählen die physikalischen Lasten am Haus, die Art und Festigkeit der Holzes, der Wandaufbau und die Position des Holzelementes in der Konstruktion des Gebäudes. Die notwendige Dicke wird für jedes Bauteil individuell berechnet.

Die Liste der Vorteile von Holz als Baumaterial ist lang. Holz ist dank seiner Struktur stabil, kann flexibel eingesetzt werden und verfügt über gute eigene Wärmedämmeigenschaften. Außerdem ist es ein nachwachsender und in nachhaltiger Forstwirtschaft „geernteter" Rohstoff, der noch dazu CO_2 für seine Nutzungsdauer bindet und so das Klima schont. All diese Eigenschaften prädestinieren Holz dafür, als Baumaterial für Gebäude eingesetzt zu werden.

Nicht zufällig rührt die Politik in oft Aufsehen erregender Weise die Werbetrommel für mehr Holzbau. Ein Beispiel ist die Charta Holz, in der die Bundesregierung 2004 für den Einsatz von Holz in Gebäuden geworben hat. Trotz des Protestes der Konkurrenzbaustoffe und ihrer Interessenvertreter hat die Politik unabhängig von politischen Farben immer wieder dem Holzbau demonstrativ den Rücken gestärkt.

2.2.2 Hausbau mit Holz

Im deutschen Holz-Fertigbau werden für Wände, Decken und Dächer überwiegend heimische Nadelhölzer, vor allem Fichte und Kiefer, verwendet. Holzarten, Wuchsstandort, Baumalter und andere Bedingungen bieten eine große Bandbreite technischer und optischer Eigenschaften, die für den Hausbau genutzt werden. Die bautechnischen und ästhetischen Eigenschaften und Qualitäten der Gehölze ermöglichen für jede Nutzung im Haus das jeweils passende Holzprodukt. Für die tragenden Teile des Holzhauses, für Riegelwerk, Stützen, Balken und Dachsparren, wird nur hochwertiges, getrocknetes und langlebiges Bauschnittholz aus Vollholz oder verklebtem Holz verwendet.

Schutz vor Feuer und Feuchte

Holz ist ein Baustoff, der in jeder Hinsicht hohen Qualitätsansprüchen genügt. Das gilt zum Beispiel für den Brandschutz. Jeder Neubau muss den Anforderungen der Landesbauordnungen entsprechen. Holz hat bei Brandschutz-Experten heutzutage einen für Laien bisweilen unverständlich guten Ruf. Selbst mehrgeschossige Wohnhäuser werden mit Konstruktionen aus Holz gebaut. Auch mit tragenden Holzkonstruktionen lassen sich gute Brandschutzwerte erzielen.

Die Brandschutzeigenschaften bestimmen sich primär durch die äußere Bekleidung von Wänden und Decken. Selbst einfachere Konstruktionen einer Holztafelbau-Wand weisen einen hohen Feuerwiderstand von 30 Minuten auf. Die Folge: Fertighäuser in Holztafel- oder Skelettbauweise können genauso günstig gegen Feuer versichert werden wie Häuser, die in konventioneller Mauerwerks-Bauweise errichtet wurden. Die Versicherungsgesellschaften tragen den Erkenntnissen der Wissenschaft über das Brandverhalten von Baustoffen Rechnung, indem sie Mauerwerk und Holzwände gleichstellen. Bauherren haben keine Nachteile zu befürchten.

Konstruktiver Holzschutz statt Chemie

Um Holz dauerhaft zu erhalten, muss es vor Feuchtigkeit geschützt werden. Dies wird bei Fertighäusern mit konstruktivem Holzschutz erreicht. Dazu zählen die be-

sondere Verarbeitung des Materials und die günstige Geometrie des Gebäudes. Ein hochwertiges Haus ist so konstruiert, dass sich die Bauteile durch ihre Anordnung gegenseitig vor dauerhafter Feuchtigkeit schützen. So werden zum Beispiel Niederschläge abgeführt, indem man waagerechte Flächen vermeidet und Dachüberstände einsetzt. Das Verfahren wird baulicher Holzschutz genannt und ist Standard im modernen Fertigbau.

In allen Fällen wird auf chemischen Holzschutz verzichtet. „So wirksam wie möglich und nur dort, wo gesetzlich vorgeschrieben" lautet die Maxime der Branche

in Sachen Holzschutzmittel. Der konstruktive Holzschutz schützt die natürlichen Baumaterialien vor Verwitterung, gegen Pilze und Insektenbefall. Auch für die Holzwerkstoffplatten wird ausschließlich naturbelassenes Holz verwendet.

Die Holzkonstruktion erlaubt eine effiziente Wärmedämmung

Gute Dämmstoffe sind das A und O für effektiven Wärme-, Schall- und Brandschutz. Konstruktionsbedingt verfügt der Holzbau über eine gut gedämmte Außenhülle, denn in den Wänden ist Raum für Dämmmaterialien. Der Werkstoff Holz selbst ist im Vergleich mit anderen Baustoffen gut wärmedämmend. Ausschlaggebend dafür ist die spezifische Wärmeleitfähigkeit des Naturmaterials.

Hier hat Bauholz einen so genannten Lambda-Wert von ca. 0,13 Watt pro Meter Kelvin (abgekürzt: W/mK) Das ist die technische Maßzahl für die pro Quadratmeter durchströmende Wärme bei einem Temperaturunterschied von einem Grad Celsius. Je geringer der Wert für die Wärmeleitfähigkeit ist, desto besser ist die Wirkung als Dämmstoff und desto geringer ist der Wärmeverlust. Zum Vergleich: Luft weist einen Wert von 0,17 W/mK, Kalksandstein einen von 0,8 W/mK, Beton von 2,1 W/mK, Stahl von 60 W/mK und Aluminium von 200 W/mK auf.

Die im Holz-Fertigbau eingesetzten Dämmmaterialien müssen den Anforderungen an die Materialqualität in Hinsicht auf ihre Dämmeigenschaften entsprechen – und den Erwartungen der Bauherren an gesundes Wohnen. Daher werden für Dämmstoffe Nachweise der Gesundheitsverträglichkeit verlangt. FCKW oder ähnliche Ozon schädigende chemische Verbindungen sind tabu. Für die Dämmung werden in der Regel Mineralwolle oder ökologische Materialien verwendet, die von branchenkundigen Zulieferern bezogen werden. Vielfach werden auf Wunsch alternative biologische Dämmstoffe angeboten, wie Hobelspäne, Holzfasern, Holzwolle-Leichtbau-Platten, Zelluloseflocken oder Schafwolle. Alle diese Materialien müssen durch das Deutsche Institut für Bautechnik (DIBt) zugelassen sein. Ihre Verwendung ist nachweislich gesundheitlich unbedenklich und ermöglicht Spitzenwerte beim Energiebedarf der Häuser.

Holz meistert Windlasten

Kräfte, die von außen auf Bauwerke und Bauteile wirken, werden als Lasten bezeichnet. Dazu zählen ständige Lasten wie das Eigengewicht der tragenden Bauteile und veränderliche Verkehrslasten wie lotrecht wirkende Eigenlasten durch das Gewicht von Personen. Nicht zu vergessen sind die waagerecht wirkenden Windlasten. Die Windlasten ändern sich je nach Wetterlage permanent und können bei Sturm enorme Kräfte entfalten. Der Baustoff Holz kann Windlasten dank seines inneren Aufbaus und seiner Verarbeitung im Gebäude gut entgegenwirken. Es hat im Verhältnis zu seiner hohen Festigkeit ein niedriges Gewicht. Dank seiner biegsamen und somit flexiblen Struktur lassen sich extrem stabile Gebäude erstellen, deren Konstruktion selbst stärksten Windlasten in außergewöhnlichen Wetterlagen problemlos standhält.

Zu den für viele überraschendsten Eigenschaften des Fertigbaus mit Holz gehört, dass er weitgehend erdbebensicheres Bauen ermöglicht und deshalb in seismologisch aktiven, für Erdbeben anfälligen Regionen bevorzugt genutzt wird. Ein Beispiel ist das italienische L´Aquila, in dem nach dem Erdbeben von 2009 Siedlungen in Holz-Fertigbauweise errichtet wurden.

Ruhe im Haus: Wirksamer Schallschutz

In Sachen Schallschutz bestehen bei einem Einfamilienhaus keine gesetzlichen Auflagen, sondern lediglich normative und aus dem Richterrecht abgeleitete Bestimmungen. Für Häuser in Holz-Tafelbauweise gilt: Außengeräusche bis zu 65 Dezibel – das entspricht einem mit 100 Stundenkilometern vorbei fahrenden Auto – dürfen im Haus nur stark vermindert hörbar sein. Ihr Lärmpegel im Inneren darf 30 Dezibel nicht überschreiten. Beim Schallschutz arbeitet der Fertigbau mit einer intelligenten Kombination der Werkstoffe und der Anordnung mehrerer Schichten.

Der mehrschalige Wandaufbau mit schalldämmenden Werkstoffen minimiert die
Belastung mit Außengeräuschen.

**Prof. Dr.-Ing. Stefan Winter,
Lehrstuhl für Holzbau und
Baukonstruktion der TU München**

„Was Lebensdauer, Brand- und Schallschutz betrifft, so sind Holz-Fertighäuser
gegenüber Gebäuden in anderen Bauweisen absolut gleichwertig. Die Gesamt-
nutzungsdauer kann für Ein- und Zweifamilienhäuser unabhängig ob Holz- oder
Steinbauweise bei rund 100 Jahren liegen.
Natürlich halten viele Holzhäuser auch
länger, wie nicht zuletzt viele mittelalter-
liche Fachwerkhäuser zeigen. Holz-Fertighäuser erfüllen selbstverständlich auch
die einschlägigen Brandschutz-Vorgaben
und haben kein höheres Brandentste-
hungsrisiko. Der mehrschichtige Wandaufbau garantiert im Übrigen auch bei den
geringeren Wanddicken im Holz-Fertigbau
besten Schallschutz."

2.2.3 Klimaschutz

Holz: Ein natürlicher Kohlenstoff-Speicher

Der Treibhauseffekt ist ein natürliches
Phänomen, ohne das Leben auf diesem
Planeten nicht möglich wäre. Spurengase
der Atmosphäre wie Kohlendioxid (CO_2)
lassen die kurzwellige Sonnenstrahlung
auf die Erdoberfläche auftreffen, absor-
bieren und reflektieren jedoch die lang-
wellige Wärmestrahlung, die von der Erde
ausgeht. Die Folge ist die Erwärmung der
bodennahen Luftschichten. Mengenmä-
ßig ist CO_2 mit 50 Prozent am Treibhauseffekt beteiligt. Dessen Konzentration liegt
jedoch heute mehr als ein Viertel über
dem natürlichen Ausmaß, mit steigender
Tendenz. Das gefährdet das Weltklima
und bedroht Natur und Mensch. Die inter-
nationale Politik will der globalen Erwärmung die Stirn bieten und versucht, auf
den jährlichen Welt-Klimakonferenzen ein
gemeinsames Vorgehen zur Verminderung
der Emissionen an Treibhausgasen zu
koordinieren. National und international
steht deshalb neben der Verminderung
der Abgase in Auto- und Luftverkehr der
Gebäudebereich im Fokus der Debatten.
Denn dort orten Experten das größte Potenzial für den Klimaschutz. Dafür muss
der Energieverbrauch der Wohngebäude
sinken. Ein zweiter Faktor könnte der vermehrte Einsatz von natürlichen und klimaschonenden Baumaterialien sein. An erster Stelle bei diesen Überlegungen steht

Holz. Das hat entscheidend mit der Funktion von Holz als natürlichem Speicher für Kohlenstoff zu tun. Durch das Prinzip der Photosynthese verringert der Naturstoff die CO_2-Konzentration in der Atmosphäre. Das genutzte Holz hat der Atmosphäre bei seinem Wachstum mehr CO2 entzogen als durch den Bau des Hauses freigesetzt wird. Die Nutzung von Holz und seine Verwendung in großer Menge und vielen Produkten führen zu einer unmittelbaren Verminderung der durch den Menschen verursachten CO_2-Emmissionen und folglich zu einem geringeren Anstieg des CO_2-Gehaltes in der Atmosphäre. Vergleicht man das Treibhauspotenzial von Außenwänden in Holz- und Steinbauweise miteinander, beträgt der Wert einer Holzaußenwand nur zirka sieben Prozent desjenigen einer Ziegelaußenwand. Nach der „ÖkoPot-Studie" entspricht dieser Effekt bezogen auf die Ausführung der Gebäudehülle in Holz- anstatt in Mauerbauweise einer Primärenergie-Einsparung von 24 Tonnen leichtem Heizöl oder dem Treibhauseffekt, der von mehr als sechs Jahren Autofahren verursacht wird.

Prof. Dr. Arno Frühwald,
Zentrum Holzwirtschaft der Uni Hamburg

„Mehr Holzbau, das heißt mehr Klimaschutz. Denn Holz speichert über seine Lebensdauer den Kohlenstoff weiter, den der Baum aus dem Kohlendioxid der Atmosphäre entnommen hat. Zudem kann sich die Öko-Bilanz von Holzhäusern über die gesamte Lebensdauer sehen lassen. Schließlich ist Holz ein Baustoff, der mit wenig Primärenergieaufwand aufbereitet und zu Bauelementen verarbeitet werden kann. Rest- und Alt-Holz lässt sich weiter- bzw. wiederverwerten oder als Energiequelle nutzen. Fazit: Holz ist der ökologische und klimaschonende Baustoff der Zukunft."

Klimaschonender Musterknabe

Holz ist eine sich selbst erneuernde Rohstoffquelle. Durch seine Fähigkeit, klimaschädliches CO_2 aufzunehmen und den Kohlenstoff einzulagern, ist der Wald ein wichtiger Faktor im Kampf gegen die globale Erwärmung. Mehr als 80 Prozent des Kohlendioxids im terrestrischen Bereich der Erde sind in den Wäldern der Erde eingelagert. Die Nutzung und Verwendung von Holz aus nachhaltig betriebener Waldwirtschaft entlastet die Umwelt. Seit mehr als 200 Jahren bewirtschaftet die deutsche Forstwirtschaft die Wälder nach dem Prinzip der Nachhaltigkeit. Jedes Jahr wachsen in Deutschlands Wäldern etwa 90 Millionen Kubikmeter Holz nach, von denen nur etwa 70 Millionen Kubikmeter geerntet, zu Produkten verarbeitet oder zur Energieerzeugung eingesetzt werden. Der Vorrat an Holz in den Wäldern nimmt dadurch stetig zu. In Deutschland entspricht der Holzzuwachs rechnerisch pro Sekunde einem Holzwürfel von 1,56 Meter Kantenlänge. Am Baustoff Holz mangelt es nicht.

Holzhäuser tragen zum Klimaschutz bei

Weil Holz sich im Baubereich vielseitig einsetzen lässt, liegt dort ein großes Potenzial für mehr Holzverwendung. Im Holz-Fertigbau können Dach, Decken, Wände und Wandbekleidungen aus Holz gefertigt sein. Auch der Innenausbau, Fenster und Fassaden sowie Treppen und Fußbodenbeläge können mit Holz realisiert werden. Für die Wärmedämmung werden oft Dämmstoffe auf Holzbasis eingesetzt. Der „Alleskönner" unter den Baustoffen kann für fast alles eingesetzt werden. Die Herstellung der Bauprodukte erfordert wenig Energie, die auch überwiegend aus Resthölzern stammen kann. Am Ende wird Altholz ohnehin energetisch verwertet.

Vorbildliche Ökobilanz über den ganzen Lebensweg hinweg

Der Holzbau ist nicht nur wegen seines natürlichen Baustoffes umweltschonend. Die Ökobilanz eines Holz-Fertighauses ist über seine gesamte Lebensdauer hinweg vorbildlich – von der Produktion über den Transport bis zur Nutzung und Entsorgung. Die Holzkette beginnt mit der Entstehung, bei der unter der Einwirkung von Sonnenenergie CO_2 und Wasser zu Holz umgewandelt werden. Da Holz aus heimischen Wäldern dezentral quasi vor der Haustür wächst, sind die Transportwege zu Sägewerken und die Weiterverwendung durch die Holzindustrie in der Regel kurz. Zudem erfordert die Herstellung von Bauprodukten aus Holz einen geringeren Energieaufwand als vergleichbare konventionelle Baustoffe wie zum Beispiel Mauerziegel. Am fernen Ende des Lebensweges eines Hauses aus Holz, also nach der Nutzung, gibt es verschiedene Möglichkeiten einer sinnvollen Entsorgung. Das Haus wird demontiert oder zurückgebaut, Wertstoffe werden aussortiert und verwertet. Das Altholz kann durch Verbrennung energetisch genutzt oder biologisch abgebaut werden. In beiden Fällen wird dabei die gleiche Menge an Kohlenstoff in Form von CO_2 frei wie bei der Bildung der Holzmasse einst gebunden wurde. Aus diesem Grunde wird Holz als CO_2-neutral bezeichnet.

2.3 Qualitätssicherung im industriellen Fertigbau

2.3.1 Einführung

Der industrielle Holz-Fertigbau in Deutschland hat ein brancheneigenes Qualitätssiegel entwickelt, das Bauherren von zertifizierten Fertighausherstellern Sicherheit bei Produktqualität und Serviceleistungen bietet. Die Qualitätsgemeinschaft Deutscher Fertigbau (QDF) ist eine der ältesten und renommiertesten Qualitätsgemeinschaften im Bauwesen. Sie wurde 1989 von den im Bundesverband Deutscher Fertigbau (BDF) organisierten Herstellern gegründet. Die Qualitätsgemeinschaft hat in puncto Verbraucherschutz Pionierarbeit geleistet, die von Bauherren-Schutzvereinigungen anerkannt wird.

2.3.2 Die Qualitätsgemeinschaft Deutscher Fertigbau (QDF)

Prüfung durch Fachleute

Basis ist eine freiwillige Verpflichtung der Hersteller, die Qualität der vorgefertigten Häuser und des gesamten Bauprozesses selbständig zu überwachen und zusätzlich mehrmals im Jahr von Sachverständigen kontrollieren zu lassen. Alle 43 Mitgliedsunternehmen des Bundesverbandes Deutscher Fertigbau (BDF) werden zweimal im Jahr von Experten in Werkshallen und auf Baustellen überprüft. Nur wenn die Regeln der Satzung der Quali-

tätsgemeinschaft ohne Abstriche erfüllt werden, erhält das kontrollierte Unternehmen für ein weiteres Jahr das Gütesiegel.

Zu den geprüften Bereichen gehören unter anderem die Qualität der Baumaterialien, der Wandaufbau, die energetischen Eigenschaften des Hauses, der Schall-, Wärme- und Brandschutz, die Vorfertigung aller Gebäudeteile, die Hausmontage und die Entsorgung der Baureststoffe.

Ein Beirat bringt die Satzung auf den neuesten Stand

Nicht weniger als 400.000 Holz-Fertighäuser wurden in den vergangenen zwei Jahrzehnten nach diesem Qualitätsstandard gebaut. Die Anforderungen an die Qualitätsgemeinschaft Deutscher Fertigbau (QDF) werden regelmäßig an die technischen Neuerungen, die neuesten Erkenntnisse der Wissenschaft und neue Trends im Hausbau angepasst. Jedes Jahr setzt sich ein ehrenamtlicher Beirat intensiv mit der Satzung auseinander und schlägt Erweiterungen vor, die von den Mitgliedsunternehmen diskutiert und bei Bedarf in die Satzung aufgenommen werden. Die Vorschläge der erfahrenen Holzfachleute aus Forschung und Baupraxis haben bisher zu 14 Neufassungen des Regelwerkes geführt. Der Branchen-Standard steigt auf Basis dieses Qualitätssicherungssystems regelmäßig. Das sichert, dass der industrielle Holz-Fertigbau ständig auf dem aktuellen Stand der technischen Möglichkeiten ist.

Garantierte Bauherrenfreundlichkeit

Eine von Verbraucherschutzverbänden anerkannte Stärke der Qualitätsgemeinschaft ist, dass sie nicht nur technische Details und Materialqualität, sondern auch Energieeffizienz, Umweltschutzaspekte und die Bauherrenfreundlichkeit des Kauf- und Bauprozesses regelt. Unter anderem ist vorgeschrieben, dass den Bauherren auf Wunsch Fixpreis und ein festes Einzugsdatum garantiert werden. Zahlungen müssen dem Planungs- und Baufortschritt entsprechen, eine Voraus- oder Überzahlung ist ausgeschlossen. Regelungen gibt es auch zur Baubiologie. So ist der Einsatz von chemischem Holzschutz über die gesetzlichen Vorgaben hinaus verboten. Das im Hausbau Einzug haltende Thema Wohngesundheit hat hier und an anderen Stellen Eingang in das Regelwerk gefunden. Beispielsweise müssen die Hersteller jedem Kunden auf Wunsch ein eigenes Lüftungskonzept für das erworbene Haus vorlegen.

Die Pyramide der Qualität im Holzbau

Die dreistufige Qualitätssicherung im Fertigbau ist eine gute Orientierungsmarke, wenn man sich im Dschungel der verschiedenen Siegel und Gütezeichen im Hausbau bewegt. Am Fuß der „Pyramide der Qualität" steht das so genannte „Ü-Zeichen". Das ist ein amtliches Kontrollzeichen, das für Bauprodukte vor ihrem In-Verkehr-Bringen zwingend vergeben werden muss, unabhängig von Baustoff und Bauweise. Es wird von anerkannten Prüf- und Zertifizierungsstellen vergeben und besagt lediglich, dass das Produkt mit den Bestimmungen der offiziellen Bauregellisten übereinstimmt und die gesetzlichen Mindestanforderungen erfüllt. Dieses Übereinstimmungszeichen ist die unterste Stufe der Pyramide.

Die zweite ist das vom Deutschen Institut für Gütesicherung und Kennzeichnung (RAL) vergebene RAL-Gütezeichen Holzhausbau. Die beiden Teile des Siegels, eines für die Herstellung, eines für die Montage, werden von unabhängigen und von der RAL zugelassenen Gütegemeinschaften nach Überwachung eines Hausbau-Unternehmens verliehen. Die Gütegemeinschaften haben sich selbst Güte- und Prüfbestimmungen gegeben, die von der RAL geprüft und anerkannt werden. Nach einer Erstüberwachung wird das RAL-Gütezeichen erstmals vergeben. Dieses kann es zur Werbung einsetzen und nachweisen, dass es sich von fachkundiger Stelle

überwachen lässt. Das zertifizierte Unternehmen muss zwingend und fortlaufend eine Eigenüberwachung durchführen und diese dokumentieren. Jedes Jahr wird zwei Mal eine Fremdüberwachung durch die zertifizierende Gütegemeinschaft durchgeführt, die im Werk die Einhaltung ihrer Güte- und Prüfbestimmungen kontrolliert und die Aufzeichnungen aus der Eigenüberwachung überprüft.

Die dritte und höchste Stufe der Qualitätssicherung im Fertigbau ist das Gütesiegel der Qualitätsgemeinschaft Deutscher Fertigbau (QDF), das nur an geprüfte industrielle Hersteller von Holz-Fertighäusern vergeben wird. Die QDF-Satzung geht weit über die Güte- und Prüfbestimmungen der oben beschriebenen RAL-Gütegemeinschaften hinaus.

So sieht sie obligatorisch eine Überwachung auf der Baustelle vor. Außerdem werden mehr Aspekte des Bauens, zum Beispiel die Bauherrenfreundlichkeit, überwacht. Die Unterschiede im Anspruch an die Qualitätssicherung haben sich in der Bauwirtschaft und bei Bauherren herumgesprochen. Das QDF-Siegel gilt als aussagekräftigster Gradmesser für Qualität im Fertigbau und wird von Bauherren als Richtschnur für die eigene Kaufentscheidung herangezogen.

Eine Ombudsstelle für Streitfälle

Eine Besonderheit im Bauwesen ist die Ombudsstelle der Qualitätsgemeinschaft Deutscher Fertigbau (QDF). In den seltenen Streitfällen zwischen Bauherr und Hersteller greift auf Wunsch des Kunden ein qualifizierter Ombudsmann vermittelnd ein und sucht nach einer Lösung des Konflikts. Der fachkundige Mediator bemüht sich meist erfolgreich darum, das Problem zu analysieren und mit beiden Seiten praktikable Wege zu erörtern, wie es aus der Welt geschafft werden kann. Eine solche Schlichtung kann vermeintliche oder tatsächliche Baumängel und Fragen der Vertragsinterpretation behandeln. Jedes Jahr werden mehrere tausend Fertighäuser errichtet – Ombudsfälle sind die krasse Ausnahme im Promille-Bereich.

Die Branche setzt in Sachen Qualitätssicherung auf Transparenz. Sowohl die Güte- und Prüfbestimmungen der RAL-Gütegemeinschaften – wie der Bundes-Gütegemeinschaft Montagebau und Fertighäuser (BMF) – als auch die Satzung der Qualitätsgemeinschaft Deutscher Fertigbau (QDF) sind im Internet einsehbar. Das QDF-Regelwerk ist diesem Kompendium als Anhang beigefügt.

Immer mehr Bauherren in Deutschland entscheiden sich für ein Holz-Fertighaus. Der Marktanteil ist auf 15 Prozent gestiegen: Jedes siebte neu genehmigte Ein- und Zweifamilienhaus in Deutschland ist ein Fertighaus.

Auch Medien und Öffentlichkeit entdecken den Fertigbau. Fachzeitschriften versorgen ihre Leserinnen und Leser mit Reportagen und Hintergrundinformationen zu Herstellern, Haus-Entwürfen und Haustechnik. Die Tagespresse transportiert Fakten zu den häufig überregional bekannten Unternehmen, beobachtet die wirtschaftliche Entwicklung der gesamten Branche, porträtiert Eigner und Geschäftsführer.

Doch noch besteht Nachholbedarf an Informationen über den Fertigbau. Die Vorteile der Bauweise lassen sich in zehn Argumenten zusammenfassen, die dafür sprechen, sich als Bauherr intensiv mit dem Holz-Fertigbau zu beschäftigen.

Zehn Argumente für ein Holz-Fertighaus

1. Ein Holz-Fertighaus ist energiesparend

Fertighäuser benötigen wenig Heizenergie, weil ihre Konstruktion sich für eine platzsparende und effiziente Wärmedämmung eignet. Das liegt an der intelligenten Konstruktion. Denn in das Innere der aus Holztafeln bestehenden Wände werden Dämmstoffe eingebaut. Häuser in Holz-Fertigbauweise können die gesetzlichen Grenzwerte der Energieeinsparverordnung für Neubauten ohne hohen Aufwand und bei weitem unterschreiten. Je nach Dämmung und Ausrichtung, Dichtheit der Gebäudehülle, sowie Anzahl und Ausführung der Wärmebrücken wird oft nur ein geringer Restbedarf an Heizwärme benötigt.

2. Ein Holz-Fertighaus wird individuell geplant und ausgestattet

Fertighäuser werden in der Regel individuell geplant. Im Zusammenspiel mit dem Haushersteller haben Bauherren alle Freiheiten bei der äußeren und inneren Gestaltung. Das gilt gerade für Architektur und Grundriss. Die Innenausstattung wählen die Bauherren in den herstellereigenen Bemusterungszentren aus. Dort finden sie alles, von Lichtschaltern über Kamine bis hin zu Dachziegeln, Bodenbelägen und Treppen. Bei der Auswahl helfen geschulte Berater des Hausherstellers.

3. Der Holz-Fertigbau ist bauherrenfreundliches Bauen

Der Kauf- und Bauprozess im Fertigbau kommt den Bedürfnissen der Bauherren nach Sicherheit und Verlässlichkeit entgegen. Die Bauzeit ist kurz: Vom Vertragsschluss über die Fertigung im Werk bis zur Lieferung und Montage liegen in der Regel nur einige Monate, je nach Größe des Hauses und der gewählten Ausbaustufe. Sind die im Werk vorgefertigten Bauteile auf der Baustelle angelangt, ist das trockene, ausbaufertige Haus spätestens nach zwei Tagen montiert, einschließlich des geschlossenen Daches. Der Innenausbau benötigt je nach Aufwand nur wenige Wochen. Die kurze Bauzeit spart Geld, denn sie reduziert den Zeitraum der Mehrfachbelastung durch Miete und Zinszahlungen.

Ein zweiter Faktor der Bauherrenfreundlichkeit ist das Prinzip „Alles aus einer Hand". Viele Bauherren haben nicht die Zeit und das Fachwissen, sich um die Finanzierung des Hauses und die notwendigen Baugenehmigungen zu kümmern - geschweige denn um die Koordinierung der Gewerke auf dem Bauplatz. Die führenden Anbieter übernehmen diese Aufgaben und machen den Hausbau für ihre Kunden unkomplizierter.

Ein fester Ansprechpartner (Fachberater, Projektbetreuer, Bauleiter) für die einzelnen Phasen des Bauprozesses gewährleistet eine enge Betreuung. Der Hersteller steht als Generalunternehmer für alle vertraglich vereinbarten Leistungen gerade.

Bauherren haben im Fertigbau Planungssicherheit. Durch die industrielle Vorfertigung werden Termine verlässlich eingehalten. Auf Wunsch garantieren die Hersteller den Tag der Fertigstellung und schreiben das Datum im Hausbauvertrag fest. Der Bauherr bekommt schwarz auf weiß, wann er einziehen oder mit dem Ausbau beginnen kann. Mietverhältnisse und Finanzierung des Baus können zuverlässig geplant werden. Beim Bau eines Fertighauses wird – abhängig von der Ausstattung – ein Festpreis vertraglich garantiert. Unerwünschte Preisaufschläge oder Mehrkosten durch Verzögerungen, zum Beispiel wegen schlechten Wetters, sind ausgeschlossen. Die Zahlungsmodalitäten sind verbraucherfreundlich und fair geregelt: Die Zahlung erfolgt nach Baufortschritt.

4. Im Holz-Fertigbau wird die Bauqualität zuverlässig überwacht

Wer sich für ein Holz-Fertighaus entscheidet, der kann sich auf einen hohen Qualitätsstandard verlassen. Dafür sorgt die Qualitätsgemeinschaft Deutscher Fertigbau (QDF), deren Richtlinien für die im Bundesverband Deutscher Fertigbau (BDF) organisierten führenden Fertighausunternehmen verbindlich sind. Die Anforderungen sind strenger als die gesetzlichen Vorschriften. Das QDF-Gütesiegel ist das renommierteste Gütezeichen im Fertigbau und eines der führenden Bausiegel überhaupt. Nur Unternehmen, die im Werk und auf der Baustelle von Experten kontrolliert werden, dürfen nach bestandener Prüfung für ein Jahr das Siegel führen.

Die industrielle Herstellung minimiert das Risiko von Fehlern in der Produktion: Wände und Decken werden in Werkshallen unter kontrollierten Bedingungen maßgenau vorgefertigt. Die Bauelemente werden trocken gelagert, regengeschützt zur Baustelle geliefert und dort schnell zusammengefügt. Die für den sprichwörtlichen „Pfusch am Bau" ursächlichen Fehlerquellen auf konventionellen Baustellen entfallen durch die Vorfertigung weitgehend.

Moderne Fertighäuser aus Holz sind genauso langlebig und werthaltig wie hochwertig gebaute Mauerwerksbauten. Das zeigen wissenschaftliche Studien. Fertighäuser erfüllen alle einschlägigen Anforderungen an Wärme-, Feuchte-, Brand-

und Schallschutz oder übertreffen diese. Die Lebensdauer von Holzbauten kann bei guter Pflege weit mehr als 100 Jahre erreichen.

Das im Fertigbau überwiegend verwendete Konstruktionsholz der Sorten Fichte, Tanne oder Kiefer besitzt eine hohe Stabilität. Holz ist resistent gegen Druck von außen und bildet zusammen mit den weiteren Bestandteilen moderner Fertighauswände stabile Wandsysteme. Deshalb können Stürme oder andere natürliche Ereignisse den Konstruktionen genauso wenig anhaben wie einem Haus in konventioneller Steinbauweise.

Auch in Sachen Feuchteschutz ist der Holz-Fertigbau gut aufgestellt. Vermehrte Schimmelbildung in Fertighäusern ist eine falsche Legende. Schimmel entsteht in Wohngebäuden jeder Art – abgesehen von Fällen verdeckter Rohrbrüche, undichter Dächer oder mangelhaft gedämmter

Keller – meist durch Wärmebrücken nach außen und falsches Lüften.

Eingeschlossene Baufeuchte begünstigt Schimmelbildung. Hier hat der Fertigbau als trockene Bauweise mit Vorfertigung im wettergeschützten Werk und kurzer Bauphase Vorteile gegenüber dem konventionellen „Nassbau". In die Bausubstanz wird beim Holz-Fertigbau so gut wie keine Feuchtigkeit eingebracht. Ein weiterer Vorteil des Holzes ist die warme Oberfläche.

Holz-Fertighäuser sind bei Feuer nicht gefährdeter als konventionelle Bauten. Die Landesbauordnungen legen fest, wie die Böden, Wände und Decken von Häusern beschaffen sein müssen, um einem Feuer standzuhalten. Diese Bestimmungen müssen alle Haushersteller einhalten, egal, ob es sich bei den offerierten Eigenheimen um konventionelle Bauten oder um Holz-Fertighäuser handelt. Holz an sich kann natürlich brennen: Aber durch den konstruktiven Aufbau und die Beplankung der verwendeten Holzelemente mit Gipsplatten und Putz wird diese Eigenschaft marginalisiert. Die Feuerwiderstandsklasse eines Holz-Fertighauses ist der eines Ziegelhauses ebenbürtig. Deshalb machen die Sachversicherer bei den Versicherungspolicen in der Regel keine Unterschiede zwischen einem Holz-Fertighaus und konventionell gemauerten Gebäuden.

5. Fertigbau ist hochwertiges Bauen für jedes Portemonnaie

Fertighäuser gibt es in verschiedenen Ausbaustufen. Vom Ausbauhaus bis zum schlüsselfertigen Objekt wird den Kunden alles angeboten. Der Bauherr kann den Umfang an Eigenleistung je nach handwerklichem Können und finanziellen Möglichkeiten selbst festlegen. Der Vorteil der Eigenleistung: Es lässt sich durch die „Muskelhypothek" ein Teil der Baukosten sparen. Viele Hersteller bieten komplette Ausbaupakete und Unterstützung bei der Eigenleistung an. Die Preisspanne beginnt bei qualitätsgeprüften Ausbauhäusern ab etwa 80.000 Euro. Fertigbau ist für den kleinen Geldbeutel erschwinglich. Die Hersteller sind aber genauso in der Lage, anspruchsvollen Kunden im oberen Preissegment exklusive Wünsche zu erfüllen. Große, lichtdurchflutete Villen mit Designer-Interieur haben ebenso ihren Platz im Portfolio wie mit aufwändiger Haustechnik und Wärmedämmung ausgestattete Klimaschutzhäuser für eine umweltbewusste „Öko-Avantgarde".

6. Im Fertigbau wird Service groß geschrieben

Fertighaushersteller helfen Bauinteressierten auf Wunsch bei der Suche nach einem passenden Bauplatz, bei der Organisation der Grundstückserschließung, bei der Planung und Finanzierung des Bauvorhabens. Die Beratung durch einen Fachmann steht nicht nur am Beginn der Partnerschaft von Hausunternehmen und Kunde, sondern zieht sich wie ein roter Faden durch den Bauprozess.

Die Haushersteller bieten nach der Hausübergabe einen kostenfreien eigenen Kundendienst im Zuge der Gewährleistung an. Dieser hilft auch, wenn der Bauherr später bei Umbaumaßnahmen beraten werden möchte. Er erledigt Wartungsarbeiten und Modernisierungsmaßnahmen. Der Vorteil: Die Mitarbeiter kennen das Haus „von der Pike auf" und führen die Arbeiten präzise aus.

7. Ein Holz-Fertighaus schont das Klima

Holz-Fertighäuser sparen Energie, weil sie wenig Heizenergie benötigen und nur wenig Wärme verlieren. Das senkt den Energieverbrauch, zum Beispiel von Primärenergieträgern wie Öl oder Gas, und schont die natürlichen Ressourcen. Für den zweiten klimafreundlichen Effekt sorgt der Baustoff Holz: Weil es der Atmosphäre bei seinem Wachstum mehr CO_2 entzieht, als durch den Bau des Hauses freigesetzt wird, reduziert ein Holzhaus die Kohlendioxid-Konzentration in der Erdatmosphäre. Holz speichert für die Dauer seiner Nutzung CO_2 und gibt es erst beim Zerfall in gleicher Menge frei.

Die Herstellung von Bauprodukten aus Holz erfordert weniger Energie als die anderer Baustoffe. Die Ökobilanz eines Holz-Fertighauses ist über seine gesamte Lebensdauer hinweg positiv.

8. Ein Holz-Fertighaus steht für gesundes Wohnen

Holz steht für gesundes Wohnen. Der Baustoff reguliert das Raumklima auf natürliche Weise. Es mäßigt Veränderungen der Luftfeuchtigkeit und wirkt als Puffer für feuchte und extrem trockene Luft. Kontrollierte Be- und Entlüftung ist Standard im Fertigbau. Sie filtert Staub und Pollen aus der Raumluft, was für Allergiker entlastend wirkt. In Holz-Fertighäusern gibt es keine feuchten Wände, denn die Bauteile bestehen aus trockenen Werkstoffen und sind so gefertigt, dass sie keine Feuchtigkeit in die Wohnräume abgeben. Konstruktiver Holzschutz schützt das Innere der Wände vor dem Eindringen von Feuchtigkeit. Viele Hersteller bieten ihren Kunden Betreuung in Sachen Baubiologie durch fachkundige Berater an. Schadstoffe und chemischer Holzschutz über die gesetzlichen Vorgaben hinaus sind durch die Satzung der Qualitätsgemeinschaft Deutscher Fertigbau (QDF) ausgeschlossen. Viele Bauherren wünschen sich noch mehr natürliche Materialien, etwa bei der Wärmedämmung.

9. Ein Holz-Fertighaus ist eine sichere Wertanlage

Die eigene Immobilie hat sich im Zuge der Finanzkrise der Jahre 2008 und 2009 als sichere Wertanlage erwiesen. Selbstgenutztes Eigentum bietet Schutz vor Unwägbarkeiten in Politik und Wirtschaft. Das gilt insbesondere dann, wenn das Haus zukunftsfest ist, also die Anforderungen von morgen schon heute erfüllt.

Holz-Fertighäuser bieten ihren Eigentümern diese Sicherheit. Schließlich benötigen sie wenig Heizenergie. Das macht unabhängig von Preissteigerungen am Energiemarkt und wirkt sich positiv auf die Betriebskosten aus. Der Einsatz von erneuerbaren Energien ist ein weiteres Mosaiksteinchen der Zukunftsfestigkeit einer Immobilie. Schließlich erwarten Experten, dass die Kosten für Öl und Gas absehbar weiter steigen. Die gesetzlichen Anforderungen an die Nutzung von erneuerbaren Energien in Gebäuden werden hingegen in Folge der ambitionierten Klimaschutzziele der Bundesregierung strenger werden.

Bauherren wollen sich mit dem Bau ihres Eigenheims unabhängig von Mietzahlungen machen und sich und ihre Familien materiell absichern. In Krisenzeiten ist die selbst genutzte Immobilie eine gute Versicherung, das eigene Vermögen vor Wertverlust zu schützen. Das macht den Hausbau als Baustein der Altersvorsorge attraktiv. Selbstgenutzte Immobilien verhindern, dass die Miete im Ruhestand die

Rente dezimiert. Der gewohnte Lebensstandard kann im eigenen Haus nach der Berufstätigkeit leichter gehalten werden.

Das wissen auch die Bauherren. Die Untersuchung einer Bausparkasse hat 2009 gezeigt: Fast 80 Prozent aller Bundesbürger halten Immobilien als Anlageform für besonders sicher. Das Vertrauen ist hier bei weitem größer als bei den Klassikern Sparbuch (69 Prozent) und Gold (56 Prozent).

10. Ein Holz-Fertighaus öffnet Türen zu staatlichen Fördermitteln

Energiesparendes Bauen wird von Institutionen gefördert. Grund ist, dass als Anreiz für Bauherren die Mehrkosten für zusätzliche Wärmedämmung oder umweltfreundliche Haustechnik für Heizung und Warmwasser aufgefangen werden sollen. Der Bauherr profitiert doppelt: Er spart langfristig Energiekosten und erhält Unterstützung für seine Investition.

Von Bedeutung sind lokale oder regionale Kredit- oder Zuschussprogramme der Kommunen oder Länder, vor allem aber die Förderprogramme der KfW-Förderbank, die aus dem Bundeshaushalt finanziert und über die Hausbanken abgewickelt werden. Im Programm „Energieeffizient Bauen", in dem energieeffiziente Neubauten gefördert werden, können Hausbauer zinsverbilligte Kredite von bis zu 50.000 Euro und Tilgungszuschüsse von bis zu zehn Prozent der Kreditsumme beantragen. Allein der Zuschuss kann dementsprechend bis zu 5.000 Euro betragen. Rechnet man Zuschuss und Zinsvorteil zusammen, liegt der finanzielle Benefit noch höher. Weil Holz-Fertighäuser energieeffizient sind und kaum Wärmeverluste zulassen, können sie die energetischen Förderkriterien der KfW-Bank, die sich am gesetzlichen Mindeststandard orientieren, meist ohne hohen Aufwand erfüllen. Das öffnet Bauherren die Türen zu Krediten und Zuschüssen für ihren Neubau.

Teil II
Der Bauherren-Ratgeber
Fertigbau

3. Die Planung:
Von der Haus-Idee bis zur Bemusterung

Worauf Sie bei der Planung achten sollten

Von Dr. Frank Gussek,
Vize-Präsident des
Bundesverbandes Deutscher Fertigbau

Liebe Leserinnen und Leser,

können Sie sich etwas Schöneres vorstellen als die eigenen vier Wände zu planen? Heraus aus der Mietwohnung, hinein in das nach eigenen Wünschen gestaltete neue Eigenheim?

Ja, die Aussicht ist verlockend. Aber Vorsicht ist geboten: Bei einem Hausbau kann man viel falsch machen. Und das rächt sich dann jeden Tag – vielleicht ein Leben lang. Eine gute Vorbereitung und eine enge Betreuung durch erfahrene Fachleute: Das sind die besten Versicherungen dafür, auf dem Weg ins Eigenheim nicht ins Stolpern zu geraten.

Die „Zutaten" für einen gelungenen Hausbau sind eine realistische Finanzierung, ein passendes Grundstück, ein auf die Bedürfnisse des Bauherrn abgestimmtes Haus und – ein Bauunternehmen, auf das man sich verlassen kann. Diesem Erfolgsrezept folgt unser Bauherrenratgeber.

Im ersten Abschnitt geht es um die rechtlichen Rahmenbedingungen des Bauens in Deutschland, anschließend um die richtige Finanzierung eines Hausbaus. Bauinteressierte sollten ihren Finanzplan unbedingt gemeinsam mit Experten erarbeiten oder von Fachkundigen prüfen lassen. Der Finanzrahmen muss so gesetzt werden, dass die Belastungen auch tatsächlich zu tragen sind. Wie man im Dickicht von Eigenkapital, Bausparverträgen, Fördermitteln und Krediten den Überblick behält, das ist Gegenstand des zweiten Abschnitts.

Es ist nicht leicht, das passende Grundstück für die eigenen vier Wände zu finden. Wer durch Familie oder Beruf örtlich gebunden ist, muss unter Umständen lange suchen, bevor ein Fleckchen Erde für das Haus gefunden ist. Grundstückssuche hat nicht nur mit Glück, sondern auch mit guter Planung zu tun. Im dritten Abschnitt erfahren Sie, wie Sie alle Möglichkeiten ausschöpfen, den richtigen Bauplatz ausfindig zu machen.

Hausbau ist Vertrauenssache. Das gilt umso mehr, als der Bau des Eigenheimes für die allermeisten Bauherren „das erste Mal" ist. Wer mit Bauprofis zusammenarbeitet, ist auf der sicheren Seite. Für diese Sicherheit steht die Fertighausindustrie. Denn hier kommt alles aus einer Hand. Viele Hersteller bieten vom Grundstücksservice über die Finanzierungsberatung,

Planung und Produktion des Hauses bis zur schlüsselfertigen Übergabe alle Leistungen komplett an – natürlich jeweils von qualifizierten Fachkräften ausgeführt.

Bauherren können so das gute Gefühl haben: Mein Hausbau liegt in guten Händen. Das Bauen mit einem Fertighaushersteller wird im vierten Abschnitt des Kapitels ausführlich beschrieben. Darin finden Sie eine Schilderung eines idealtypischen Beratungs- und Kaufprozesses.

Zum Schluss geht es um die Planung des Hauses. Bauherren treffen in dieser Zeit Dutzende kleine und große Entscheidungen. Grundriss, Architektur und Haustechnik müssen festgelegt werden. Die Hersteller geben Hausbauern vielfältige Hilfestellung. Wir haben Tipps für Sie parat, wie die Hausplanung gelingt.

Denn eines ist sicher: Gute Planung ist die halbe Miete. Und wer sein Fertighaus gut plant, der kann sich bald die ganze Miete sparen – im neuen Eigenheim!

Ihr

3.1 Die Grundlagen des Eigenheimbaus

3.1.1 Einführung

Der Hausbau wird in Deutschland von zahlreichen rechtlichen Bestimmungen geregelt. Gesetze und Verordnungen von Bund und Ländern, Satzungen, Richtlinien und Pläne von den Kommunen und ihren Aufsichtsbehörden schaffen einen juristischen Dschungel. Das Baurecht setzt die Leitplanken fest, wo und wie gebaut werden darf.

Wo kann man bauen?

Basis ist das Baugesetzbuch. Ein Ziel dieses Regelwerkes ist der Schutz des so genannten „Außenbereiches". Damit sind Flächen außerhalb von zusammenhängender Bebauung in Ortschaften gemeint. Um Zersiedlung zu verhindern und die Versiegelung von Freiflächen einzuschränken, ist eine Bebauung dort nur in Ausnahmefällen und für bestimmte Bauvorhaben möglich. Voraussetzung für die Inanspruchnahme von solchen Flächen für Neubaugebiete ist die Aufstellung eines Bebauungsplanes. Das ist eine Satzung der Kommune, die regelt, wie Flächen genutzt werden dürfen. Ein Bebauungsplan besteht in der Regel aus einer Zeichnung mit normierten Symbolen, einem Text und einer schriftlichen Begründung. Er bezieht sich auf ein fest begrenztes Gebiet und hat bauplanungsrechtlich verbindliche Wirkung.

3.1.2 Kommunale Bauplanung

Siedlungserweiterungen mit Flächen aus dem Außenbereich können grundsätzlich nur über einen Bebauungsplan realisiert werden. Dieser wird anhand des übergeordneten behördeninternen Flächennutzungsplanes erstellt, der von der höheren Planungsbehörde (Bezirksregierung oder Landesministerium) genehmigt werden muss. Darin werden unter anderem die möglichen Wohnbauflächen festgelegt. Diese können im Bebauungsplan zu reinen oder allgemeinen Wohngebieten erklärt werden. Das ist Voraussetzung für den Verkauf der Grundstücke an Bauinteressierte – und für den Hausbau selbst.

Die Faustregel lautet: Neubau findet dort statt, wo es einen Bebauungsplan gibt, also eine behördliche Satzung, die eine Bauleitplanung vorschreibt. Das gilt im Prinzip auch für „überplante Flächen", also vorher bereits bebaute Flächen. Bebauungspläne sind zwar erst seit den 1960er Jahren im Baugesetzbuch rechtlich abgesichert. Es existieren jedoch auch ältere Bauleitpläne, die weiterhin gelten, soweit sie den heutigen rechtlichen Anforderungen genügen.

Der Bebauungsplan: Die Kommunen planen ihre Entwicklung

Städte und Gemeinden planen und steuern ihre Entwicklung eigenständig. Sie nehmen mit der Erschließung und Ausweisung von Baugebieten sowie der Bestimmung von Nutzungsplänen für innerörtliche Flächen Einfluss auf die Bautätigkeit.

Die Kommunen können Flächen im Bebauungsplan als Wohngebiete ausweisen oder Flächen im Rahmen einer Innenbereichssatzung zum Innenbereich erklären. Der steht dann für Wohnbebauung zur Verfügung. Die Aufstellung der Bebauungspläne erfolgt nach den Vorschriften der Landesbauordnungen. Ob überhaupt und wann Städte und Gemeinden das tun, liegt in ihrem eigenen Ermessen. Im Bau-

gesetzbuch ist als einzige Voraussetzung genannt, dass die jeweilige Kommune es für ihre städtebauliche Entwicklung als erforderlich ansehen muss. Da dies Interpretationssache ist und eine Frage von politischen Mehrheiten und Stimmungen im Stadt- oder Gemeinderat sein kann, können selbst Experten kaum eine Prognose treffen, ob und wann eine bestimmte Kommune neue Wohngebiete ausweist.

Bauland: Ein knappes Gut

Die Verfügbarkeit von Grund und Boden ist in Deutschland vielerorts erheblich eingeschränkt. In einem dicht besiedelten Land ist Bauland ein knappes Gut, um das gerungen wird. Aufgrund der demographischen Entwicklung herrscht insgesamt Zurückhaltung, was die Ausweisung neuer

Baugebiete betrifft. Oft fehlt es an verfügbarem Siedlungsraum. Ein Grund dafür ist das wachsende Umweltbewusstsein und die Ablehnung von neuer Versiegelung von Freiflächen. Eine Ausweitung des Innenbereiches über seine bisherigen Grenzen hinaus wird häufig mit Verweis auf die negativen ökologischen Folgen einer erneuten Flächenversiegelung verworfen. Viele Städte kämpfen mit Wohnungsleerstand und Verödung der Zentren und haben schon deshalb kein Interesse daran, die ohnehin stattfindende Landflucht anzuheizen.

Der Schutz des Außenbereiches vor „Zersiedlung", der unzusammenhängenden Bebauung außerhalb von Ortschaften, und die Zurückhaltung bei der Ausweisung neuer Baugebiete führen dazu, dass Grundstücke teurer werden. Gerade um Bauplätze in attraktiven Lagen entsteht eine Konkurrenzsituation unter den Kaufinteressenten. Werden neue Baugrundstücke von Kommunen angeboten, dann bestimmen sie die Vergabekriterien frei. In welchem Umfang und zu welchen Konditionen Bauland an wen veräußert wird: Das fällt in den Regelungsbereich der Städte und Gemeinden. Wie restriktiv die Vergabe gestaltet wird, hängt nicht zuletzt von der Nachfrage ab. In den Randgebieten von wirtschaftlich erfolgreichen Ballungsräumen, im so genannten „Speckgürtel", ist das Interesse an den wenigen verfügbaren Flächen naturgemäß höher als in rein ländlichen Räumen oder in ökonomisch weniger leistungsfähigen Regionen, die mit Bevölkerungsschwund zu kämpfen haben.

Die Kommunen steuern die Grundstücksvergabe meist über vom Gemeinde- oder Stadtrat verabschiedete Bauplatzvergaberichtlinien. Auf Basis von Kriterienkatalogen entscheidet das kommunale Parlament, an wen die Parzelle veräußert wird. Die Vergabe richtet sich nach einer Rangfolge, die bestimmten Kaufinteressenten Vorrang vor anderen einräumt. Weit verbreiteter Standard ist, dass Ortsansässige bevorzugt werden oder geringere Quadratmeterpreise für Bauland zahlen müssen. Weitere Kriterien sind die Anzahl der Kinder und seit wann Einheimische in der Kommune leben. Ein anderer Faktor ist, ob die Interessenten im Ort arbeiten. Junge einheimische Ehepaare, die (noch) keine Kinder haben, werden auswärtigen Familien oft vorgezogen. Da die Kommunen eigene Akzente setzen können, ist die Bandbreite der möglichen Vergabekriterien vielfältig. Auch ihre Gewichtung variiert.

3.1.3 Bebauungspläne

Wie kann man bauen?

Bauherren haben in der Regel eine genaue Vorstellung von ihrem Traumhaus. Die wichtigsten Einschränkungen ihrer Wünsche an Architektur und Ausstattung ergeben sich aus den Bebauungsplänen von Wohngebieten.

Ein Bebauungsplan legt nach der Baunutzungsverordnung für verschiedene Arten von Gebieten (unter anderem Klein-siedlungsgebiet, reines Wohngebiet, allgemeines Wohngebiet, besonderes Wohngebiet, Dorfgebiet, Mischgebiet) Nutzungskombinationen fest. Auf dieser Basis setzt er Obergrenzen für die bau-liche Nutzung der Grundstücke. Dabei werden die Geschossfläche, Grundfläche, Dachform und -neigung, die Firstausrich-tung und die Anzahl der Vollgeschosse definiert. Wie streng die Bestimmungen jeweils ausgelegt werden, liegt im Ermes-sen des örtlichen Bauamtes. Je nach Lan-desbauordnung sind Hintertürchen offen und Ausnahmen möglich, die mal mehr und mal weniger erlaubt werden. Chancen auf Ausnahmegenehmigungen bestehen häufig dann, wenn das Grundstück am Rand des Gebietes liegt und die Abwei-chung von den Vorgaben im Bebauungs-plan gering ist.

Eine wichtige Rolle spielt die erlaubte Traufhöhe. Diese wird am Schnittpunkt von Dachaußenhaut und Außenwand vom Boden aus gemessen. Die in Bebauungs-plänen erlaubten Traufhöhen variieren stark. Man findet sowohl Maximalhöhen von 3,50 Meter als auch von 4,80 Meter und darüber. Vorgeschrieben ist zudem oft die Firsthöhe, die am höchsten Punkt des Hauses, also im Dachfirst, gemessen wird.

Viele Bauherren wünschen sich im aus-gebauten Dachgeschoss eine optimale Nutzung der Schrägen. Die so genann-te Kniestock-Höhe, also die Höhe des Schnittpunktes von Dach und Außenwand

vom Boden des Dachgeschosses aus, liegt meist bei 40 bis 90 Zentimetern. Um den Raum an der Schräge zumindest für ein Schränkchen oder ein Bett nutzen zu können, würden viele Bauherren ger-ne eine Kniestock-Höhe von etwa einem Meter realisieren. Oftmals setzen im Be-bauungsplan vorgegebene Traufhöhen hier eine Grenze, die für das Wunschhaus der Bauherren hinderlich sein kann. Denn gerade energieeffizientes Bauen benötigt im Dach Platz für Dämmmaterialien. Die Dachsparren müssen eine Höhe aufwei-sen, die die Anbringung von Dämmmate-rialien in ausreichenden Umfang erlaubt, um die anvisierten energetischen Kenn-zahlen zu erreichen. Dann macht es Sinn, über eine breitere Dimensionierung mehr Raum zu gewinnen.

3.1.4 Bauantrag

Eine Baugenehmigung bescheinigt dem Bauherrn behördlich, dass wichtige rechtliche Voraussetzungen für den Hausbau erfüllt sind. Den Bauantrag stellt der Bauherr gemeinsam mit einem sogenannten „Bauvorlageberechtigten", der in den Landesbauordnungen festgelegte Kriterien erfüllen muss. Es handelt sich dabei in der Regel um einen Architekten oder Ingenieur des Hausbauunternehmens, der den Entwurf des Bauantrages bautechnisch verantwortet und ihn gemeinsam mit dem Bauherrn unterschreibt. Der Antrag wird bei der unteren Bauaufsichtsbehörde eingereicht, also beim Bauamt der jeweiligen Kommune. Er umfasst verschiedene Formulare, je nach Landesbauordnung und Bauvorlageverordnung unter anderem einen Lageplan, eine Baubeschreibung, Bauzeichnungen und einen Entwässerungsplan. In komplizierten Fällen kann eine Bauvoranfrage gestellt werden, um frühzeitig offene Fragen zu klären. Nachdem das Bauamt die Baugenehmigung erteilt hat, wird diese sichtbar am Bauplatz ausgehängt. Danach erst darf mit dem Bau begonnen werden.

Mit dem Bauantrag prüft das Bauamt nicht alle Bestimmungen, die der Bauherr einzuhalten hat. Auf einige rechtliche Rahmenbedingungen muss er selbst achten. Dazu gehört zum Beispiel, dass der Neubau der Energieeinsparverordnung (EnEV) entsprechen muss. Dort ist festgelegt, welches energetische Niveau ein neu errichtetes Gebäude erreichen muss. Der Mindeststandard für den Verbrauch von Energie in Neubauten ist Bauinteressierten vor allem daher bekannt, dass seine Unterschreitung Voraussetzung für die Förderung von Eigenheimen durch die KfW-Bank ist.

Welche Rolle spielt das Bauunternehmen?

Diese Übersicht über wichtige gesetzliche Bestimmungen im Hausbau zeigt, wie komplex die Vorbereitung eines Hausbaus ist. Bei der ordnungsgemäßen Planung und Abwicklung des Bauvorhabens spielt das Bauunternehmen eine Schlüsselrolle. Erfahrene Fachleute kennen den Bauprozess und die notwendigen Behördengänge und helfen bei Bauantrag und Kontakten zu Ämtern und Institutionen.

Da Fertighäuser individuell geplant werden, können sie an die jeweiligen Bebauungspläne angepasst werden. Die Einhaltung von energetischen und technischen Normen gewährleisten die Hersteller. Architekten und Planer kümmern sich um den Bauantrag – in einem eigenen Bauantragsgespräch.

3.2 Baufinanzierung:
Ein solides Fundament für den Hausbau

3.2.1 Einführung

**Das A und O des Hausbaus:
Eine solide Finanzierung**

Am Anfang jedes Hausbaus steht pure Emotion. Es ist das Gefühl des Bauherren, dem Leben eine feste Heimat geben und sich die eigenen Wohnwünsche erfüllen zu wollen. Es ist eine Binsenweisheit des modernen Bauens: Ein Hausbau ist emotional. Die junge Baufamilie sucht ihr gemeinsames Nest, Menschen in der zweiten Lebenshälfte den Neuanfang – zum Beispiel aufgrund einer Partnerschaft oder weil die Kinder aus dem Haus sind.

Das Hochgefühl bei der Entscheidung für die eigenen vier Wände kann eine Schattenseite haben. Bauexperten warnen davor, sich den Blick auf das Wesentliche verstellen zu lassen: Die richtige Finanzierung.

Tipp: Binden Sie früh unabhängige Berater in Ihre Hausbaupläne ein! Im Überschwang der Gefühle geht selbst nüchternen Zeitgenossen manchmal die Vorsicht verloren. Wenn Freunde oder Bekannte, besser noch Fachleute aus der Baupraxis in die Planungen eingebunden werden, wird so manches Luftschloss früh in ein realistisches Traumhaus verwandelt.

Schließlich ist eine unzureichende Finanzausstattung Hauptgrund dafür, dass so mancher Hausbau für die frisch gebackenen Eigentümer zum finanziellen Desaster wird. Wer sich übernimmt, muss unter Umständen bald Abschied von seinem Haustraum nehmen. Ein Hausbau ist eine Investition, die große finanzielle Ressourcen bindet. Eine solide Finanzierung ist daher das A und O.

Grundstock ist die bisher gezahlte Miete. Denn wer in Eigentum lebt, muss nicht monatlich einen Teil seines Einkommens an einen Vermieter überweisen, sondern kann damit Kredite tilgen – und sich einen eigenen, langfristigen Wert schaffen. Je nach Höhe der Miete kann mehr oder minder schon mit diesem Grundstock eine Finanzierung auf die Beine gestellt werden.

Tipp: Nehmen Sie sich ausreichend Zeit! Ein Hausbau ist eine Großinvestition. Eine gute Vorbereitung der Finanzierung ist die beste Versicherung dafür, dass Bauherren während des Baus und darüber hinaus ruhig schlafen können. Überschuldung ist eine psychische Belastung, die bei Gesundheit, in Beruf und Partnerschaft Schaden anrichten kann. Deshalb sollten Sie die Finanzierung in Ruhe und mit

Experten planen. Nach Schätzungen von Hausbauunternehmen dauert die Informationsphase vor einem Hausbau mehrere Monate. Viele Bauinteressierte nehmen sich sogar noch mehr Zeit dafür, die eigenen Bedürfnisse und Möglichkeiten zu erkunden.

Unter Baufinanzierung versteht man die planvolle Bereitstellung von Geldmitteln zur Realisierung eines Bauvorhabens. Da die dafür notwendige Summe das (Jahres-)Einkommen in der Regel weit übersteigt, gehören zusätzliche finanzielle Ressourcen zum Normalfall. Das Zusammenspiel verschiedener Finanzquellen ermöglicht im Ergebnis, dass der Bauherr sich sein Eigenheim leisten und es sofort erwerben kann. Dazu setzt er Eigenkapital und Fremdkapital in einem auf die eigene Leistungsfähigkeit zugeschnittenen Finanzierungsmix ein. Eigenkapital sind Ersparnisse, Festgeld, Wertpapiere oder Eigenleistungen. Unter die Position Fremdkapital fallen Darlehen von Banken, Bausparkassen, Versicherungen, öffentlichen Institutionen, Arbeitgebern, Familienmitgliedern oder Fördermittel jeder Art.

Tipp: Schätzen Sie ihre handwerklichen Fähigkeiten realistisch ein!
Eigenleistungen, auch „Muskelhypothek" genannt, sparen viel Geld. Bei der Finanzierungsplanung muss realistisch abgeschätzt werden, ob die handwerkliche Begabung und Erfahrung ausreicht, um zum Beispiel das Dach zu decken oder Elektroinstallationen durchzuführen. Müssen

später doch weitere Leistungen eingekauft werden, sprengt das den Rahmen der Kostenkalkulation.

Faustregel mit beschränkter Gültigkeit

Wie bei allen komplexen Fragen versucht man sich auch bei der Baufinanzierung mit Faustregeln zu helfen. Die bekannteste lautet: Man darf nicht mehr als das Fünffache des eigenen Bruttojahreseinkommens ausgeben. Mindestens 20 bis 30 Prozent der Gesamtsumme sollten als Eigenkapital vorhanden sein. Die Relevanz dieser Regeln ist allerdings unter Fachleuten umstritten. Bei hohem Einkommen und sicherem Job ist auch bei weniger Eigenkapital eine Finanzierung möglich. Auf der anderen Seite kann es sinnvoll sein, mehr Eigenmittel einzubringen, zum Beispiel, wenn das Vermögen nach der Finanzkrise nicht mehr in Wertpapieren angelegt werden soll. Bauherren mit aktuell guter Einkommenssituation können mittelfristig eine hohe Tilgungsbelastung tragen, so dass die Laufzeit der Kredite sich verkürzt und die Zinsen sinken.

Tipp: Informieren Sie sich zusätzlich in Fach-Ratgebern!
Die Darstellung in diesem Kompendium ist eine erste Einführung. In die Details weihen entsprechende Fachbücher ein.

Diese Überlegungen machen plausibel, dass nur eine einzige Faustregel universell gilt: Die Finanzierung muss ein Profi machen. Denn jede Finanzierung ist anders und sollte auf den Bauherrn abgestimmt sein. Ansprechpartner sind neben der Hausbank unabhängige Finanzberater, Bausparkassen oder Bauunternehmen. Einige Hersteller von Fertighäusern bieten einen eigenen Finanzierungsservice an, der die Koordination der einzelnen Schritte von der Selbsteinschätzung über die Kontakte zu Kreditinstituten bis hin zur Beantragung von Fördermitteln übernimmt.

Bauherren legen eine Finanzierungsbestätigung vor

Der Haushersteller verlangt vom Bauherrn vor der Hausproduktion im Regelfall eine Finanzierungsbestätigung über den gesamten Hauspreis. Unter Umständen kann auch eine Abtretungserklärung der Bank vereinbart werden. Wenn über eine Kaufpreissicherstellung garantiert ist, dass bei vertragsgemäßer Leistung und nach Abnahme des Baus die Bank gegenüber dem Hersteller für die Zahlung der Kreditsumme bürgt, wird das Material bestellt und die Hausproduktion im Werk eingeplant. Das sichert beide Seiten ab: Der Bauherr hat schwarz auf weiß, dass seine Finanzierung „steht", der Haushersteller hat die Sicherheit, dass das Geld für den Hausbau tatsächlich vorhanden ist.

Tipp: Sprechen Sie mit Finanz-Profis! In Banken, Bausparkassen und bei Bauunternehmen finden Sie Experten, die bei einer objektiven Einschätzung Ihrer finanziellen Ressourcen für einen Hausbau helfen und einen realistischen Finanzierungsplan erstellen.

3.2.2 Bestandsaufnahme

Am Anfang steht eine Bestandsaufnahme Der erste Schritt einer Privatimmobilienfinanzierung ist eine objektive Bestandsaufnahme. Bauherren klären, wie viel Eigenkapital vorhanden ist und welche finanzielle Belastung sie monatlich tragen können. Musterrechungen und Praxisbeispiele der Berater geben Hilfestellung dabei. Finanzfachleute können schnell und exakt analysieren, wie viel für das tägliche Leben benötigt wird und welche Ansprüche an den Lebensstil gestellt werden. Wer Urlaub und Freizeitvergnügen nicht in den Finanzrahmen einplant, hat dafür später kein Geld. Viele Bauherren neigen dazu, die eigene Opferbereitschaft zu überschätzen und die Fixkosten für den Lebensunterhalt von Versicherungen über Kleidung bis hin zur vorläufig noch anfallenden Miete zu unterschätzen.

Tipp: Spielen Sie Ihren neuen Alltag im Neubau durch! Viele Bauherren überschätzen ihre finanzielle Belastungsfähigkeit. Deshalb ist es ratsam, schon vor dem Hausbau zur Probe mit dem Budget für das alltägliche Leben auszukommen, das in der Kalkulation der Baufinanzierung zugrunde gelegt wurde. Haben Sie diese Zeit gut überstanden, können Sie sicher sein, die finanziellen Belastungen auch dann, wenn es ernst wird, tragen zu können.

Parallel stellt sich die Frage nach dem Bedarf an Fremdkapital. Ist viel Eigenkapital vorhanden, so verringert sich die Summe, die über Hypothekenkredite oder Bausparkassendarlehen in die Finanzierung integriert werden muss. Eine Rolle dabei spielt die Frage, wie viel Eigenleistung der Bauherr einbringen kann und will.

Baunebenkosten fallen an

In die Kalkulation geht insbesondere ein, welches Objekt geplant ist, wie es genutzt werden soll, wie groß das Haus wird, welche Baukosten und Baunebenkosten (Gebühren, Steuern, Erschließungskosten)

entstehen, welche Anschaffungen wie Küche oder Möbel mit dem Hausbau verbunden sein werden. Nicht zu unterschätzen sind die Baunebenkosten. Beim Grundstückserwerb machen allein die Notarkosten 1,5 Prozent des Kaufpreises aus. Außerdem fällt eine Grunderwerbsteuer an, die von den Bundesländern erhoben wird und derzeit mindestens 3,5 Prozent ausmacht. Bei fehlerhafter Einschätzung des Finanzbedarfes werden Zwischen- und Nachfinanzierungen notwendig, die Zusatzkosten verursachen und die fragile Balance einer Finanzierung ins Wanken bringen können.

Sind die finanziellen Voraussetzungen geklärt, liegt quasi ein Zwischenergebnis vor. Kennzahlen sind die maximale monatliche Belastung, die der Bauherr schultern kann und ein Bedarf an Fremdkapital, das zu möglichst günstigen Konditionen beschafft werden muss. Die Kunst ist es, auf Basis dieser beiden Faktoren einen gesunden Finanzierungsmix zusammenzustellen.

3.2.3 Finanzierungsinstrumente

Bauherren steht eine Reihe von Instrumenten für die Finanzierung eines Hausbaus zur Verfügung.

3.2.3.1 Erbpacht

Mit Hilfe der Erbpacht ins eigene Haus

Ein probates Mittel, mit wenig Eigenkapital einen Hausbau zu realisieren, ist das Erbbaurecht, umgangssprachlich als „Erbpacht" bezeichnet. Grundidee ist, dass ein Grundstück nicht verkauft, sondern für einen bestimmten Zeitraum zur baulichen Nutzung überlassen wird. Dafür erhält der Eigentümer einen Erbbauzins. Wer sein Eigenheim auf einem Erbpacht-Grundstück errichtet, ist Hausbesitzer, jedoch nicht Grundstückseigentümer.

Das Haus geht nach Ablauf der vereinbarten Frist, die im Normalfall mindestens 75 Jahre beträgt, in das Eigentum des Grundstücksbesitzers über. Dieser muss dem Bauherrn den aktuellen Wert der Immobilie erstatten. Der Entschädigungsfall wird in der Regel vermieden – durch Verlängerung des unkündbaren Vertrages.

Die Höhe des Erbbauzinses wird vertraglich fixiert. Er beträgt üblicherweise drei bis fünf Prozent des Bodenwertes pro Jahr. Im Vertrag wird unter anderem festgelegt, in welchem Turnus und nach welchem Kriterium die Erhöhung erfolgt. Oft wird dafür die Entwicklung der allgemeinen Lebenshaltungskosten oder der Mieten herangezogen. Theoretisch kann der Erbbauzins deshalb sinken.

**Erbpacht macht Hausbau
manchmal erst möglich**

Eigentümer, die Erbpacht gewähren, besitzen oft mehrere große Grundstücke. Typisches Beispiel sind Kirchen, Kommunen oder Großgrundbesitzer adeliger Abstammung. Für sie liegt der Vorteil darin, dass sie das Grundstück nicht verkaufen, aber trotzdem einen langfristig gesicherten finanziellen Vorteil daraus ziehen. Für den Bauherrn entfällt der Kauf des Bauplatzes. Alle Mittel können in den Hausbau fließen. Dieser wird dadurch manchmal erst möglich.

Aufgrund der aktuellen Niedrigzinsphase ist das Erbbaurecht für Bauherren nicht mehr so attraktiv wie noch vor einigen Jahren. Schließlich kann mit den Mitteln für den Erbbauzins auch ein regulärer Kredit bedient werden, mit dem das Grundstück tatsächlich erworben wird. Als die Hypothekenzinsen noch sehr hoch waren, war die Ersparnis immens. Weil bei Erbpacht die Tilgung des Kredites für den Grundstückskauf entfällt, haben Bauherren zeitweilig die Hälfte der monatlichen Belastung des Budgets im Vergleich zum Grundstückskauf gespart.

Banken reagieren auf Erbpacht skeptisch, weil das Grundstück nicht als Sicherheit für Hypothekenkredite dienen kann – schließlich ist der Pachtnehmer ja nicht Eigentümer. Allerdings übersteigt die Vertragslaufzeit der Pacht den gesamten Tilgungszeitraum des Baukredites beträchtlich.

Insbesondere für einkommensschwächere Familien bleibt die Erbpacht interessant. Oft werden Rabatte für Kinderreiche gewährt, insbesondere von Kirchen oder kirchlichen Stiftungen, die diesen Familien ein Leben in den eigenen vier Wänden ermöglichen wollen.

> **Tipp:** Schalten Sie auf jeden Fall einen Anwalt oder Notar ein!
> Erbpacht ist ein kniffliges juristisches Gebiet. Um Fehler zu vermeiden, die teuer werden können, sollten Sie hier fachlichen Beistand in Anspruch nehmen.

3.2.3.2 Darlehen

Der Klassiker der Immobilienfinanzierung: Das Annuitätendarlehen

Der klassische Hypothekenkredit belegt auch heute noch den ersten Platz im Portfolio der Baufinanzierung. Er wird von Banken gewährt und durch das im Kreditwesengesetz geregelte Grundpfandrecht abgesichert, indem eine meist erstrangige Grundschuld auf das Gründstück in das Grundbuch eingetragen wird. Die Bedeutung der Banken bei der Vermittlung von

Krediten nimmt tendenziell ab. Zwar bleibt die dem Bauherrn vertraute „Hausbank" erster Ansprechpartner. Sie bekommt Konkurrenz von freien Kreditvermittlern, Versicherungen und Direktbanken.

Die gebräuchlichste Darlehensform ist das Annuitätendarlehen, das in gleichbleibenden Raten getilgt wird. Zins und Tilgungsanteil werden monatlich abbezahlt. Der Tilgungsanteil steigt im Laufe der Zeit an, weil der Zins jeweils auf die Restschuld berechnet wird. Diese sinkt naturgemäß mit fortlaufender Tilgung. Die Tilgungszahlung beträgt üblicherweise im ersten Jahr ein Prozent der Kreditsumme.

Der Zins, der je nach Laufzeit derzeit zwischen vier und fünf Prozent per annum liegt, sollte bei Vertragsabschluss so lange wie möglich festgeschrieben werden, gerade in der aktuellen Niedrigzinsphase. Meist kann man eine Zinsbindung von fünf, zehn oder 15 Jahren vereinbaren. Vor Kreditvergabe sichert die Bank sich mit einer Auskunft bei der SCHUFA (Schutzgemeinschaft für allgemeine Kreditsicherung) ab. Diese sammelt Daten zu Zahlungsverhalten, offenen Forderungen und anderen relevanten Merkmalen des Kunden.

Aus diesen Informationen, den vorgelegten Grundbucheinträgen und den Bauplanungen ermittelt die Bank den Beleihungswert des Grundstückes und damit die Kredithöhe, die dem Kunden angeboten wird. Grundsätzlich ist das Forderungsausfallrisiko bei Immobilienkrediten verhältnismäßig gering, weil durch den Hausbau ja ein Wert auf dem Grundstück entsteht.

Die Bandbreite der möglichen Vereinbarungen zu Krediten ist groß – und hängt nicht zuletzt von der Bonität des Kreditnehmers ab. Sondertilgungen oder eine Tilgungsaussetzung sind grundsätzlich möglich und können frei vereinbart werden. Die Konditionen entscheiden darüber, wie teuer das geliehene Geld für den Bauherrn wirklich wird. Durch einen Kredit entstehen Zusatzkosten, wie die Bearbeitungsgebühr und die Sicherheitenbestellung. Die Auszahlung erfolgt üblicherweise nach Baufortschritt, zum Bei-

spiel anhand eines Auszahlungsplanes. Eine vorzeitige Rückzahlung der gesamten Kreditsumme ist wegen des Ausfalls des Zinsgewinnes für die Bank nur mit einem Vorfälligkeitsaufschlag möglich. Wer seine Schulden mit einem Schlag vollständig tilgen will, der muss zuzahlen.

Versicherungen als Sicherheiten für die Banken

Als Sicherheit kann gegenüber den Banken eine Kapital- oder Risikolebensversicherung für den Kreditnehmer dienen. Die Versicherung zahlt im Fall des Ablebens des Bauherrn. Außerdem kann eine Restschuldversicherung sinnvoll sein: Die sichert den Bauherrn und seine Familie für den Fall ab, dass durch Tod, Arbeitslosigkeit oder Berufsunfähigkeit der Kredit nicht mehr bedient werden kann. Diese Versicherung ist kostspielig, weil sie mit einer Abschlussprovision verbunden ist, die den Kreditbetrag in die Höhe schießen lässt. Eine Restschuldversicherung wird meist nicht obligatorisch als Kreditabsicherung verlangt, von vielen Banken aber empfohlen.

3.2.3.3 Bausparen

**Bausparen: Spezielle Darlehen
für Immobilien**

Ein Sonderfall unter den Kreditinstituten sind die Bausparkassen. Sie sind auf Immobilienfinanzierung spezialisierte Kreditinstitute. Sie bieten Sparverträge mit Darlehensoption an: Auf Basis eines Bausparvertrages spart der Kunde mit monatlichen Einzahlungen einen Geldbetrag an, der als Grundstock für den Immobilienerwerb bereitsteht.

Neben den Einzahlungen sind staatliche Wohnungsbauprämien und die Zinsen für die angesparte Summe Teile des Guthabens. Liegt dieses am Ende dieser Ansparphase bei 40 bis 50 Prozent der anvisierten Kreditsumme, ist der Bausparvertrag „zuteilungsreif" und wird nach Prüfung der Bonität ausgezahlt. Die Bausparsumme besteht aus dem angesparten Guthaben und dem Darlehen, das von der Bausparkasse gewährt wird. Die Zuteilung kann auch dann erfolgen, wenn die Ansparsumme vorfinanziert wird – was allerdings mit Mehrkosten verbunden ist.

**Die Zuteilung von Bauspardarlehen
erfolgt nach einer „Bewertungszahl"**

Voraussetzung für die Zuteilung ist neben dem Erreichen der Mindest-Ansparsumme der Ablauf einer Mindest-Ansparzeit. Außerdem wird eine „Bewertungszahl", die den Spar-Verdienst, die Höhe und die Dauer der Einzahlungen in der Ansparphase gewichtet und auf dieser Basis eine Reihenfolge der Vergabe von Krediten unter allen Bausparern bestimmt.

Das ist dem Prinzip des Bausparens geschuldet: Sparer legen ihr Kapital zusammen, um mit der Gesamtkreditsumme Bauherren eine frühere Gewährung eines Immobilienkredites zu ermöglichen. Weil es keine Garantie dafür geben kann, dass zum Zeitpunkt der rechnerischen Zuteilungsreife tatsächlich ausreichend Kapital für alle Bausparer, die diesen Status erreicht haben, vorhanden ist, wird als Grundlage für die Auswahl der bedachten Sparer die Bewertungszahl herangezogen.

In der Darlehensphase wird der Kredit analog zum Annuitätendarlehen peu a peu mit einem festen Zinssatz getilgt. Eine vorzeitige vollständige Begleichung der Restschuld ist bei Bauspardarlehen ohne Aufschlag möglich.

In Deutschland gibt es Landesbausparkassen und private Bausparkassen sowie einige direkte Ableger von Privatbanken. Der Staat fördert das Bausparen mit der Wohnungsbauprämie, der Arbeitnehmerzulage für vermögenswirksame Leistungen und dem „Wohn-Riester".

3.2.3.4 „Wohn-Riester"

Das Eigenheim als staatlich geförderte Altersvorsorge

Die Eigenheimrente, die umgangssprachlich nach einem früheren Bundessozialminister „Wohn-Riester" genannt wird, ist eine staatliche Unterstützung für den Erwerb von selbstgenutztem Eigentum als Teil der privaten Altersvorsorge. Weil eine Immobilie eine fördernswürdige Form der Altersabsicherung ist, kann seit 2008 das im Rahmen einer „Riester-Rente" über einen Sparplan angelegte Kapital auch für den Erwerb der eigenen vier Wände herangezogen werden. Das mit staatlichen

Zulagen entstandene Vermögen kann für die Finanzierung von Wohneigentum förderunschädlich entnommen werden. Die zweite Möglichkeit der Förderung ist die Einbindung der Zulagen in einen klassischen Bausparvertrag. Die Eigenheimrenten-Förderung steht allen Pflichtversicherten in der Gesetzlichen Rentenversicherung offen, also Angestellten und freiwillig versicherten Selbständigen.

Kapital aus der „Riester-Rente" für das eigene Haus

Im Rahmen eines bestehenden Riester-Rentenvertrages angespartes Kapital kann für den Erwerb eines Eigenheimes eingesetzt werden, zum Beispiel zur Ablösung oder Tilgung eines Kredites für eine Wohnimmobilie. Die Zulagen werden auch direkt für die Tilgung von Krediten gewährt, die von Bauherren für Wohnimmobilien aufgenommen werden.

Voraussetzung für die Förderung von Anlageprodukten ist, dass sie „Riester-zertifiziert" sind. Sie müssen Mindestanforderungen erfüllen. Zum Beispiel darf die Auszahlung erst nach dem 60. Lebensjahr und nach Eintritt der Altersrente erfolgen. Die Anbieter müssen ihr Finanzprodukt staatlich zertifizieren lassen, um ungeeignete Anlageverträge von einer Förderung auszuschließen.

Die nachgelagerte Besteuerung wird über ein fiktives Wohnförderkonto realisiert.

Dort werden die Tilgungsleistungen samt Zulagen sowie das eventuell vom „Renten-Riester"-Konto Entnommene aufgelistet. Dieser Betrag wird in der Ansparphase des Riester-Vertrages in jedem Jahr um zwei Prozent erhöht. Bei Beginn der Auszahlungsphase des Riester-Vertrages wird der Betrag auf dem Wohnförderkonto durch die verbleibenden Jahre bis zum 85. Lebensjahr geteilt. Der Ergebnisbetrag muss jedes Jahr dem zu versteuernden Einkommen hinzugefügt werden. Alternativ können 70 Prozent des Kontostandes bei Auszahlungsbeginn einmalig versteuert werden. Der geförderte Höchstbetrag beträgt 2.100 Euro.

den es „verschenken". Die Politik hat angekündigt, die Eigenheimrente zu vereinfachen, um mehr Menschen den Weg in Wohneigentum zu ebnen. Den Wegfall der ungleich attraktiveren Eigenheimzulage 2006 konnte der „Wohn-Riester" nicht kompensieren.

> **Tipp:** Recherchieren Sie, ob Sie von der Riester-Förderung profitieren können! Unter der Adresse www.bundesfinanzministerium.de finden Sie im Bereich Altersvorsorge alles Wissenswerte rund um den „Wohn-Riester".

3.2.3.5 Förderprogramme

Attraktive Zulagen für Familien

Der Staat fördert Wohneigentum

Attraktiv ist der „Wohn-Riester" insbesondere für kinderreiche Familien und für Geringverdiener. Die jährliche Förderhöhe beträgt 154 Euro als Grundzulage, 185 Euro für jedes Kind, für ab 2008 geborene Kinder bis zu 300 Euro. Den Höchstfördersatz erhält derjenige, der vier Prozent seines Jahreseinkommens für die Tilgung des Riester-zertifizierten Kredites aufwendet.

Mit dem „Wohn-Riester" ist eine Fülle von Detailfragen verbunden, zum Beispiel zur Veräußerung einer mit Riester-Zulagen erworbenen Immobilie, die grundsätzlich möglich ist. Vielfach wird bemängelt, die Förderung sei zu kompliziert. Viele Bausparer seien nicht ausreichend über ihr „Riester-Potenzial" informiert und wür-

Bauherren können aus verschiedenen Fördermöglichkeiten auswählen. Bei guter Beratung durch Finanzexperten lassen sich hohe Summen sparen. Viele der Förderoptionen sind miteinander kombinierbar. Als Fördermotive kann man sozial- und familienpolitische von den klimaschutzpolitischen unterscheiden.

Die Politik hat sich zum Ziel gesetzt, die Wohneigentumsquote zu steigern. In Deutschland wohnen derzeit nur rund 42 Prozent aller Bürger in Wohneigentum. Diese Rate ist im europäischen Vergleich gering. Mit staatlicher Unterstützung soll die Quote erhöht werden. Gerade „Schwellenhaushalte", die sich eine Baufinanzierung „so gerade" erlauben können, sollen vermehrt Eigentum bilden.

Bund, Länder und Kommunen legen Förderprogramme auf

Die Förderlandschaft in Deutschland ist vielfältig und unübersichtlich. Vor allem Bund, Länder und Kommunen starten Programme zum Erwerb von Wohneigentum.

Die meisten Bundesländer haben eigene Wohnförder-Programme aufgelegt. In der Regel werden sie über Landesbanken abgewickelt und bestehen aus zinsgünstigen Krediten für Landeskinder und Landeskinder in spe. Fördervoraussetzung sind bestimmte Einkommensgrenzen. Exemplarisch sei das Programm der nordrhein-westfälischen NRW-Bank genannt: Dort können Bauherren Darlehen in Höhe von bis zu 90.000 Euro erhalten. Bedingung ist, dass mindestens ein Kind vorhanden ist. Die strenge Einkommensgrenze wird nur für Alleinerziehende oder junge Paare etwas gelockert. Bei Überschreitung ist eine geringere Förderhöhe möglich. Der Kreditnehmer muss mindestens 15 Prozent Eigenleistung einbringen und monatlich 935 Euro Mindestrückbehalt für zwei Personen für den täglichen Bedarf vorhalten. Dafür ist das Darlehen fünf Jahre zinsfrei, pro Jahr ist ein Prozent Tilgung vorgesehen. Es entstehen zusätzliche Verwaltungskosten. Die Antragstellung erfolgt über die Ämter für Wohnförderung der Kommunen.

Tipp: Verschaffen Sie sich im Internet einen Überblick über Fördermöglichkeiten! Auf der Homepage www.foederdatenbank.de ist die komplette Förderlandschaft von Bund, Bundesländern und EU dargestellt. Hier finden Sie auch die Programme zur Förderung von Wohneigentum.

Tipp: Suchen Sie nach Kommunen mit eigener Bauförderung! Alle Informationen zu kommunalen Förderalternativen finden Sie im Internet unter www.aktion-eigenheim.de.

Die Anzahl der kommunalen Familienförderungen im Baubereich ist unübersehbar. Mittlerweile umwerben Hunderte Kommunen bundesweit aus Angst vor Einwohnerschwund bauwillige Familien mit Preisnachlässen auf Grundstücke oder mit direkten Bauprämien.

Fossile Energieträger sind klimaschädlich und teuer

Immer wichtiger wird die klimaschutzpolitische Komponente der Eigentumsförderung. Der Gebäudebereich ist für 30 Prozent des Ausstoßes des klimaschädlichen Kohlendioxids verantwortlich. Fossile Energieträger wie Öl oder Gas werden für die Beheizung genutzt. Diese Primärenergiequellen sind endlich, weil sie sich nicht selbst erneuern. Die Ressourcen sind früher oder später aufgebraucht. Ihre Knappheit macht sie teuer, sie müssen durch andere Energieträger ersetzt werden. Erste Option sind erneuerbare Energien wie Windkraft oder Sonnenenergie, bei Heizwärme Solarthermie oder Umweltwärme aus Erde, Luft oder Wasser.

Energieeffiziente Gebäude tragen dazu bei, das Klima und die natürlichen Ressourcen zu schonen. Energiesparsamkeit und der Einsatz erneuerbarer Energien werden von der Politik gefördert. Beides verursacht Mehrkosten, zum Beispiel, weil eine bessere Wärmedämmung oder eine klimagünstige Heizung über Wärmepumpen, Solarthermie oder Holzpellets den Bauherren höhere Investitionen abverlangt. Öffentliche Fördermittel sollen

Anreize setzen, indem ein Teil der Mehrkosten aufgefangen wird. Die Unterstützung verhilft zudem innovativer Haustechnik zur Marktreife. Diese wird irgendwann Standard, in größerer Menge produziert und dadurch für Bauherren preisgünstiger.

3.2.3.6 Das KfW-Programm „Energieeffizient Bauen"

Die bundesweit wichtigste und finanziell attraktivste Förderung für den Hausneubau bietet die staatliche KfW-Förderbank an. Sie vergibt aus Mitteln des Bundes zinsverbilligte Kredite von bis zu 50.000 Euro an Bauherren, wenn diese ein besonders energieeffizientes Haus bauen. Außerdem winkt ein direkter Tilgungszuschuss von bis zu zehn Prozent der Kreditsumme, also bis zu 5.000 Euro.

Im Programm „Energieeffizient Bauen" werden drei Förderstufen angeboten: „KfW-Effizienzhaus 40", „KfW-Effizienzhaus 55" und „KfW-Effizienzhaus 70". Die Zahlen zeigen jeweils den Energiebedarf an, den ein zu förderndes Haus in der jeweiligen Kategorie höchstens aufweisen darf. Vergleichsbasis ist der gesetzliche Standard der Energieeinsparverordnung. In der Kategorie „KfW-Effizienzhaus 40" können Neubauten gefördert werden, die höchstens 40 Prozent des Energiebedarfes aufweisen, den sie laut gesetzlichem Mindeststandard maximal haben dürften. Anders ausgedrückt: Ein Eigenheim, das 60 Prozent weniger Energie benötigt als

gesetzlich zulässig, ist in der Förderstufe „KfW-Effizienzhaus 40" förderfähig. Analoges gilt für die weiteren Förderstufen. Zusätzlich sind Kriterien an den Wärmeverlust des Gebäudes zu erfüllen.

Weniger Energieverbrauch bedeutet mehr Förderung

Die Förderkonditionen richten sich nach dem Energieverbrauch und dem Wärmeverlust des geplanten Gebäudes: Je geringer sie sind, desto mehr Förderung erhält der Häuslebauer. Neben dem Kredit, der in allen Förderstufen einheitlich verzinst wird, erhalten Bauherren von Eigenheimen der Spitzenkategorie „KfW-Effizienzhaus 40" einen direkten Tilgungszuschuss von zehn Prozent der Kreditsumme. In der Förderstufe „KfW-Effizienzhaus 55" liegt der Zuschuss bei fünf Prozent, Bauherren von Neubauten der Kategorie „KfW-Effizienzhaus 70" profitieren „nur" von der Zinsvergünstigung und erhalten keinen gesonderten Tilgungs-Bonus.

Die Einstufung in die verschiedenen Förderkategorien erfolgt im so genannten Referenzgebäudeverfahren. Die energetischen Werte zu Primärenergieverbrauch und Transmissionswärmeverlust des neu zu bauenden Hauses werden verglichen mit denjenigen eines in Größe und Ausrichtung gleichen Hauses, das nur exakt die Vorgaben der Energieeinsparverordnung erfüllt. Je nachdem, wie groß die Einsparung gegenüber dem Standard ist, wird die

Förderung bemessen. Die energetischen Werte hängen von der Gebäudegröße, vom Fensteranteil, vom verwendeten Wand-Aufbau und der Dichtheit der Gebäudehülle ab. In einem Anhang der Energieeinsparverordnung werden energetische Höchstwerte für die einzelnen Bauteile und die Haustechnik vorgegeben.

Hausbanken leiten KfW-Kredite durch

Die Kredite haben eine Laufzeit von bis zu 30 Jahren, die Zinshöhe variiert je nach Laufzeitlänge und tilgungsfreier Anlaufzeit, die bis zu drei Jahre lang sein kann. Die Abwicklung erfolgt über die Hausbank, die den KfW-Kredit durchleitet. Der Förderantrag ist in jedem Fall vor Baubeginn zu stellen. Der Antrag wird vom Bauherrn gemeinsam mit einem Sachverständigen unterschrieben, der bestätigt, dass das Haus laut Planung die energetischen Voraussetzungen für die angestrebte Förderstufe erfüllt. Nach der Hausabnahme bestätigt der Sachverständige die antragsgemäße Durchführung des Bauvorhabens.

Die KfW führt Stichproben durch, bei denen die Planungsunterlagen auf Plausibilität untersucht werden. Im Zweifel behält sich die KfW Vor-Ort-Kontrollen auf der Baustelle bzw. im fertiggestellten Haus vor. Werden die energetischen Vorgaben nicht eingehalten, kann die Bank die Fördermittel zurückverlangen. Außerdem droht eine Anzeige wegen Subventions-

betrugs. Die Mitgliedsunternehmen der Qualitätsgemeinschaft Deutscher Fertigbau (QDF) dokumentieren den Herstellungsprozess von Eigenheimen, die von der KfW gefördert werden.

**Markus Schönborn,
Teamleiter Produktentwicklung
der KfW Privatkundenbank**

„Bauherren erhalten für den Bau eines KfW-Effizienzhauses zinsgünstige Kredite. Dabei gilt der Grundsatz: Je besser die Energieeffizienz, umso attraktiver die Förderung. Die Bauherren erhalten über ihre Hausbank einen zinsgünstigen Kredit in Höhe von 50.000 Euro pro Wohneinheit. Für Häuser mit besonders anspruchsvollen energetischen Standards kommen bis zu 5.000 Euro als zusätzlicher Tilgungszuschuss hinzu."

Tipp: Informieren Sie sich im Internet! Unter der Adresse www.kfw.de finden Sie Merkblätter und Antragsformulare für die Programme der KfW-Förderbank.

Holz-Fertighäuser können die energetischen Anforderungen der KfW-Programme problemlos erfüllen. Grund dafür ist die Holz-Konstruktionsweise, die eine Wärmedämmung in den Wänden ermöglicht. Außerdem verlieren die Eigenheime wegen der wenigen und gut ausgeführten Wärmebrücken kaum Energie. Fertighäuser sind bei der KfW „kreditwürdig". Viele

Hersteller bieten alle ihre Haus-Entwürfe von vornherein im Effizienzhaus 70-Standard an. Nach einer Branchenumfrage genügten mehr als zwei Drittel aller von den Mitgliedsunternehmen des Bundesverbandes Deutscher Fertigbau (BDF) errichteten Neubauten mindestens diesem Niveau.

Baubegleitung durch einen Sachverständigen

Seit 2010 schreibt die KfW bei geförderten Bauvorhaben der Stufen „KfW-Effizienzhaus 40" und „KfW-Effizienzhaus 55" eine Baubegleitung durch einen Sachverständigen vor. Der Experte muss unter anderem einen Blower-Door-Test durchführen, um die Dichtheit der Gebäudehülle nachzuweisen. Die Hersteller, die in der Qualitätsgemeinschaft Deutscher Fertigbau (QDF) vertreten sind, haben ein eigenes Dokumentationssystem eingeführt, in dem alle Arbeitsschritte im Werk und auf der Baustelle nachgewiesen werden.

Ersatzneubau wird förderfähig

Die Förderstruktur der KfW wird voraussichtlich um einen Bonus für so genannte „Ersatzneubauten" ergänzt. In dem im September 2010 von der Bundesregierung verabschiedeten Energiekonzept wird angekündigt, dass energiesparende Eigenheime, die anstelle von abgerissenen Bestandsgebäuden errichtet werden,

zusätzlich gefördert werden sollen. Damit soll ein Anreiz gesetzt werden, nicht mehr sanierungswürdige Altbauten durch energieeffiziente Neubauten zu ersetzen. Die Bundesregierung will so dazu beitragen, ihre Klimaschutzziele im Gebäudebereich zu erreichen. Das Prinzip „Abriss und Neubau" hat zudem den Vorteil, dass keine Flächen neu versiegelt werden – auch das ist „politisch gewollt".

Förderprogramme werden fortgesetzt

Die KfW-Programme werden aus dem Bundeshaushalt finanziert. Im so genannten CO2-Gebäudesanierungsprogramm stehen Mittel für den Neubau und die Sanierung bereit. Dieses wäre eigentlich 2011 ausgelaufen, soll nach dem Willen der Politik aber bis mindestens 2021 fortgesetzt werden.

Allerdings übersteigt die Nachfrage nach Krediten regelmäßig die zur Verfügung stehenden Haushaltsmittel. Förderengpässe waren in der Vergangenheit keine Seltenheit – und könnten häufiger werden.

> **Tipp:** Greifen Sie bei den KfW-Fördermitteln schnell zu!
> Die KfW-Mittel sind begehrt und knapp. Bauherren sollten frühzeitig einen Förderantrag stellen, wenn sie mit Krediten oder Tilgungszuschüssen kalkulieren. Wichtig: Die Anträge müssen auf jeden Fall vor dem Baubeginn eingereicht werden.

3.3 Grundstück: Die Suche nach dem Bauplatz

3.3.1 Einführung

Viele Bauherren haben eine genaue Vorstellung von ihrem neuen Eigenheim, von Architektur, Ausstattung und den Außenanlagen. Voraussetzung für jeden Hausbau ist jedoch ein entsprechendes Grundstück. Ob der Hausbau gelingt, ob sich die Bewohner wohl fühlen und nach ihren Wünschen bauen können, das hängt nicht zuletzt von der sorgfältigen Auswahl des Bauplatzes und seiner Umgebung ab.

Den Faktor Zeit einplanen

Die Suche nach dem passenden Grundstück ist häufig der langwierigste Teil eines Hausbaus. Gerade in Regionen mit knappem Grundstücksangebot gleicht die Jagd nach dem richtigen Fleck Erde der berühmten Suche nach der Nadel im Heuhaufen. Wenn familiäre Bindungen oder berufliche Abhängigkeiten Flexibilität und Auswahl einschränken, kann ein Hausbau sich verzögern oder ganz aus den Augen geraten. Der Faktor Zeit spielt eine große Rolle, besonders, wenn die Anforderungen an das Grundstück vielfältig sind. Je mehr Zeit man sich für die Suche nimmt, desto sicherer kann man sein, die Entscheidung für einen bestimmten Standort nachträglich nicht zu bereuen.

Tipp: Fangen Sie so früh wie möglich mit der Grundstückssuche an!
Auch wenn der Hausbau noch nicht kurzfristig angesagt ist, sollten Sie frühzeitig die Augen nach einem Grundstück offen halten und sich zum Beispiel beim Bauamt des gewünschten Wohnortes nach Vakanzen und Wohngebieten erkundigen.

Fachberater sind regional vernetzt

Bauinteressierte können auf eigene Faust auf Grundstückssuche gehen oder sich Unterstützung von Hausbauunternehmen oder Maklern suchen. Der Vorteil an der Variante ist, dass Bauunternehmen vielfältige Kontakte in der Region und darüber hinaus haben. Oft kennen sie Ansprechpartner bei Banken oder Bauämtern der Umgebung und haben bereits mit ihnen zusammengearbeitet. Diese Verbindungen ihrer Berater stellen die Unternehmen als Teil ihrer Dienstleistung den Bauinteressierten zur Verfügung – wenn diese sie in Anspruch nehmen wollen. Fachberater vermitteln Grundstücke und Kontakte, Haushersteller verfügen über Grundstückspools.

Tipp: Nutzen Sie die Kontakte der Hersteller! Die Unternehmen sind meist seit Jahrzehnten im Geschäft und kennen alle Tricks und Kniffe auf dem Weg zum passenden Grundstück. Die Fachberater verfügen über Kontakte zu Bauämtern und Banken. Sie ebnen ihren Kunden Wege zum Grundstück.

Quellen der Grundstückssuche

Zum Verkauf stehende Grundstücke können Bauherren auf verschiedensten Wegen finden. Die zuständige Baubehörde ist ein natürlicher Ansprechpartner, wenn man die Suche „kommunenscharf" örtlich eingrenzen kann. Grundstücksmakler bieten ihre Dienste kostenpflichtig an. Banken und Sparkassen vermitteln Grundstücke ihrer Kunden. Außerdem lohnt sich ein Blick in die lokale Zeitung, insbesondere in die Anzeigenteile der Wochenendausgaben.

Eine ständig ergiebiger werdende Quelle ist das Internet. Spezialisierte Portale zeigen zu den inserierten Grundstücken Bilder, Exposés und Beschreibungen von Lage und Umgebung. Nach einer Recherche über eine Eingabemaske, in der man die Suche eingrenzen kann, gelangt man zu einer Liste der derzeit auf dem Markt befindlichen Grundstücke.

Tipp: Suchen Sie Ihr Grundstück auch im Internet!
Verschiedene Grundstücksbörsen listen im Internet zum Verkauf stehende Grundstücke bundesweit auf. Die wichtigsten finden Sie unter den Adressen www.immobilienscout24.de, www.immowelt.de und www.immonet.de. Eine weitere Möglichkeit ist die Recherche auf der Homepage www.fertighauswelt.de.

Option Abriss und Neubau

Gerade in Regionen mit geringem Bauland-Angebot richten sich die begehrlichen Blicke von Bauherren zunehmend auf bereits bebaute Grundstücke. Denn wer ein Grundstück samt Altbau erwirbt und diesen abreißen lässt, der schafft Platz für einen Neubau. So werden auch Filet-Grundstücke in bester Wohnlage, auf denen schon ein Bestandsgebäude steht, zu einer echten Option für einen Eigenheimbau. Ein weiterer Vorteil: Das Haus steht in gewachsener Umgebung, was viele Bauherren als attraktiver und belebter empfinden als ein erst langsam Gestalt annehmendes Wohngebiet. Auch im Bestand sind Einschränkungen etwa bei Architektur, Geschosshöhe oder Dachform zu beachten, die sich aus dem Bebauungsplan oder dem allgemeinen Charakter der Nachbar-Bebauung ergeben. Schließlich muss sich der Neubau optisch harmonisch in die Umgebung einpassen.

Die Option „Abriss und Neubau" wird durch die geplante Einführung einer Förderung von Ersatzneubauten an Bedeutung gewinnen. Ein staatlicher Zuschuss zu den Abrisskosten macht den Ersatzneubau erschwinglicher. Die Grundstückssuche der Zukunft wird sich nicht auf Brachflächen und Neubaugebiete beschränken, sondern ebenso gewachsene Siedlungen in den Blick nehmen.

Tipp: Ziehen Sie bebaute Grundstücke bei der Suche in Erwägung!
Eine Alternative sind bereits bebaute Grundstücke, deren Bestandsgebäude einem Neubau weichen können. Es kann sich lohnen, nach zum Verkauf stehenden und vielleicht sanierungsbedürftigen Bestandsgebäuden zu suchen, um auf diesem Weg seinem zukünftigen Bauplatz auf die Spur zu kommen.

Am Anfang jeder Grundstückssuche steht die Analyse, welche Voraussetzungen ein Grundstück mitbringen muss, um in die engere Auswahl zu kommen. Folgende Faktoren spielen dabei eine Rolle: Lage und Ausrichtung, die Größe, das Potenzial als Bauplatz, die Verfügbarkeit und der Preis.

3.3.2 Lage

Die Lage: Subjektive und objektive Beurteilung

Die Beurteilung der Lage eines Grundstücks hängt von persönlichen Faktoren ab und ist genauso individuell wie die Auswahl der Hausarchitektur. Es gibt aber objektive Kriterien, die den Wohnwert und die Eignung als Bauplatz beeinflussen. Die privaten Ansprüche von Bauherren können von verschiedensten Parametern abhängig sein. Den einen zieht es näher zur Arbeit, andere möchten nah an ihre Heimatstadt heranrücken. Für den einen ist eine optimale Verkehrsanbindung für

den Weg zum Job vordringlich, ein anderer nimmt gerne einen längeren Anfahrtsweg in Kauf, um im Grünen zu wohnen. Für junge Familien ist die Nähe zu Schulen und Kindergärten von Vorteil, auch öffentliche Einrichtungen wie Bibliotheken oder Sportanlagen können Plus-Punkte der gewünschten Umgebung sein. Für ältere Bauherren spielt vielleicht die Erreichbarkeit von Ärzten oder Kultureinrichtungen eine entscheidende Rolle oder die Nähe zu Kindern, Enkeln oder anderen Verwandten. Wer soziale Kontakte sucht, ist sicherlich in einer Nachbarschaft mit ausgeprägtem Zusammenhalt gut aufgehoben. Möchte ein Bauherr eher seine Ruhe haben, kann er eine Alleinlage vorziehen.

Tipp: Überlegen Sie sich in einem Brainstorming, was Sie von der Lage Ihres Bauplatzes erwarten!
Eine Plus- und Minusliste kann helfen, die eigenen Erwartungen an die Wohnumgebung zu entdecken. Welche Faktoren sind wichtig? Was können Sie sich überhaupt nicht vorstellen? Je genauer die Kriterien sind, desto zielführender können Sie sich auf die Suche machen.

Ein Bauherr und alle einziehenden Personen müssen sich in der neuen Umgebung wohl fühlen. Schließlich ist Zufriedenheit nicht zuletzt daran gebunden, dass man sich in seinem Wohnumfeld sicher und geborgen fühlt. Die Grundstückssuche ist die Chance, sich ein Lebensumfeld mehr oder weniger frei auszuwählen, einen Neuanfang zu starten, den Alltag umzukrempeln, andere Prioritäten zu setzen und neue Kontakte zu finden.

> **Tipp:** Malen Sie sich aus, wie es ist, in dieser Umgebung zu wohnen!
> Wer ein Gefühl dafür entwickelt, wie der Alltag im neuen Wohnumfeld aussehen könnte, der kann auf dieser emotionalen Ebene wichtige Signale „aus dem Bauch" empfangen, ob das Grundstück wirklich den Erwartungen entspricht. Auch die besten rationalen Argumente können den Wohlfühl-Faktor nicht ersetzen. Denken Sie sich in Ihre neue Umgebung „hinein" und saugen Sie ihre Atmosphäre auf.

Die Ausrichtung des Hauses hilft beim Energiesparen

Neben den persönlichen Faktoren stehen objektive Kriterien. Dazu gehört die Ausrichtung des Grundstücks bezogen auf die Himmelsrichtungen. Der Zuschnitt entscheidet über die Lage des Hauses auf dem Gelände und mögliche Grundrissformen. Die Topographie hat Auswirkungen auf die mögliche Architektur, zum Beispiel auf die passende Größe der Glasflächen. Und sie beeinflusst die Voraussetzungen für energieeffizientes Bauen. Je mehr Tageslicht in die Räume des Eigenheimes fällt, desto größer sind die solaren Energiegewinne in Form von Wärme und Licht. Vorteilhaft ist eine Ausrichtung großer Fensterflächen gen Süden. Die Nordfassade sollte wenig Glasflächen enthalten, weil dort kaum Sonnenschein einfällt. Die Möglichkeiten, Photovoltaik- oder Solarthermie-Elemente auf dem Dach zu installieren, werden von der Topografie des Baugrundstückes limitiert.

Bei der Begutachtung der Lage eines Grundstückes sollte geklärt werden, ob geologische oder umweltschutzrechtliche Vorgaben zu beachten sind. Liegt das Grundstück in einem Hochwassergebiet? Bestehen Auflagen in Hinsicht auf den Naturschutz? Die Verkehrsinfrastruktur, die Versorgung mit Dienstleistungen des täglichen Lebens und die voraussichtliche demographische und ökonomische Entwicklung des regionalen Wohnumfeldes entscheiden maßgeblich darüber, wie der Wert des Grundstücks sich entwickeln wird. Störende Faktoren wie Lärmbelästigung durch Verkehrswege oder Sportanlagen müssen genauso ins Kalkül gezogen werden wie mögliche Geruchsbelästigungen durch landwirtschaftliche Betriebe oder industrielle Anlagen. Beides hat nicht nur Auswirkungen auf die unmittelbare Wohnqualität, sondern auch Konsequenzen für die langfristige Wertentwicklung.

Tipp: Besichtigen Sie das gewählte Grundstück mehrmals!
Ist ein interessantes Grundstück gefunden, empfiehlt sich eine mehrmalige Besichtigung. In der Woche können sich der Straßenlärm oder Belästigungen durch Gewerbe und Industrie ganz anders darstellen als am Wochenende. Auch die Lichtverhältnisse ändern sich je nach Tageszeit erheblich: Was morgens noch hell und freundlich erscheint, kann am Nachmittag im Schatten liegen.

Viele Fertighaushersteller halten im Auftrag von Bauherren Ausschau nach einem Grundstück und berücksichtigen dabei die Anforderungen, die das ins Auge gefasste Haus an das Bauland stellt. So können Einschränkungen durch Bodenbeschaffenheit oder den örtlichen Bebauungsplan im Zuge der Recherche erkannt und in die Bewertung einbezogen werden. Ist ein passendes Grundstück gefunden, hat der Bauherr die Garantie, dass auf dem Bauplatz genau das Haus errichtet werden kann, das seinen Wünschen gerecht wird.

Exkurs: Was ist Wohnkomfort – Teil 1: Wohnungsumgebungszufriedenheit

Von Ursula Geismann ,
Wohn-Expertin des Verbandes der
deutschen Möbelindustrie

Wohnkomfort und Wohlbefinden gehen Hand in Hand. Um sich „daheim" auch „zuhause" zu fühlen, müssen mindestens drei Bedingungen erfüllt sein. Und diese sind die „drei Zufriedenheiten": Die Wohnungsumgebungszufriedenheit, die Wohnungszufriedenheit und die Wohnungseinrichtungszufriedenheit. Nachfolgend einige Tipps und Empfehlungen – sowie Fragestellungen, mit denen sich angehende Bauherren vor der Hausplanung auseinandersetzen sollten.

Die Wohnungsumgebungszufriedenheit bezieht sich auf sogenannte „äußere Faktoren". Dazu gehören das Aussehen und der Baustil des Hauses, der Baumbestand im Garten, Grünflächen und Freiflächen. Mindestens genauso wichtig ist die Lage des Gebietes, in dem das Eigenheim geplant wird. Das fängt mit der Luftqualität und dem regionalen Mikroklima an. Wichtig ist zudem – je nach Bedarfslage – die Anbindung an öffentliche Verkehrsmittel oder an eine Autobahn. Geachtet werden sollte auf die Lärmbelastung der Umgebung. Zuviel absehbarer Lärm im anvisierten Baugebiet, beispielsweise durch die Nähe eines Flughafens oder einer Industrieanlage, sollte vermieden werden. Auch die Bebauungsdichte ist ein Kriterium. Wie viel „gefühlten" Platz will man haben, wie viel Enge zum Nachbarn kann man „ertragen"?

Für Familien oder Alleinerziehende mit Kindern ist die Nähe zu Kindergärten und Schulen wichtig. Läden, Einkaufsmöglichkeiten, Treffpunkte, Cafés und Lokale können ausschlaggebend für die Umgebungsentscheidung sein.

Schließlich ist „das Ansehen" eines Gebietes ein nicht zu unterschätzender Faktor. In fast jeder Stadt gibt es Gegenden, in denen man nicht unbedingt wohnen möchte. Wer in eine neue Stadt oder Gemeinde zieht, sollte sich unbedingt über das Image der einzelnen Stadt- oder Ortsteile erkundigen. Die soziale Zusammensetzung der Bevölkerung im eigenen Wohnviertel kann bedeutenden Einfluss auf die Wohnqualität haben.

3.3.3 Größe

Die Grundstücksgröße

Ein Grundstück muss ausreichend Platz für das den Wünschen der Bauherren entsprechende Eigenheim bereithalten. Ein Bauplatz von 450 Quadratmetern, der für ein kompaktes Haus Raum bietet, ist für einen großzügigen Bungalow mit Garten ungeeignet. Ein durchschnittliches Einfamilienhaus mit einer Wohnfläche von 120 bis 150 Quadratmetern passt auf die meisten angebotenen Grundstücke. Auf dem Markt sind Gelände verschiedener Größe verfügbar: Sowohl kleinere Parzellen bis 450 Quadratmeter als auch Grundstücke mit mehreren Tausend Quadratmetern kann man erwerben.

Der Platzbedarf, den Bauherren bei der Auswahl des Grundstückes zu berücksichtigen haben, hängt vom gewünschten Grundriss, der Anzahl der Geschosse und der Nutzfläche ab. Die Rahmenbedingungen setzt der Bebauungsplan, der Geschossflächenzahl, Grundflächenzahl und Baulinien festsetzt.

Zu beachten sind vorgeschriebene Abstandsflächen zu angrenzenden Grundstücken. Der Mindestabstand, der nur in Ausnahmefällen für Gartenhäuschen oder ähnliches unterschritten werden darf, beträgt gemessen ab der Außenwand drei Meter. Gartenflächen und Außenanlagen, sowie Garagen oder Parkplätze benötigen

zusätzlichen Raum. Ein Grundstück, das Platz für alle genannten Besonderheiten hat, sollte mehr als 500 Quadratmeter umfassen. Die Größe allein ist aber nicht entscheidend: Der Zuschnitt, die Breite und Tiefe der bebaubaren Fläche müssen stimmen. Kleine Grundstücke verlangen von Bauherren und Hausplanern Einschränkungen und eine geschickte Grundrissplanung.

3.3.4 Potenzial als Bauplatz

**Das Potenzial des
Grundstückes als Bauplatz**

Die Rahmenbedingungen setzt der für die Parzelle geltende Bebauungsplan, der mal mehr und mal weniger Individualität zulässt. Er basiert auf dem so genannten „Flächennutzungsplan" und zeigt die überbaubaren Bereiche, Grün- und Freiflächen, Straßen und Wege sowie Lage und Anzahl möglicher Stellplätze für Fahrzeuge. Dazu kommen Angaben zur Geschossanzahl, zur maximalen Höhe der Bebauung und zu von den Kommunen festgelegten Sonderregelungen wie Ausrichtung, Form und Neigung des Daches oder Farbe und Beschaffenheit der Fassade.

> **Tipp:** Weihen Sie früh Fachleute in Ihre Hausbaupläne ein!
> Für den Laien kaum erkennbare rechtliche Fallstricke lauern an allen Ecken des Hausbau-Prozesses. Bebauungspläne können einen Strich durch die hochfliegenden architektonischen Träume machen. Wenn Sie rechtzeitig Fachleute mit Ihren Wünschen konfrontieren, werden Sie auch rechtzeitig auf Missverständnisse und Unklarheiten in Ihren Plänen hingewiesen.

Außerdem gibt es Richtlinien zur Energieversorgung, zu Baugrenzen und vorgeschriebene Baulinien. Ist kein Bebauungsplan vorhanden, kommt das Bauge-setzbuch zum Zuge: Die Vorgaben für das Eigenheim orientieren sich an der vorhandenen Bebauung. Hier gilt wie überall: Architekten und Fachberater der Fertighaushersteller helfen von der Grundstückssuche bis zur Hausplanung.

3.3.5 Bodenpreise

Der Preis

Deutschland ist ein dicht besiedeltes Land, verfügt aber über eine enorme Spreizung bei den Preisen für Bauland. Die Konditionen sind vor allem davon abhängig, ob es in der Region genug Wohnraum und Baugrundstücke gibt. In wirtschaftlich prosperierenden Räumen ist Bauland knapp und teuer. In Gebieten mit negativer Bevölkerungswanderungsbilanz liegen die Bodenpreise erheblich niedriger. Die Preisentwicklung folgt den Gesetzen von Angebot und Nachfrage. In Top-Lagen am Rand von Ballungsräumen explodieren die Preise für Bauparzellen mancherorts geradezu.

Dort übersteigt die Anzahl der Bewerber und Kaufinteressierten diejenige der verfügbaren Bauplätze bei weitem. Neben dem Preisanstieg resultiert daraus eine zunehmende Konkurrenz um Parzellen in Regionen mit positiver Bevölkerungsentwicklung und wirtschaftlicher Dynamik. Insgesamt sind die Kommunen bei der Ausweisung neuer Baugebiete zurückhaltender geworden – nicht zuletzt wegen der rückläufigen Demographie.

Bauland für freistehende Ein- und Zweifamilienhäuser kostete 2008 in baureifem Zustand im Bundes-Durchschnitt 130 Euro pro Quadratmeter. Dieser Wert hat sich seit 1999 fast verdoppelt. Selbst der Rückgang der Baugenehmigungen zwischen 1999 und 2009 um fast zwei Drittel – in Folge der Abschaffung der Eigenheimzulage – hat nicht zu einer Marktberuhigung geführt.

Ost-West-Gefälle bei Preisen für Grundstücke

Die regionalen Preisunterschiede sind extrem und zeigen ein heterogenes Bild der bevorzugten Wohnräume in Deutschland. In Hamburg kostet baureifes Land im Schnitt fast 600 Euro, in einigen ostdeut-

schen Regionen liegt dieser Wert bei gerade einmal 30 Euro. Im Westen Deutschlands lagen die Preise 2009 im Durchschnitt bei 150 Euro pro baureifem Quadratmeter, im Osten gerade einmal bei knapp 50 Euro. Das liegt daran, dass viele Regionen in den neuen Bundesländern eine negative demographische Bilanz beklagen, weil junge Menschen wegen der besseren Chancen auf Beschäftigung in andere Teile Deutschlands abgewandert sind. Außerdem ist in Ostdeutschland aufgrund der dünneren Besiedlung Bauland in ausreichendem Umfang verfügbar. Rechnet man Berlin zu Ostdeutschland hinzu, erhöht sich dort der Durchschnittspreis für einen baureifen Quadratmeter auf mehr als 75 Euro.

Die Preise für Baugrundstücke richten sich nach der Marktdynamik. Die Landkreise und kreisfreien Städte ermitteln aber Bodenrichtwerte oder Bodenpreisindizes. Das sind aus amtlichen Kaufpreissammlungen abgeleitete Durchschnittswerte, die als Grundlage für die ortsgebundene Bestimmung des Wertes von Grundstücken dienen. Verantwortlich dafür sind Gutachterausschüsse der örtlichen Katasterämter. Sie geben Auskunft über ihre Ergebnisse, die meist im Internet veröffentlicht werden.

Viele Länder erhöhen die Grunderwerbsteuer

Zu dem Kaufpreis des Grundstückes kommt die Grunderwerbsteuer, deren Höhe seit 2006 von den Bundesländern festgelegt wird und mindestens bei 3,5 Prozent der im Kaufvertrag festgelegten Gegenleistung liegt, also der Kaufsumme und eventuellen weiteren Aufwendungen im Zuge des Kaufes. Länder planen aufgrund leerer Kassen eine Erhöhung des Steuersatzes. In Brandenburg werden seit Anfang 2011 fünf Prozent Grunderwerbsteuer erhoben, Schleswig-Holstein plant dies ab 2012, Nordrhein-Westfalen will nachziehen. Die Beurkundung durch den Notar schlägt mit etwa 1,5 Prozent der Kaufsumme zu Buche.

Erschließungs- und Nebenkosten des Grundstücks

Zum Grundstückspreis hinzuzurechnen sind die Erschließungskosten und die Kosten für die Herrichtung des Geländes als Bauland. Nur ein erschlossenes und „baureifes" Gelände ist bebaubar. Der Anschluss an das öffentliche Versorgungsnetz und die Verkehrsinfrastruktur muss gewährleistet sein. Unterschieden wird zwischen der verkehrsmäßigen und der technischen Erschließung. Letztere betrifft die Anschlüsse an das öffentliche Versorgungs- und Entsorgungsnetz, also die Kanalisation (Abwasser, Regenwasser) und die Energieversorgung (Strom- oder Gasleitungen). Die verkehrsmäßige Erschließung meint die Anbindung an Zufahrtswege und Straßen. Sind die Hausanschlusskosten nicht im Grundstückspreis enthalten, zahlt der Bauherr für die öffentliche Erschließung. Die private Erschließung, also die Anschlüsse auf dem Grundstück selbst, muss er sowieso im Zuge des Hausbaus umsetzen.

> **Tipp:** Fragen Sie nach den Erschließungskosten!
> Das Bauamt gibt Ihnen Auskunft darüber, ob es „rückständige", also noch offene Erschließungskosten gibt, oder ob in absehbarer Zeit weitere Erschließungskosten anfallen könnten.

Unter Herrichtungskosten versteht man die Kosten, die zum Beispiel die Entsorgung von Altlasten oder des Bewuchses betreffen. Müssen etwa Bäume gefällt werden, lässt sich ein bürokratisches Genehmigungsverfahren nach der örtlichen Baumsatzung nicht vermeiden. Weitere Nebenkosten können daraus entstehen, dass alte Wegerechte an Nachbarn vergeben sind, die vor dem Hausbau abgelöst werden müssen. Bei Grundstücken, die bisher nicht vermessen sind, muss dies nachgeholt werden.

Ein Bodengutachten schützt vor bösen Überraschungen

Zur Überprüfung, ob sich ein Grundstück als Bauplatz eignet und ob Einschränkungen zu beachten sind, wird im Normalfall ein Bodengutachten oder Baugrundgutachten herangezogen. So kann man ausschließen, dass das Grundwasser sehr hoch steht oder der Boden Feuchtigkeit nur schlecht aufnimmt. Auch die Tragfähigkeit des Grunds und Schwierigkeiten durch Gestein werden identifiziert. Das Gutachten schließt mit einer Beurteilung und einer Empfehlung zur sicheren Bebauung. Es entscheidet unter anderem darüber, welches Fundament für das Haus angelegt werden muss.

3.3.6 Grundstückskauf

Wie man ein Grundstück erwirbt

Ist ein passendes Grundstück gefunden, muss geprüft werden, ob und zu welchen Konditionen es zu erwerben ist. Falls sich der Bauplatz in privatem Besitz befindet, kann man Verhandlungen mit dem Eigentümer aufnehmen. Ist das Grundstück in kommunalem Besitz, also etwa bei neu ausgewiesenen Baugebieten, kann man sich beim zuständigen Bau- oder Liegenschaftsamt als Interessent vormerken lassen oder bewerben. Dort erhält man Informationen der von der Kommune festgelegten Vergaberichtlinien, also der Kriterien für die Rangfolge, in der Interessenten als Käufer in Betracht gezogen werden. Meist werden Ortsansässige als Erwerber von kommunalen Grundstücken bevorzugt, insbesondere dann, wenn sie Kinder haben oder ihre Familienphase mutmaßlich noch bevorsteht. Vertreter der Städte und Gemeinden führen meist im Vorfeld der Entscheidung mit allen Bewerbern Gespräche, um sich einen Eindruck von den Hausbauern in spe zu verschaffen. Um die Seriosität ihres Anliegens zu belegen, müssen die Kaufinteressenten in der Regel ein verbindliches Kaufvertragsangebot unterschreiben. Außerdem müssen sie ihr Finanzierungskonzept vorlegen. Die letzte Entscheidung fällt der Stadt- oder Gemeinderat. Mit dem Kauf des Grundstücks ist die Verpflichtung zum Hausbau verbunden.

Damit soll verhindert werden, dass die Parzelle brach liegen und die Bebauung lückenhaft bleibt. Außerdem muss der Käufer meist das Haus mindestens zehn Jahre lang selbst bewohnen, bevor er es veräußern oder vermieten darf. Kommt es schließlich zum Erwerb des Grundstückes, wird üblicherweise eine Grundschuld auf das Grundstück in das Grundbuch eingetragen. Einige Kommunen gewähren jungen Familien Preisnachlässe für Grundstücke, um sie an sich zu binden und ihnen einen Hausbau zu ermöglichen. Sie sichern den Kommunen Finanzkraft, weil üblicherweise die steuerlichen Zuweisungen der Länder von der Einwohnerzahl bestimmt werden. Oftmals ist eine kommunale Förderung an die Höhe des Einkommens der Baufamilie gekoppelt.

> **Tipp:** Informieren Sie sich über lokale und regionale Fördermittel!
> Eine umfassende Recherche ist im Internet unter der Adresse www.aktion-eigenheim.de möglich.

Der Grundstückskauf

Ein Grundstückskauf wird mit einem zwingend vom Notar zu beurkundenden Kaufvertrag abgeschlossen. Im Vertrag werden unter anderem der Preis, die Gewährleistung und die Erschließungskosten geregelt und notariell beurkundet. Alle Vereinbarungen werden schriftlich getroffen, mündliche Nebenabreden gelten nicht. Eine so genannte „Auflassungsvormerkung" im Grundbuch sichert, dass das Eigentum tatsächlich an den Käufer übergeht und er dort bauen darf. Käufer und Verkäufer vereinbaren verbindlich die Übereignung des Grundstückes.

Die Auflassungsvormerkung und der ordnungsgemäße Eintrag ins Grundbuch sind Voraussetzung dafür, dass die Kaufsumme über ein Treuhandkonto des Notars, das sogenannte „Notaranderkonto", ausgezahlt wird. Der Notar hat die Verpflichtung, beide Vertragspartner so zu beraten, dass ein rechtssicherer Vertrag zustande kommt.

> **Tipp:** Bereiten Sie den Notartermin gründlich vor!
> Eine genaue Prüfung des Kaufvertrages ist Pflicht, um guten Gewissens den Grundstückskaufvertrag zu unterzeichnen. Beispielsweise sollte der Grundbucheintrag zu dem Bauplatz überprüft werden. Fachliteratur hilft dabei, die wichtigsten Fragen vor dem Notartermin zu klären.

3.4 Bauen mit starkem Partner: Der sichere Weg ins Fertighaus

3.4.1 Einführung

Die meisten Bauherren vertrauen bei ihrem Hausbau auf die Hilfe von Fachleuten – und das mit gutem Grund. Zwar kann man den größten Teil eines Hausbaus – abgesehen von den bauordnungsrechtlichen Fragen bei der Beantragung einer Baugenehmigung – theoretisch auf eigene Faust in Angriff nehmen. Ein Hausbau ist aber ein komplexer Vorgang. Man muss Baumaterial beschaffen, Arbeitskräfte organisieren, eine Finanzierung auf die Beine stellen und den Innenausbau von Haustechnik über Bodenbeläge bis hin zu Malerarbeiten realisieren. Spätestens bei Baustatik und Hausplanung sind Laien oder Halblaien mit ihrem Latein am Ende. Den Bauantrag selbst muss ein bauvorlageberechtigter Entwurfsverfasser, also zum Beispiel ein Architekt oder Bauingenieur, einreichen. Geregelt wird dies in der Bauordnung und der Bauvorlageverordnung der Länder.

Grund für die gesetzlichen Vorgaben ist vor allem der Schutzgedanke: Das Haus muss für seine Bewohner sicher und gefahrlos zu bewohnen sein. Niemand würde bestreiten, dass Statik und Brandschutz den gesetzlichen Vorgaben entsprechend ausgeführt sein müssen. Das Baugenehmigungsverfahren garantiert die hohe Qualität des Hausbaus in Deutschland und schließt aus, dass Häuser unsachgemäß errichtet werden. Bei einem Hausbau in Eigenregie drohen Risiken, angefangen von arbeitsrechtlichen Konsequenzen im Zuge der „Schwarzarbeit"-Problematik über Baumängel bis zu Nachteilen bei Gewährleistungen und Garantien. Stimmt die Qualität nicht, entstehen Folgekosten. Ist zum Beispiel die Dämmung nicht fachgerecht ausgestaltet, drohen Feuchteschäden und hohe Energiekosten.

Tipp: Suchen Sie Ihren Hausbau-Partner frühzeitig aus!
Gute Ratschläge von Freunden und Familie, angelesenes Bauherrenwissen und Nachbarschaftshilfe sind hilfreich, können aber beim Hausbau kein Spezialunternehmen ersetzen. Jeder Fehler bei der Hausplanung oder auf der Baustelle ist teuer. Legen Sie deshalb übertriebene „Do-it-yourself"-Träume ad acta und verwenden Sie Ihre Energie darauf, ein seriöses und erfahrenes Bauunternehmen für den Eigenheimbau zu finden.

Was ist die Konsequenz daraus? Der Hausbau liegt in Deutschland im Normalfall in Händen eines Fachunternehmens. Der Bauherr beauftragt in einem Werkvertrag ein Unternehmen, dieses führt die Bauleistungen aus oder organisiert ihre

Durchführung. Es schuldet die vertraglich bestimmte Leistung und geht Gewährleistungspflichten ein, die im Bürgerlichen Gesetzbuch (BGB) in den Paragraphen zu Werkverträgen geregelt sind.

3.4.2 Auswahl des Baupartners

Fertighaushersteller
sind Generalunternehmer

Bauherren können zwischen verschiedenen Modellen der Beauftragung eines Bauunternehmens wählen. Ein so genannter „Bauträger" verkauft Grundstück und Haus gemeinsam. Ein Bauunternehmen erstellt und verkauft nur das Haus. Vergibt das Unternehmen alle Ausführungsleistungen, handelt es sich um einen Generalübernehmer, der nur Koordinations- und Managementleistungen übernimmt und sich diese vergüten lässt. Ein Generalunternehmer hingegen erbringt alle Leistungen, die für den Bau des Hauses notwendig sind. Kurz: Ein Generalübernehmer delegiert und dirigiert den Hausbau, ist jedoch selbst nicht im eigentlichen Sinne ein Hausbauunternehmen. Ein Generalunternehmer baut das Haus mindestens weitgehend selbst.

Diese Variante, die für den Bauherrn viele Vorteile hat, ist im Fertigbau die Regel. Dort kommt meist alles aus einer Hand, die Hersteller erbringen alle Leistungen selbst. Das schließt nicht aus, dass einzelne Ausbaugewerke oder andere Leistungen an Nachunternehmen vergeben werden, die ausschließlich für die Hersteller tätig sind.

Insbesondere die Herstellung der Bauteile liegt in Händen von firmeneigenem Personal und wird vom Unternehmen selbst durchgeführt. Im Fertigbau sind die Planungsleistungen genauso wie die Produktion im Werk und die Montage im vereinbarten Leistungsumfang enthalten. Erd- und Kanalarbeiten werden ausgeschrieben.

Das Wichtigste jedoch ist: Die Unternehmen bleiben alleinige Vertragspartner der Bauherren, auch wenn sie Leistungen an Subunternehmen delegieren. „Alles aus einer Hand" – Das ist im Fertigbau kein Schlagwort, sondern Praxis. Dem entspricht, dass die Bauherren einen Ansprechpartner haben, der für Fragen rund um den Hausbau zur Verfügung steht. Für viele macht das einen wichtigen Teil der Anziehungskraft der Bauart aus.

An diesen Werten hat die Fertigbauindustrie ihr Angebot ausgerichtet. Die Hersteller bieten maßgeschneiderte Hausentwürfe und einen bauherrenfreundlichen Verkaufs- und Bauprozess. Auftraggeber profitieren von Fixpreis, festem Einzugsdatum und einer brancheneigenen Qualitätssicherung, die in der Bauwirtschaft einmalig ist. Ein eigener Kundendienst wartet die Eigenheime lange über deren Übergabe hinaus.

Partner Fertighaushersteller

Generell gilt: Wer mit kompetenter Unterstützung baut, der hat die Garantie, dass das Eigenheim hochwertig ist und langfristig seinen Wert behält. Gesucht wird ein verlässlicher Partner, in dessen Hände der Bauherr die größte Investition seines Lebens legen kann. Beste Voraussetzungen bringt ein Bauunternehmen dann mit, wenn es dreierlei bieten kann: Erfahrung, Vertrauenswürdigkeit und Fachkompetenz.

Bauherren stehen verschiedene Ausbaustufen zur Verfügung. Sie können ein schlüsselfertiges und bezugsfertiges Haus wählen oder ein Ausbauhaus in Eigenleistung vollenden. Von Finanzierungsberatung über Hausplanung bis zur Bauausführung übernehmen die Hersteller auf Wunsch alle Leistungen – oder geben Nachlässe für „Selbermacher".

Viele Unternehmen helfen bei Bedarf bei der Grundstückssuche. Die Fachberater und Projektbetreuer halten Kontakt zu

Banken und regionalen Akteuren aus der Bauwirtschaft, den sie in oft jahrelanger Zusammenarbeit aufgebaut haben. Fachleute helfen bei der Vorbereitung des Bauantrags, Entwurfsverfasser aus den Unternehmen oder Vertragsarchitekten erstellen die notwendigen Zeichnungen und Berechnungen.

> **Tipp:** Sprechen Sie bei der Grundstückssuche einen Fertighaus-Fachberater an! Fachberater hören „das Gras wachsen" und kennen „Hinz und Kunz". Wer von ihren Kontakten profitieren will, der muss sich frühzeitig an sie wenden. Deshalb sollten Sie schon den Dialog mit Fachberatern der Fertighaushersteller suchen, wenn Sie mit Ihren Hausbauplänen erst „schwanger gehen".

Wer Tradition hat, hat Erfahrung

Die Mitgliedsunternehmen des Bundesverbandes Deutscher Fertigbau (BDF) sind meist traditionsreiche Familienunternehmen. Viele bauen seit Generationen Eigenheime. Allein seit 1989 sind in Deutschland mehr als 400.000 Häuser in Fertigbauweise von den Hausherstellern im Bundesverband Deutscher Fertigbau (BDF) errichtet worden.

Wer Qualität sichert, kann sie garantieren

Aus diesem Jahr datiert auch die Geburtsstunde der Qualitätsgemeinschaft Deutscher Fertigbau (QDF). Ihre Satzung regelt von der Qualität der verwendeten Materialien bis zu den energetischen Anforderungen an die Bauteile alle wichtigen Faktoren für die Qualität des Hauses und des Bauprozesses.

Ein Ombudsmann vermittelt in den seltenen Streitfällen zwischen Hersteller und Bauherr. Die Erfahrung lehrt, dass die meisten Konflikte auf diesem Weg ausgeräumt werden können.

Wer Beschäftigte weiterbildet, hebt den Branchen-Standard

Fertighäuser sind qualitätsgesicherte Eigenheime. Damit der hohe Standard permanent erhalten bleibt, hat die Branche eine Fortbildungseinrichtung gegründet: Die BDF Akademie. Dort bringen Experten die Beschäftigten auf den neuesten Stand des Branchenwissens. Von Fachberatern über Bauingenieure bis zu Montagefachkräften bilden sich alle weiter – unter

Anleitung von erfahrenen Lehrkräften aus der Fertigbaubranche. In der Akademie werden auch Fachberater ausgebildet. Für Subunternehmer, die für Fertighaushersteller arbeiten, gibt es spezielle Schulungen. Einmal im Jahr veranstaltet der Bundesverband Deutscher Fertigbau (BDF) eine Technikertagung. Dort beraten Fachleute aus Unternehmen und Wissenschaft über aktuelle Branchenthemen wie neue Möglichkeiten der Energieeinsparung oder technische Neuerungen in der Fertigung.

Auswahl des Fertighausanbieters

Es gibt kein Patentrezept für die Auswahl des richtigen Partners im Fertighausbau. Wer sich für eines der 43 Mitgliedsunternehmen der Qualitätsgemeinschaft Deutscher Fertigbau (QDF) entscheidet, kann sich darauf verlassen, dass er ein qualitätsgesichertes Haus von einem geprüften Hersteller mit heimischer Fertigung erwirbt. Darüber hinaus unterliegt die Wahl des „richtigen Anbieters" dem eigenen Geschmack, architektonischen Vorlieben und der stimmigen Chemie zwischen Bauherrenwünschen und der Unternehmensphilosophie des Hausherstellers.

Der Verkaufsprozess im Fertigbau lädt dazu ein, sich in Ruhe zu informieren und die Unternehmen und ihre Leistungspalette kennen zu lernen. Eine Schlüsselrolle dabei spielt der Besuch in einer Musterhausausstellung. Die meisten Bauherren

knüpfen hier Kontakt zu ihren späteren Hausbau-Partnern.

> **Tipp:** Besuchen Sie eine Musterhausausstellung in Ihrer Nähe!
> „Drum prüfe, wer sich ewig bindet": Ganz so lang hält die Ehe zwischen Bauherr und Hausbauunternehmen vielleicht nicht unbedingt. Dennoch sollten Sie sich für die Auswahl Ihres Baupartners Zeit nehmen und das Unternehmen kennen lernen – am besten bei einem Besuch von Musterhäusern. Dort zeigt der Hersteller, was er kann.

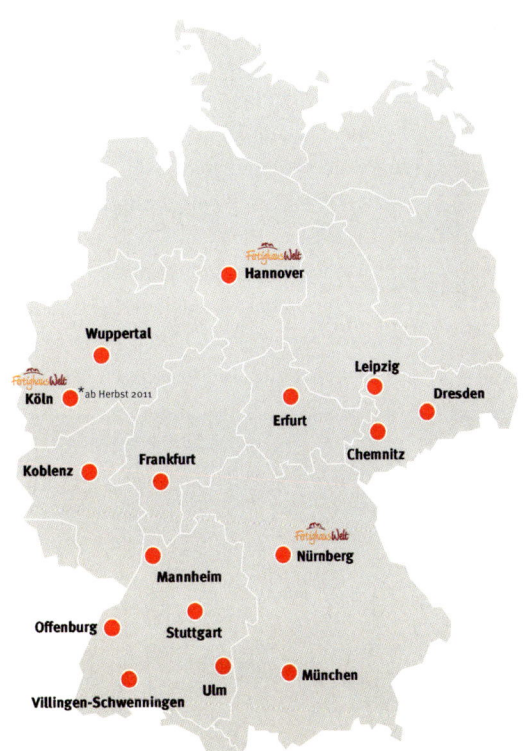

Exkurs: Der Besuch einer Musterhausausstellung

Musterhäuser bieten eine Orientierungshilfe für den Hausbau. Der Entwurf des neuen Hauses existiert nicht nur auf dem Papier oder im Kopf der Bauherren, sondern steht begehbar und in Originalgröße vor ihnen. Man kann sich alle Details in Ruhe ansehen und ein Raumgefühl bekommen – gemeinsam mit der Familie, mit Freunden oder Bekannten. Weitere Vorteile: Hausausstellungen zeigen einen Querschnitt der Bauformen und ermöglichen den Vergleich der Anbieter. Der Besuch einer Hausausstellung ist insofern Pflichtprogramm für jeden Bauinteressenten.

In Deutschland gibt es von Norden bis Süden 16 große Musterhausausstellungen, die das ganze Jahr über geöffnet haben. Die Hauptbesuchstage liegen am Wochenende: Samstags und sonntags nutzen besonders viele Bauinteressierte die Möglichkeit, einen Ausflug mit eingebauter Informationsgarantie zu machen. Ein Besuch an einem Wochentag hat den Vorteil, dass alle Beteiligten aufgrund des geringeren Publikumsverkehrs mehr Zeit und Ruhe haben. Zu beachten sind die jeweiligen Öffnungszeiten: Viele Ausstellungen haben am Montag und Dienstag geschlossen.

Die meisten Hausausstellungen verfügen über einen Kinderspielplatz und eine Caféteria. Sie erheben keinen oder nur einen geringen Eintrittspreis. Beim Betreten erhalten Gäste Faltblätter oder Kataloge, in denen die Ausstellung und die einzelnen Musterhäuser vorgestellt werden. Die modernsten Ausstellungen sind die FertighausWelten in Hannover und Nürnberg. Dort stehen ausschließlich energieeffiziente Holz-Fertighäuser.

Neben den Hausausstellungen können Bauinteressierte mehr als 500 allein stehende Musterhäuser besichtigen. Die Häuser sind dabei nur Beispiele für die Haus-Entwürfe. Was tatsächlich verwirklicht wird, entscheidet der Bauherr – nach Beratung durch einen Architekten. Auch Kundenhäuser öffnen gelegentlich ihre Türen für Besucher. Alle Anschriften und Kontaktdaten stehen im kostenlosen Musterhaus-Verzeichnis des Bundesverbandes Deutscher Fertigbau (BDF), das im Internet unter der Adresse www.bdf-ev.de verfügbar ist. Das Original im Maßstab Eins zu Eins sagt mehr als jede Zeichnung.

Vor dem Besuch der Ausstellung

Fachzeitschriften und die Publikumspresse versorgen den Häuslebauer mit Informationen rund um die Bauweise. Lehrreiches fin-

det man in Bautagebüchern und Diskussionsforen im Netz. Dort berichten Bauherren und Hausbesitzer von ihren Erfahrungen beim Hausbau. Im Internet erfährt man alles Wissenswerte über die Ausstellungen. Die Internetseite www.fertighauswelt.de informiert über Öffnungszeiten, Eintrittspreise, Anfahrt und Parkmöglichkeiten. Ist die Hausausstellung in der Nähe des Wohnortes gefunden, geht es an die Planung des Besuches. Wer möchte, kann eine Vorauswahl treffen, welche Musterhäuser besichtigt werden sollen. Ihre Beschreibung mit Bildern, Exposé und Grundrissen steht ebenfalls auf www.fertighauswelt.de. Dort findet man auch die Kontaktdaten der Fachberater. Soll der Ausstellungsbesuch am stark frequentierten Wochenende stattfinden und möchte man ein längeres Gespräch führen, sollte man einen Termin abmachen.

Eine Verabredung ist aber keine Voraussetzung für einen Besuch! Im Gegenteil: Im Normalfall schlendern Bauinteressierte bei ihrem ersten Besuch durch die Ausstellung und besichtigen verschiedene Häuser. Oft kommt der Wunsch nach einem zweiten Besuch auf, diesmal gezielt in einem bestimmten Musterhaus und verbunden mit einem längeren Beratungsgespräch. In den FertighausWelten Hannover und Nürnberg berechtigt die Eintrittskarte zum Wiederkommen: Der zweite Besuch ist kostenlos.

Während des Ausstellungsbesuches

Für die Besichtigung sollte man Zeit mitbringen. Für einen ersten Überblick reichen ein paar Stunden; soll jedoch gezielt gesucht und vielleicht eine Entscheidung für den Eintritt in einen Beratungsprozess gefällt werden, empfiehlt sich ein kompletter Tag. Befragungen in Hausausstellungen haben ergeben, dass die Besuchszeit im Durchschnitt zweieinhalb Stunden umfasst.

Bei der Hausbesichtigung ist nur eine Regel zu beachten: Anfassen ist erlaubt! Ansonsten sollte man sich von Neugier treiben lassen. Für Fragen stehen Fachberater zur Verfügung. Sind diese nicht gerade im intensiven Gespräch, sollte man sie ohne Scheu ansprechen. Sind die ersten grundlegenden Fragen geklärt, ist es sinnvoll, schriftliches Informationsmaterial mitzunehmen. Vielleicht tun sich während des Schmökerns in den Unterlagen noch Fragen auf, die während der Besichtigung nicht in den Sinn gekommen sind.

Deshalb ist es gut, wenn man sich von seinem Gesprächspartner eine Visitenkarte geben lässt. Dann kann in einem späteren Telefonat oder persönlichen Gespräch auf das erste Treffen Bezug genommen werden.

Die Toiletten in Musterhäusern sind nicht für die öffentliche Nutzung gedacht. WCs und Wickelräume befinden sich im Empfangsgebäude der Ausstellung.

3.4.3 Der Beratungsprozess im Fertigbau

Sowohl dieses „erste Kennenlernen" als auch der Verlauf des Beratungsprozesses sind naturgemäß von Fall zu Fall, von Unternehmen zu Unternehmen unterschiedlich. Das erste Gespräch kann eine kurze Begegnung sein oder sich – wenn die

Bauinteressierten bereits detaillierte Vorstellungen mitbringen – konkret auf das gesuchte „Traumhaus" beziehen. Manche Besucher einer Musterhausausstellung haben sich gedanklich schon für einen Hausbau entschieden, andere sind noch unentschlossen. Wieder andere nähern sich überhaupt erstmals und vorsichtig dem Thema. In einer Hausausstellung finden sie alle, was sie suchen. Wer seine finanziellen Möglichkeiten vor Augen hat und ein Grundstück besitzt, dem kann entsprechend früher ein maßgeschnei-

dertes Angebot vorgelegt werden. Geht es um ein behutsames Herantasten an den Eigenheimbau, steht zunächst ein staunendes Erkunden der Musterhäuser und ein erstes Anklopfen bei den Fachberatern auf dem Programm. Besucher streifen durch die eingerichteten Beispielhäuser, die eine mögliche Variante eines Haus-Entwurfes zeigen.

2010 haben mehr als 400.000 Besucher den Weg in eine der 15 großen Fertighausausstellungen gefunden. Sie sind so unterschiedlich wie die architektonische Vielfalt der Ausstellungshäuser: Von jungen Paaren mit und ohne Kinder bis zu Senioren sind alle Altersstufen vertreten.

Tipp: Sprechen Sie Fachberater in den Musterhausausstellungen an!
Der Weg in die eigenen vier Wände beginnt mit einem ersten Schritt. Deshalb sollten Sie möglichst früh das Gespräch mit den Fachberatern suchen. Natürlich können Sie sich beim ersten Besuch einer Musterhausausstellung zunächst einmal orientieren. Die Erfahrung lehrt aber, dass Fachberater unkompliziert und schnell die aufkommenden Fragen klären können.

Der Ablauf eines Beratungsprozesses im Fertigbau ist von Anbieter zu Anbieter in den Einzelheiten verschieden und hängt nicht zuletzt von den Wünschen der Bauherren ab. Dennoch gibt es Gemeinsamkeiten. Fünf Schritte umfasst der idealtypische Weg zum Fertighaus: Die Kontaktaufnahme, die Angebotserstellung, den Vertragsabschluss, das Bauantragsgespräch und die Bemusterung.

3.4.3.1 Kontaktaufnahme

Schritt 1: Die Kontaktaufnahme

Die Kontaktaufnahme erfolgt klassischerweise in einem Musterhaus des Hausherstellers. Viele Bauherren in spe gehen gezielt dorthin und suchen das Gespräch mit dem Fachberater. Andere entscheiden sich spontan nach einem Rundgang durch das Haus dafür, den Fachberater anzusprechen. So oder so: Fachberater stehen bereit und haben ein offenes Ohr. Ein Zwang zum Beratungsgespräch besteht natürlich nicht: Ein Informationsbesuch in einer Musterhausausstellung ist unverbindlich. Die Gäste schnuppern ohne Druck in die Welt des Hausbaus hinein.

Orientierung im Internet

Dem Besuch im Musterhaus geht oft eine Orientierungsphase voraus. Viele Bauinteressierte recherchieren im Internet oder bestellen dort Informationsbroschüren. Dabei handelt es sich nicht um „Bestell-Kataloge", sondern um Hefte, in denen Haus-Entwürfe mit Bildern und Grundrissen vorgestellt werden. Wer seine persönlichen Daten in ein online-Formular auf den Homepages der Anbieter einträgt,

wird auf Wunsch telefonisch kontaktiert. Bauherr und Fachberater vereinbaren einen persönlichen Termin – in einem Musterhaus oder in der heimischen Wohnung.

> **Tipp:** Nutzen Sie Internet-Blogs zur Information über den Hausbau!
> Viele Bauherren berichten „live" von ihrem Hausbau, stellen Berichte von Gesprächen mit Fachberatern, Bilder, Formulare oder Behördenschreiben ins Netz. Blogs sind heute die vielleicht authentischste Informationsquelle über den Hausbau. Die Hersteller bieten auf ihren

Internetseiten Kundenstimmen und Links zu Bauherren-Tagebüchern an.

Meist mündet der erste Kontakt in ein etwa halbstündiges, eher informelles Gespräch. Bauherr und Fachberater lernen sich kennen. Wichtig ist, dass die Chemie zwischen beiden stimmt: Schließlich ist der Fachberater bis zum Ende der Planungsphase und darüber hinaus Ansprechpartner. Im Mittelpunkt stehen Wünsche und Bedürfnisse der Bauherren: Welche Architektur spricht sie an? Welcher Grundriss kommt in Frage? Gibt es bereits Vorstellungen zur Heiztechnik? Und nicht zuletzt: Wie viel Geld kann der Bauherr investieren? Ein Musterhaus vermittelt einen Eindruck vom Wohnen in einem Fertighaus: Eine Führung zeigt einen möglichen Grundriss und eine beispielhafte Innenausstattung. Ist das Interesse

des Bauherrn geweckt, wird am Ende des Kurzbesuches ein Folgetermin vereinbart.

3.4.3.2 Planungsgespräch und Hausangebot

Schritt 2: Die Angebotserstellung

Beim zweiten Gespräch – und bei jedem weiteren Termin – nehmen sich Fachberater und Bauinteressierte mehr Zeit füreinander. Schließlich möchten beide Seiten konkreter werden. Die Bauherren wollen wissen, wie ihr Eigenheim aussehen könnte und mit welchem finanziellen Rahmen sie rechnen und planen können; der Fachberater möchte seinen Besuchern baldmöglichst ein konkretes Angebot vorlegen. Das so genannte „Zweitge-

spräch" kann mehrere Stunden dauern - und zu einem echten Planungsgespräch werden. Auf Wunsch des Bauherrn geht es ans „Eingemachte". Welcher Hausentwurf kommt in Frage? Wie könnte ein Grundriss aussehen? Falls ein Grundstück vorhanden ist, wird geklärt, was der Bebauungsplan zulässt und ob Einschränkungen bei Dachneigung oder Höhe des Hauses zu beachten sind. Angesprochen wird auch, welche Haustechnik das Budget hergibt und ob Fördermittel beantragt werden können. Nun beginnt das Rechnen – was den Hauspreis betrifft und welchen energetischen Standard das geplante Eigenheim erreichen kann und soll – um möglicherweise Darlehen und Tilgungszuschuss der KfW einplanen zu können.

Bei Energieeffizienz locken Fördermittel

Der energetische Standard hängt von der Hauskonstruktion, der Wärmedämmung und der Haustechnik ab. Umweltfreundliche Wärmepumpen oder die Nutzung von Sonnenenergie sparen auf lange Sicht im Vergleich zur Nutzung von fossilen Energieträgern Geld. Bauherr und Fachberater wägen das Für und Wider ab, vergleichen Investitionen und langfristige Einsparungen, besprechen Verbrauch und Leistungsfähigkeit von Heizungssystemen oder Warmwasserbereitung. Die Anlagen für die Haustechnik werden meist schon an dieser Stelle bestimmt und finden Eingang in das Hausangebot.

Wichtiger Gesprächsgegenstand sind die Leistungsbeschreibungen zu den Haus-Entwürfen. Dort wird alles aufgeführt, was im Hauspreis an Material und Leistungen enthalten ist. Das betrifft die Wand- und Deckenelemente und die Dacheindeckung genauso wie die Hauselektrik, Fliesen, Armaturen und andere Ausstattungselemente. Die Hersteller haben zu ihrem Angebot nicht nur Grundrisse und Bilder parat, sondern auch Beschreibungen von Wandaufbau, Konstruktion und Einrichtungsstandard. Zu Haus-Entwürfen gibt es vielfach mehrere Leistungsbeschreibungen, je nachdem, ob das Eigenheim schlüsselfertig oder als Ausbauhaus erworben werden soll. Im letzteren Fall fallen einige Leistungen oder Ausstattungsmerkmale weg, die der Bauherr in Eigenregie übernimmt oder beschafft. Wer will, kann sich die Standards vorab im Bemusterungszentrum des Herstellers anschauen – bei der so genannten „Vorbemusterung". Das hilft bei der Einschätzung, welche Ausstattung den eigenen Ansprüchen entspricht. Außerdem erhält man einen Eindruck davon, wie viele Entscheidungen nach Vertragsabschluss noch zu treffen sind.

Das Hausbauunternehmen kennen lernen

Spätestens im Zweitgespräch geht es für den Bauherrn auch darum, das Hausbauunternehmen näher kennen zu lernen. Schließlich möchte man denjenigen, dem man eine große Investition in die Hände legt, nicht nur oberflächlich kennen, sondern in- und auswendig. Der Fachberater ist das Gesicht des Unternehmens gegenüber dem Kunden und weiß entsprechend viel über „seinen" Hersteller zu berichten. Fragen nach Firmenphilosophie und Hausbau-Tradition sollten Standard im „Kennlern-Programm" sein.

Tipp: Besuchen Sie ihren Hausbau-Partner in spe!
Hat der Fertighaushersteller seinen Sitz in der Nähe? Sind Sie neugierig auf Ihren Hausbau-Partner in spe oder haben Sie bereits eine Vorentscheidung getrof-

fen? Dann spricht nichts dagegen, Werk und Bemusterungszentrum einen Besuch abzustatten. Viele Informationen zur Firmengeschichte, zum Hausangebot, zu Werksführungen und Musterhauseröffnungen finden Sie auf den Internet-Seiten der Unternehmen. Eine Liste mit Links zu den Hausherstellern im Bundesverband Deutscher Fertigbau (BDF) steht unter www.fertighauswelt.de.

Gerade in der Anfangsphase des Beratungsprozesses haben Bauherren oft Kontakt zu mehreren Fachberatern und verschiedenen Hausherstellern. Viele entscheiden sich bald dafür, sich nur mit einer Seite weiter auf den Weg zum Hausbau zu machen. Andere lassen sich von verschiedener Seite Offerten geben, um Preise und Leistungen vergleichen zu können. Früher oder später lässt sich eine Entscheidung nicht mehr aufschieben. Letztlich bleibt es jedem selbst überlassen, mit welcher „Strategie" er vorgeht. Fachberater machen die Erfahrung, dass Bauherren schnell ein Gefühl dafür entwickeln, mit welchem Anbieter sie bauen wollen. Voraussetzung ist, dass der Haushersteller mit seinen Konzepten oder guter Beratung die Grundlage dafür schafft. Für den Bauherrn stellt sich irgendwann die Frage, wem er sein Vertrauen schenken möchte – schließlich möchte er auf seinem Weg in die eigenen vier Wände vorankommen.

Wie vergleicht man Leistungsbeschreibungen?

Bauinteressierte, die verschiedene Angebote eingeholt haben, beklagen manchmal, dass ein Vergleich von verschiedenen Leistungs- und Ausstattungsbeschreibungen der Anbieter kaum möglich sei. Eine exakte Gegenüberstellung ist tatsächlich aufwändig, weil es keine Muster oder gar gesetzliche Vorschriften dafür gibt, wie eine solche Beschreibung aussehen muss. Eine Hilfe können die einschlägigen Ratgeber-Broschüren von Verbraucherschutzverbänden wie dem Bauherren-Schutzbund sein.

Der Vergleich von Häusern ist grundsätzlich schwierig. Sie sind nun einmal individuell. Die Hersteller setzen bei Bauweise, Konstruktion, Architektur und Ausstattung unterschiedliche Akzente. Persönliches Empfinden und das „Bauchgefühl" lassen sich nicht in tabellarische Vergleiche pressen – und geben letztlich den Ausschlag.

Tipp: Nutzen Sie PC-Hilfen zum Vergleich von Bau- und Leistungsbeschreibungen! Im Handel können Sie Fachliteratur erwerben, mit der eine CD-Rom geliefert wird, die spezielle Programme und Dateien für den Vergleich von Leistungsbeschreibungen im Hausbau bereithalten.

Fachberater beherrschen die Kunst des Zusammenfassens. Sie haben einen Blick für das Machbare und sind erfahren darin, passende Hausangebote mit Blick auf die Bauherren, die vor ihnen sitzen, maßzuschneidern – auf ihre Bedürfnisse und Möglichkeiten bezogen.

Ein Hausangebot mit Zeichnungen und Leistungsbeschreibung

Nun liegt es an Ausdauer und Entschlussfreudigkeit auf beiden Seiten, ob ein drittes oder viertes Beratungsgespräch stattfindet, bevor der Fachberater den Bauherren vorschlägt, ein konkretes Hausangebot zu erstellen. Gibt es noch Gesprächsbedarf, können weitere Termine anberaumt werden. So oder so: Am Ende von erfolgreich verlaufenen Beratungsgesprächen steht ein Angebot, das die Ergebnisse der bisherigen Gespräche aufnimmt.

Ein Hausangebot ist ein konkreter Hausbau-Vorschlag mit Zeichnungen und Darstellungen eines Hausentwurfes und einer detaillierten Leistungsbeschreibung. In das Angebot fließen die vorliegenden grundstücksbezogenen Informationen ein. Es wird den Bauinteressierten nach Hause geschickt oder im Beratungsgespräch überreicht. Die Bauherren können die Offerte nun auf Herz und Nieren prüfen und mit Familie, Freunden oder fachlichem Beistand diskutieren. Sie haben jetzt ein Bild vor Augen, wie das Haus aussehen könnte – und welche Kosten auf sie zukommen. Besteht ernsthaftes Interesse an dem Angebot und werden beide Seiten schließlich einig, steht dem Abschluss eines Hausbauvertrages nichts mehr im Wege.

3.4.3.3 Vertragsabschluss

Schritt 3: Der Vertragsabschluss

Die deutsche Fertigbauindustrie setzt bewusst auf Transparenz. Bauherren können alle Bestandteile der vertraglichen Vereinbarungen mit nach Hause nehmen und prüfen – zum Beispiel mit juristischem Beistand. Die Verträge der Hersteller werden von Bauexperten aufgesetzt und sind dem Grundsatz der Klarheit verpflichtet. Dazu gehört, dass der Fachberater ohne Druck den Vertrag mit den Bauherren durchgeht und erläutert.

Über Hausbau-Verträge gibt es ganze Buchregale voll mit Abhandlungen und Fachliteratur. Die Vereinbarung ist schon aufgrund der hohen Summe, die dort als Werklohn festgelegt wird, ein wichtiges Schriftstück. Es versteht sich von selbst, dass alle Seiten das Vertragswerk gründlich prüfen.

Bauherren müssen nicht notgedrungen externes juristisches Know-How in Anspruch

nehmen, sondern können beispielsweise auf die einschlägigen Ratgeber von Verbraucherschutzverbänden zurückgreifen. In den meisten Fällen können offene Fragen gemeinsam mit dem Fachberater schnell geklärt werden. Grundsätzlich sollte der Vertrag mindestens folgende Bestandteile haben: eine Kauf- und Liefervereinbarung, die Bau- und Leistungsbeschreibung mit Sonderwünschen der Bauherren, technische Merkblätter, alle Planungsunterlagen und die dem Vertrag zugrunde liegenden Allgemeinen Geschäftsbedingungen.

Ein Bauvertrag ist ein Werkvertrag

Beim Hauskauf wird kein Kaufvertrag abgeschlossen, sondern ein Werkvertrag nach dem Bürgerlichen Gesetzbuch (§§ 631 ff. BGB). Das ist ein privatrechtlicher Vertrag, in dem sich ein Werkersteller (das Hausbauunternehmen) verpflichtet, dem Besteller (der Bauherr) gegen einen vereinbarten Werklohn (der Hauspreis) eine Leistung (das Erstellen des Hauses) zur Verfügung zu stellen. Ein Bauwerk als unbewegliche Sache unterliegt nicht dem Kaufrecht, wie es bei beweglichen Gütern üblich ist. Im Werkvertrag werden Auftraggeber und Auftragnehmer genannt, das Bauvorhaben samt Beschreibung und Adresse des Grundstücks. Herzstück ist die Bau- und Leistungsbeschreibung, die in der Liste der Vertragsbestandteile oben steht. Außerdem gehört die Vergütung, die Art der Abnahme, ein Zahlungsplan nach Baufortschritt, Vereinbarungen zu Versicherungen, Terminen, Fristen, Vertragsstrafen, Sonderwünschen und den auszuhändigenden Unterlagen in das Schriftstück.

Einige Hersteller richten ihre Verträge am Teil B der VOB (Vergabe- und Vertragsordnung für Bauleistungen, Teil B) aus. Diese ist kein Gesetz und keine Verordnung, sondern regelt die Vergabe öffentlicher Bauaufträge und muss für solche jeweils in den Vertrag aufgenommen werden. Private Bauherren können die Einbeziehung der VOB in den Vertrag festschreiben lassen. Der Teil B „Allgemeine Vertragsbedingungen für die Ausführung von Bauleistungen" listet Vertragsbedingungen für Bauverträge auf. Bezieht sich der Hausbauvertrag auf die VOB, so werden die Bestimmungen dort wie Allgemeine Geschäftsbedingungen im Bürgerlichen Gesetzbuch gehandhabt. Häufig werden die Allgemeinen Geschäftsbedingungen des Hausherstellers als Vertragsgrundlage vereinbart

VOB oder BGB?

Der Nachteil eines Werkvertrages als Hausbauvertrag ist, dass die Regelungen nach dem Bürgerlichen Gesetzbuch (BGB) sich nicht konkret auf die Fragen beziehen, die im Zuge eines Hausbaus auftreten. Die Fachwelt bezweifelt allerdings, dass die 18 Paragraphen der VOB, die auch Regelungen zur Bauabnahme oder zu Vertragsänderungen beinhalten, eine bessere Rechtsbasis sind. In der Praxis sind Verträge nach dem BGB heute – spätestens seit dem Ende der sogenannten „Privilegierung der VOB" – die von allen Seiten bevorzugte Variante.

Fachberater und die Unternehmen im Fertigbau legen Wert darauf, niemanden zum überhasteten Vertragsabschluss zu drängen. Das führt nur zu Konflikten, Fehlplanungen und zu Nachteilen für beide Seiten. Der Vertrag muss sorgfältig gestaltet werden, Änderungswünsche der Bauherren werden besprochen und gegebenenfalls aufgenommen. Nach Unterschrift der Bauherren wird das Schriftstück gültig, wenn es vom Unternehmen geprüft und rechtsverbindlich bestätigt wurde.

Vorbehalte und Rücktrittsrecht

Der Vertrag regelt alle relevanten Punkte eindeutig. Dazu gehört, dass Bauherren sich für den Fall absichern können, dass sie das Haus aufgrund von unvorhersehbaren Ereignissen nicht erwerben können oder wollen. Dazu werden so genannte „Vorbehaltsklauseln" in den Vertrag aufgenommen, zum Beispiel, weil die Finanzierung noch nicht endgültig gesichert oder das Grundstück noch nicht im Besitz des Bestellers ist. Diese Vorbehalte müssen zwingend schriftlich fixiert werden. Sie regeln, unter welchen Bedingungen der Vertrag in Kraft tritt.

Nach dem Bürgerlichen Gesetzbuch sind Gewährleistung und Rücktrittsrechte geregelt. Grob gesagt kann der Besteller den Vertrag vorläufig jederzeit kündigen, muss aber den vereinbarten Preis abzüglich der noch zu verhindernden Aufwendungen des beauftragten Unternehmens erstatten. In der Kauf- und Liefervereinbarung wird in der Regel ein kostenfreies Rücktrittsrecht festgelegt. Dort werden Hauspreis, Fristen und Termine aufgenommen.

Die Bau- und Leistungsbeschreibung setzt den Standard

Die Bau- und Leistungsbeschreibung legt ausführlich alle Unternehmensleistungen fest und beschreibt Hauskonstruktion, Materialien und Ausstattung. Dazu zählen technische Kenndaten wie Dämmwerte und Schallschutzeigenschaften. Die Leistungsbeschreibung umfasst in der Regel die Definition der Leistungen in Bezug auf Wände, Decken, Fassade, Dach, Fenster, Türen, Fensterbänke, Rollladen, Sanitäranschlüsse, Sanitäranlagen, Heizungssystem, Elektroinstallation, Bodenbeläge und Malerarbeiten – jeweils bezogen auf den gewählten Hausentwurf.

Bauherren und Verbraucherschützer beklagen, dass Bau- und Leistungsbeschreibungen in der gesamten Bauwirtschaft oft lückenhaft seien. Der Bundesverband Deutscher Fertigbau (BDF) hat in der Initiative „Kostengünstig qualitätsbewusst bauen" des Bundesbauministeriums mitgewirkt. Das Gremium hat Mindestbedingungen an Bau- und Leistungsbeschreibungen entwickelt, die 2003 veröffentlicht worden sind. Die dort beschriebene Richtschnur ist Maßstab für die deutschen Fertighaushersteller. Demnach sollten Leistungsbeschreibungen Angaben zu Planung und Bauleitung, zum energetischen Standard und zu Schallschutz-Kennzahlen, zur Herrichtung des Grundstücks, zu Bauvorbereitung, Hauskonstruktion und Haustechnik, sowie zur Abnahme des Bauwerks enthalten.

Der Hauspreis richtet sich nach dem gewünschten Standard

Zu Missverständnissen kommt es immer wieder bei der Beurteilung des im Vertrag festgeschriebenen Hauspreises. Dieser bezieht sich auf die gewünschte Ausstattung, die in der Leistungsbeschreibung definiert ist. Das vereinbarte Entgelt, der Werklohn, berücksichtigt alle bis zu diesem Zeitpunkt dem Bauunternehmen und dem Bauherrn bekannten Informationen über das Haus, seine Innenausstattung und das Grundstück. Werden im Verlauf der Planung keine Änderungen vorgenommen, gilt der Fixpreis unverändert. Erfahrungsgemäß können sich Abweichungen ergeben, vor allem im Zuge der baustellenbezogenen Feinplanung und der Bemusterung. Diese resultieren aus Änderungswünschen der Bauherren gegenüber dem vereinbarten Status-Quo. Nicht wenige davon werden technisch notwendig, zum Beispiel bei Änderungen am Grundriss.

Transparenz bei Bauherrenleistungen

Ein sensibles Thema ist die so genannte „Bauherrenleistung". Darunter versteht man alles, was der Bauherr zur Vor- und Nachbereitung der Baustelle selbst auszuführen oder zu veranlassen hat und nicht vom Hersteller übernommen wird.

Da die Häuser in der Regel ab Oberkante der Bodenplatte bzw. des Kellers angeboten werden, gehören der Aushub der Baustelle und das Erstellen des Fundamentes des Hauses zu den Bauherrenleistungen. Der Bauherr ist dafür verantwortlich, dass die Baustelle eingerichtet ist. Dazu gehören die Anfahrts- und Parkmöglichkeiten für

Lastkraftwagen und Baukräne, genügend Raum für Baumaschinen und Baustoffe, für Fahrzeuge und Baumaterialien, aber auch der Baustrom und ein Wasseranschluss, sowie die Sicherung der Baustelle. Bauherrenleistungen sind keine Eigenleistungen, sondern ergänzende Leistungen, die für die Hauserrichtung nötig sind. Zu organisieren ist zum Beispiel bei Erdwärmebohrungen die Entsorgung von Bohrgut und Bohrwasser. Auch Kosten für Planungsunterlagen, Behördenbescheide oder die Vermessung sind vom Bauherrn zu tragen und gehören zu den Baunebenkosten.

Für den Bauherrn ist entscheidend, dass er frühzeitig und vollständig darüber informiert wird, welche Bauherrenleistungen auf ihn zukommen. Diese sollten deshalb im Bauvertrag detailliert aufgeführt werden. Bauherren und Fachberater besprechen im Beratungsgespräch das Thema ausführlich, um Missverständnisse und Konflikte gar nicht erst entstehen zu lassen. Das wäre für beide Seiten unangenehm und würde die Zusammenarbeit und den reibungslosen Ablauf des Baus gefährden.

Tipp: Nutzen Sie die Erfahrungen anderer Bauherren!

Gerade beim Thema Bauherrenleistungen können Sie viel von denjenigen lernen, die ein Bauvorhaben erfolgreich abgeschlossen haben. Sprechen Sie Nachbarn und Freunde an, fragen Sie sie nach ihren Erfahrungen. In Blogs und Bautagebüchern im Internet schildern Bauherren, wie sie ihre Bauherrenleistungen organisieren.

Bei Bauherrenleistungen gilt die Faustregel: Ein Fertighaushersteller, der dem Branchenverband angehört, bürgt für bauherrenfreundliches Bauen ohne versteckte Bauherrenleistungen. Das Unternehmen unterliegt der Kontrolle der brancheneigenen Qualitätssicherung, die die Vertragsunterlagen regelmäßig prüft.

3.4.3.4 Bauantragsgespräch

Schritt 4: Das Bauantragsgespräch

Nach der Vertragsunterzeichnung nehmen Bauherr und Haushersteller in dem so genannten „Bauantragsgespräch", das auch als Architektengespräch bezeichnet wird, den Bauantrag in Angriff. Die Baugenehmigung, die auf Basis der jeweils geltenden Landesbauordnung von der unteren Bauaufsichtsbehörde erteilt wird, ist die wichtigste bürokratische Hürde vor dem Hausbau.

Grundstücksbezogene Feinplanung mit Architekt

Zu dem Planungsgespräch treffen sich Bauherr und der Architekt, im Musterhaus oder zuhause bei dem Bauherrn. In vielen Fällen sind Fachberater zumindest zeitweise an dem Gespräch beteiligt. In dem mehrstündigen Treffen nimmt das Haus konkret Gestalt an: es wird auf das Grundstück ausgerichtet, der Grundriss der Geschosse wird festgelegt. Meist beginnt die Planung damit, dass die Lage des Hauses auf dem Grundstück besprochen wird. Diese ist vor allem abhängig von der Bodenbeschaffenheit, der Grundstücksgröße und der Form des Bauplatzes, den vorgeschriebenen Abstandsflächen und der Ausrichtung zur Sonne. Anschließend wird der Grundriss aufgetragen und die Position und Größe von Fenstern und Türen in den Geschossen bzw. im Keller bestimmt. Auch ein Treppenhaus wird eingeplant. Abhängig von den Vorstellungen der Bauherren zur Raumnutzung und der Einrichtung werden Versorgungsanschlüsse für die Küche, das Badezimmer oder Telekommunikationsanlagen vorgesehen.

Grundlage des Planungsgespräches sind alle Unterlagen, die für die Hausplanung relevant sind: unter anderem ein Lageplan vom Katasteramt, eine Kopie des Bebauungsplanes und der Kanalplan. Meist wird ein grundstücksbezogenes Bodengutachten herangezogen. So erkennt man frühzeitig die Besonderheiten des Untergrunds – und kann sie berücksichtigen.

Die Studie gibt Hinweise darauf, welche Art von Fundament und Bodenplatte geeignet ist.

> Tipp: Erstellen Sie vor dem Planungsgespräch Zeichnungen!
> Bereiten Sie das Planungsgespräch intensiv vor. Eigene Zeichnungen vom Grundriss und der möglichen Einrichtung erleichtern die Planung. Im Vorfeld sollte mit dem Architekten abgesprochen werden, welche Unterlagen von Behörden besorgt werden müssen.

Das Architektengespräch beginnt oder endet mit einem Besuch auf dem Grundstück – um sich Ideen für die anstehenden Planungen zu holen oder sich das soeben gedanklich geplante Haus auf dem Bauplatz vorzustellen. Nicht selten werden die Ausmaße des Hauses dazu grob abgesteckt.

Der Haushersteller bereitet
den Bauantrag vor

Kurz darauf erhält der Bauherr die Vorab-
züge der Hausplanung in Form von Zeichnungen zur Prüfung. Noch sind Änderungen möglich. Nach Freigabe der Pläne
durch die Unterschrift bereitet der Architekt oder der Bauingenieur des Haushers-
stellers den Bauantrag vor. Er fungiert
als bauvorlageberechtigter Entwurfsverfasser gemäß den Landesbauordnungen
und verantwortet die Zeichnungen und
Berechnungen im Bauantrag. Der Antrag
wird von den Bauherren unterschrieben

und beim Bauamt eingereicht. Nun heißt
es warten: Die Bearbeitung nimmt je nach
Behörde und Art des Verfahrens einige
Wochen bis Monate in Anspruch.

Normalerweise können Wohnbauten wie
Ein- und Zweifamilienhäuser mindestens
im vereinfachten Genehmigungsverfahren behandelt werden. Dieses soll bei
vollständig vorliegenden Unterlagen in
sechs Wochen abgeschlossen sein, kann
jedoch auch mehr Zeit brauchen. Werden
keine Abweichungen vom Bebauungsplan
beantragt und hat die betreffende Kommune ein Baugenehmigungsverfahren
nicht zwingend vorgeschrieben, gilt die so
genannte „Genehmigungsfreistellung".
Der Bauherr muss zwar einen vollständigen Bauantrag einreichen, dieser wird
aber baurechtlich nicht mehr geprüft.
Die inhaltliche Verantwortlichkeit liegt in
diesem Fall stärker auf den Schultern des
Entwurfsverfassers. Folgt nicht innerhalb
von vier Wochen ein Einspruch der Behörde, kann mit dem Bau begonnen werden.

Ist die Baugenehmigung erteilt, folgt der
letzte Schritt der Hausplanung: Die Bemusterung.

3.4.3.5 Bemusterung

Schritt 5: Die Bemusterung

Die Bemusterung gilt bei Bauherren als ein besonderer Termin: Ihr schlüsselfertiges Haus nimmt von außen und innen endgültig Gestalt an. An einem oder zwei Tagen müssen sie vor allem Entscheidungen zur Innenausstattung fällen. Für viele bedeutet das die Qual der Wahl gleich dutzendfach. Das ist zwar anstrengend, steigert aber die Vorfreude auf das Eigenheim. Schließlich ist die Bemusterung die letzte Etappe vor der Hausproduktion.

Die Bemusterung orientiert sich an der Leistungsbeschreibung im Bauvertrag und dem dort festgelegten Ausstattungsstandard. Im Unterschied zur Situation vor dem Vertragsabschluss liegt nun die grundstücksbezogene Feinplanung vor, der Grundriss steht fest, Treppenhaus, Fenster und Türen sind positioniert. Jetzt geht es an die Auswahl der Innenausstattung und um die Fassadengestaltung.

Tausend Fragen an zwei Tagen

Die Bemusterung dauert mindestens einen Tag lang, meistens jedoch zwei Tage, manchmal sogar länger. Sie findet im firmeneigenen Bemusterungszentrum des Hausherstellers statt. Dieses kann man sich wie ein Einrichtungshaus vorstellen, in dem von Dachziegeln bis zu Badezimmerarmaturen alles mit dem Hausbau verbundene Zubehör für Dach, Fassade und Innenausstattung präsentiert wird. Bauherren können die verschiedenen Varianten in Ruhe begutachten und ausprobieren. Unterstützung bekommen sie von Beratern. Mit der Erfahrung von vielen Bemusterungen leiten sie die Bauherren an und fungieren als Ratgeber. Von der Farbe und Form der Dachziegel über die Gestaltung der Fassade und die Auswahl der richtigen Fenster bis hin zu den Armaturen des Badezimmers, den Böden und Bodenbelägen, den Türen und den Treppen gibt es eine Menge zu entscheiden. Die Bauherren wählen von der Hausnummer bis hin zu Lichtschaltern und Steckdosen die komplette Ausstattung aus. Die Entscheidung für die Komponenten der Haustechnik, zum Beispiel die Gastherme oder die Wärmepumpe, wurde bereits in der Planungsphase und vor dem Bauantrag gefällt. Viele Haushersteller planen und liefern auch Küchen.

Alle Entscheidungen kommen ins Bemusterungsprotokoll

Im Rahmen des vereinbarten Standards wählen Bauherren zwischen unterschiedlichen Anbietern und Designs aus. Sie müssen beispielsweise beim Waschbecken nicht zwingend ein bestimmtes Fabrikat nehmen, sondern haben Alternativen. Sie können sich für höherwertige Ausführungen entscheiden; der Preis wird dann entsprechend angepasst. Dieser so genannten „Aufbemusterung" steht die „Abbemusterung" gegenüber: Natürlich kann man einer einfacheren Variante als in der Leistungsbeschreibung vereinbart den Vorzug geben. Im Laufe der Bemusterung ergibt sich aus vielen einzelnen Einsparungen oder Mehraufwendungen ein positiver oder negativer Saldo. Alle Entscheidungen werden in einem Protokoll festgehalten, das Dutzende Seiten umfasst und alle Preise für die einzelnen Ausstattungsteile auflistet.

Eine Bemusterung ist für Bauherren aufregend und anstrengend zugleich. Die Haushersteller laden die Bauherren bei weiterer Anreise normalerweise zu einer Übernachtung in einem Hotel in der Nähe des Bemusterungszentrums ein – damit diese ausgeruht in den „Tag der Entscheidungen" gehen. Das Angebot kennen viele schon von der Vorbemusterung, als sie sich einen Überblick über die Ausstattungsauswahl ihres Hausherstellers gemacht haben.

Gut geplant ist halb bemustert

Die Unternehmen empfehlen ihren Kunden eine intensive Vorbereitung auf die Bemusterung. Wenn die Bauherren eine Checkliste erstellt haben, auf der ihre speziellen Wünsche an die Ausstattung aufgelistet sind, dann können die einzelnen Stationen der Bemusterung zügiger angesteuert werden.

Die gängigste Form der Vorbereitung ist, dass anhand des Grundrisses geplant wird. Wer weiß, wo welche Möbel stehen, wo Unterhaltungselektronik und Telekommunikation ihren Platz haben sollen, der kann Türen, Bodenbeläge oder Wandverkleidungen passend dazu auswählen. Auch die Positionierung der Lichtquellen, sowie die Anzahl der Steckdosen und Schalter sollte bedacht werden.

Wo die gewählten Ausstattungsteile von dem Standard der Leistungsbeschreibung abweichen, wird dies vermerkt. Im Anschluss an die Bemusterung – und an eine Bedenkzeit – unterschreibt der Bauherr das Protokoll und macht seine Bestellung verbindlich. Eventuelle Mehr- oder Minderkosten werden in einem Zusatz zum Bauvertrag angehängt. Die Materialien werden bestellt, damit sie rechtzeitig bereitstehen. Fenster und Türen werden bereits im Werk in die Wandelemente eingebaut. Deren Vorfertigung kann nun in die Fertigungsplanung integriert werden. Die Bauherren halten bald eine Benachrichtigung in Händen: Auf dieser wird der Tag der Hauserrichtung mitgeteilt.

Die Hausplanung dauert nur wenige Monate

Mit der Bemusterung ist die Hausplanung abgeschlossen. Die Hauselemente werden – wenn die Finanzierungsbestätigung der Bank des Bauherren vorliegt – den Planungsunterlagen entsprechend und abgestimmt auf die gewählte Haustechnik und die Innenausstattung vorgefertigt und auf der Baustelle errichtet. Anschließend wird der Bau von innen und außen vervollständigt – entweder in wenigen Wochen als Leistung des Herstellers oder bei Ausbauhäusern ganz oder teilweise vom Bauherrn. Der gesamte Hausplanungsprozess von der Vertragsunterschrift bis zur Bemusterung benötigt nur wenige Monate – abhängig von der Entscheidungsfreudigkeit der Bauherren, von möglichen Änderungswünschen bei Feinplanung und Bemusterung, von der Schnelligkeit und Gründlichkeit der Bauämter. Und nicht zuletzt davon, wie bald ein Bemusterungstermin verfügbar ist. Herstellung und Ausbau gehen zügig vonstatten. Die Vorfertigung spart auf der Baustelle Zeit und macht den Fertigbau zur konkurrenzlos schnellen Art des Hausbaus.

3.5 Hausplanung: Von Grundriss über Architektur bis hin zu Haustechnik

3.5.1 Einführung

Hausplanung ist ein komplexes Metier. So individuell wie die Bauherren und ihre Bedürfnisse ist die Herangehensweise an die Frage: Wie soll das Eigenheim aussehen? Zwar werden Fertighäuser individuell geplant. Aber wie bei jedem Hausbau gibt es Faktoren, die Aussehen und Innenleben beeinflussen. Dazu gehört das Grundstück. Welche topographische Lage und welchen Zuschnitt hat es? Wie kann das Gebäude optimal zur Sonne ausgerichtet werden? Ein Bauplatz in Hanglage schafft andere Bauvoraussetzungen als eine ebene Fläche. Auch die Bodenbeschaffenheit spielt eine Rolle. Bei hohem

Grundwasserspiegel muss das Bauwerk aufwändiger geschützt werden.

Der Bauherr gibt den Takt vor

Taktgeber der Hausplanung sind die Bauherren. Die Beratung im Fertigbau zielt darauf, die Wünsche und Möglichkeiten des Häuslebauers so umzusetzen, dass er das für ihn passende Hausangebot bekommt. Der wichtigste Faktor zu Beginn der Hausplanung ist die finanzielle Leistungsfähigkeit der Bauherrn. Der Fertigbau bietet Häuser für jedes Portemonnaie: Große Häuser mit luxuriöser Ausstattung und kompakte Eigenheime, Mehrgeschos-

ser oder Bungalows, energiesparende Effizienzhäuser oder Häuser, die sich streng am gesetzlichen Mindeststandard orientieren. Wer mit einem schmalen Geldbeutel kalkulieren muss, für den sind Eigenleistungen ein Weg, ein Fertighaus zum erschwinglichen Preis zu erstehen. Bequemer und sicherer ist der Bau eines schlüsselfertigen Hauses. Der Bauunternehmer übernimmt den Hausbau komplett – und der Bauherr kann nach Abnahme einziehen. Die erste Weiche der Hausplanung ist die Alternative schlüsselfertiges Eigenheim oder Ausbauhaus.

3.5.2 Schlüsselfertig oder Ausbauhaus?

Schlüsselfertig oder Ausbauhaus?

Ohne Baustellen-Stress, Handwerker-Ärger und hohen Zeitaufwand einfach nur den Schlüssel zum Traumhaus entgegennehmen – und einziehen. Davon träumt wohl jeder Häuslebauer vor und spätestens während der Bauzeit. Die Fertighaushersteller bieten ihren Kunden genau das: Die schlüsselfertige Erstellung eines Eigenheimes. Damit ist gemeint, dass die Unternehmen alle Leistungen übernehmen – von Beratung über Planung, Produktion und Errichtung bis zum Innenausbau. Fachleute führen alle Schritte im Bauprozess firmenintern koordiniert aus. Alles kommt „aus einer Hand". Eine Schlüsselübergabe krönt die Bauabnahme, der

Bauherr und seine Familie ziehen ein. Der Begriff „schlüsselfertig" ist rechtlich nicht geschützt und uneinheitlich definiert – deshalb kann man Verschiedenes darunter verstehen. Vereinfacht ausgedrückt ist bei einem schlüsselfertigen Haus die Haushülle und der Ausbau von innen und außen mindestens weitgehend abgeschlossen. Es ist grundsätzlich bezugsreif und deshalb im Wortsinne „schlüsselfertig". Die Haustechnik ist installiert, die Bodenbeläge liegen, das Badezimmer ist funktionsfähig, die Versorgungsanschlüsse sind gelegt. Welche Leistungen der Bauherr vom Haushersteller erhält, geht aus der Bau- und Leistungsbeschreibung im Bauvertrag hervor.

Weniger Leistungen beim Ausbauhaus

Im Unterschied zum schlüsselfertigen Eigenheim ist das Ausbauhaus ein noch unvollendetes, aber bereits ausbaufertiges Fertighaus, das vom Bauherrn selbst bezugsfähig gemacht wird. Ein Fertighaus in einer Ausbauhaus-Stufe kostet entsprechend weniger. Auch hier vereinbaren Bauherr und Hersteller Leistungen. Im Unterschied zum schlüsselfertigen Haus werden weniger Leistungen in Auftrag gegeben.

Wer handwerklich begabt ist, kann Geld sparen, indem er Arbeiten selbst übernimmt. Der Haushersteller steuert eine Anleitung bei, welche Arbeitsschritte wie zu erfolgen haben.

Tipp: Fragen Sie Freunde und Bekannte verbindlich nach „Eigenleistungen"! Eigenleistung muss funktionieren. Schätzen Sie die handwerkliche Leistungsfähigkeit von Ihnen und den eingeplanten Helfern kritisch und ehrlich ein. Bitten Sie Ihre Helfer in spe darum, Ihnen erst nach reiflicher Überlegung verbindlich zuzusichern, welche Tätigkeiten sie ausführen können – und was sie dafür haben wollen. Malerarbeiten sind leichter auszuführen als Elektroinstallationen. Nicht unterschätzen darf man, dass Selbermachen länger dauert als der Einsatz von erfahrenen Fachkräften. Das verlängert die Bauzeit, man muss später einziehen und länger Miete zahlen. Auch das Risiko von „Pfusch am Bau" steigt, wenn Arbeiten von mehr oder weniger fachkundigen „Bauarbeitern" ausgeführt werden.

Der Bauherr kann frei entscheiden, wie viele und welche Leistungen er an sich ziehen möchte. Zwischen der Ausbaustufe „schlüsselfertig" und einem reinen Ausbauhaus können Zwischenstufen verabredet werden. Der Leistungskatalog wird dann – verglichen mit dem „Schlüsselfertig"-Standard – „ausgedünnt". In den meisten Fällen umfasst das Ausbauhaus mindestens eine wetterfeste und abschließbare Gebäudehülle mit bereits eingebauten Fenstern und Türen sowie dem Außenputz. Klassisches Betätigungsfeld der „Selbermacher" ist der Innenausbau.

Fazit: Das Ausbauhaus ist ein attraktives Angebot für Kunden, die entweder a) preisbewusst sind oder sein müssen, b) handwerklich begabt sind oder c) eine gute Portion „Do-it-yourself-Mentalität" mitbringen. Die Haushersteller haben für diese Klientel die passenden Häuser parat. Auch Ausbauhäuser sind hochwertig und unterliegen den gleichen Prüfbestimmungen der Branchen-Qualitätssicherung, die für ihre schlüsselfertigen Pendants gelten.

Exkurs: Was ist Wohnkomfort ?
Teil 2: Wohnungszufriedenheit

Von Ursula Geismann

Wohnkomfort und Wohlbefinden gehen Hand in Hand. Um sich „daheim" auch „zuhause" zu fühlen, müssen mindestens drei Bedingungen erfüllt sein. Und diese sind die „drei Zufriedenheiten": Die Wohnungsumgebungszufriedenheit, die Wohnungszufriedenheit und die Wohnungseinrichtungszufriedenheit.

Die Wohnungszufriedenheit wird von der Ausgestaltung der Wohnung bestimmt. Bei der Planung eines Neubaus sollte man auf folgende Punkte achten:

- Gewünschte Bausubstanz
- Größe

- Aufteilung und Grundriss
- Fensterqualität und -größe
- Fußboden
- Treppenhaus bzw. Aufzug
- Lichteinfall
- Besonnung
- Außenlärm und Innenlärm
- Terrasse, Balkon und Garten
- Altersgerechtheit oder Behindertengerechtheit
- Ausblick und Sichtschutz
- Lüftung und Feuchte
- Raumklima und Heizung

Im Fertigbau helfen Fachberater und Architekten, diese Faktoren in die Hausplanung einzubeziehen.

3.5.3 Grundrissplanung

Herzstück Grundrissplanung

Herzstück jeder Hausplanung ist die Bestimmung des Grundrisses. Im ersten Schritt berechnet man die maximale Wohnfläche und vergleicht diese mit dem Platzbedarf. Ein durchschnittliches Einfamilienhaus in Deutschland umfasst etwa 140 Quadratmeter Wohnfläche. Kompakte Häuser liegen manchmal weit unter diesem Wert, Mehrgenerationenhäuser sind meist größer.

Für die Wohnfläche gilt folgende Faustregel: Etwa 70 Prozent der Bruttogrundfläche sind Nutzfläche (Wohnen, Aufenthalt), der Rest ist für Funktion und Verkehr (Haustechnik, Flure) notwendig. Die Bruttogrundfläche ist die Gesamtfläche über alle Geschosse des Hauses. Sie hängt je nach Grundstück maßgeblich von Vorgaben im Bebauungsplan (Grundflächenzahl, Geschossflächenzahl) ab; auch Traufhöhe, Firsthöhe und Dachneigung spielen eine Rolle.

Die Grundrisse von Fertighäusern sind variabel. Architekten schneidern sie auf die Bedürfnisse der Bauherren maß. Ein Gestaltungskriterium ist die Anzahl der Bewohner, ein zweites ihr Lebensstil. Je nachdem, ob eine Familie mit Kindern, ein Paar, ein Single oder mehrere Generationen einziehen, ergeben sich von vornherein unterschiedliche Anforderungen an Aufteilung und Zuschnitt der Zimmer. Die persönliche Lebenssituation bestimmt deshalb den Verlauf des Gespräches zwischen Fachberater und Bauherr.

Lebensstil und Konfliktvermeidung

Der Raumbedarf und die Verteilung der Wohnfläche hängen davon ab, wer dort leben wird – und welche Zimmer in welcher Funktion benötigt werden. Kinder brauchen eigene Räume und eventuell ein Bad. Welche Rolle spielt die Küche für die Einziehenden? Ein leidenschaftlicher Hobbykoch mit Gourmet-Freundeskreis beantwortet diese Frage anders als eine Familie, die die Wohnfläche lieber in mehr Räume investieren wird.

Gerade bei mehreren Hausbewohnern geht es um Platz für Privatheit und Individualität. Wenn viele Personen unterschiedlicher Altersklassen zusammenleben, sind Konflikte vorprogrammiert. Während die Erwachsenen nach dem Arbeitstag Entspannung im Wohnzimmer suchen, blühen Kinder in den Abendstunden auf. Jugendliche brauchen Freiraum und Rückzugsgelegenheiten. Sind Kinder unterschiedlichen Alters im Haushalt, brauchen die älteren vielleicht Ruhe für Hausaufgaben, während die jüngeren sich nach Unterhaltung sehnen.

Viele Bauherren haben ihre Möbel „im Kopf", wenn sie den Grundriss planen. Gerade Erbstücke, Garnituren oder Schränke bekommen frühzeitig ihren Platz zugewiesen.

Küche und Wohnzimmer im Erdgeschoss

So verschieden die Grundrisse sein können, so viele Gemeinsamkeiten haben sie doch meist. Im Erdgeschoss haben im Normalfall der Wohn-Essbereich und die Küche ihren Platz, so wie ein WC. In der ersten Etage liegen die privaten Rückzugsräume für Eltern und Kinder sowie das Badezimmer. Gibt es ein Dachgeschoss, nutzt man es für Büro, Hobbyraum – oder als Rückzugsgebiet für Jugendliche mit eigenem Bad. Ein Trend bei Grundrissen geht hin zur Verschmelzung von Wohn- und Essbereich (offene Küche) im Erdgeschoss.

Tipp: Erstellen sie einen Wohnraum-Bedarfsplan!
Erfassen Sie in einem ersten Schritt die „Ist-Situation": Jeder Raum der derzeitigen Wohnung wird vermessen, der Verwendungszweck festgehalten. Überlegen Sie danach, für welches Zimmer und welche Alltagssituationen Sie künftig lieber mehr Raum hätten, oder ob Sie sich neue

Zimmer für einen anderen Zweck wünschen. Ob Hobbyraum, Lesezimmer oder Gästezimmer – finden Sie heraus, für welche Bedürfnisse Platz da sein soll. Denken Sie über mögliche Veränderungen Ihrer Lebenssituation nach: Wie sieht es mit der Familienplanung aus? Stehen berufliche Veränderungen an? Soll irgendwann die Elterngeneration einziehen?

Fassen Sie die Ergebnisse in einer Plus-Minus-Liste zusammen – Sie haben nun Anhaltspunkte für Ihre Raumplanung. Besondere Aufmerksamkeit verlangt die Planung von Kinderzimmern. Wenn der Nachwuchs noch klein ist, ist der Platzbedarf nicht allzu groß. Sobald die Kleinen wachsen, kommen die Eltern nicht an einem oder mehreren Kinderzimmern vorbei – vor allem, wenn es sich um Tochter und Sohn handelt. Wer die Räume flexibel gestaltet, schafft Zimmer mit Perspektive. Richtig geplant, können zwei kleine Zimmer durch Entfernen einer Wand in ein großes verwandelt werden. Sind die Kinder aus dem Haus, können die Räume geteilt und umfunktioniert werden – zu Büro oder Gästezimmer. Viele Baufamilien favorisieren ein zweites Bad; das erleichtert das Zusammenleben und verhindert „Schlachten" um die Badbenutzung.

Aus- und Umbau mitdenken

Egal, ob die Kinder später wieder einziehen oder die Großelterngeneration aufgenommen wird: Bei der Grundrissplanung

sollten Möglichkeiten des Umbaus und der Erweiterung mit ins Kalkül gezogen werden. Fertighäuser können leicht umgebaut werden. Nicht überall besitzen Wände eine tragende Funktion. Dachaufstockung oder ein Anbau sind nur zwei Möglichkeiten, auf Familienzuwachs oder veränderte Bedürfnisse zu reagieren. Die Konstruktionsweise lässt das ohne Weiteres zu. Die Flexibilität zahlt sich aus: Im Fertighaus ist die bauliche Trennung von

Zimmern als separates Appartement mit eigenem Eingang möglich. Wenn irgendwann zu viel Platz und zu wenig Geld da sein sollte, kann man die Zweitwohnung vermieten.

Der altersgerechte Grundriss

Der Gedanke scheint zwar weit weg: Aber zur Grundrissplanung gehört, über Pflege nachzudenken. Wenn in Erwägung gezogen wird, pflegebedürftige Eltern eines Tages zu holen, sollten Räumlichkeiten alterstauglich gestaltet werden. Barrierefrei gebaut werden sollten insbesondere der Eingangsbereich, die Wohnebene und Sanitäreinrichtungen. Bei der Planung des Treppenhauses kann vorsorglich Platz für einen Lift gelassen werden. Auch junge Bauherren altern. Wer flexible Räume entwirft, kann später komfortabler den Lebensabend zuhause verbringen.

Exkurs: Fallbeispiele zur Grundrissplanung

Ein Haus zu planen, heißt in die Zukunft blicken und zugleich die derzeitigen Wohnerfordernisse berücksichtigen. Die folgenden Fallbeispiele stehen exemplarisch für unterschiedliche Lebenssituationen.

Fallbeispiel „Junge Baufamilie":

Ein junges Ehepaar mit einem Kind plant weiteren Nachwuchs. Da sie mit mindestens zwei Kinderzimmern kalkulieren müssen, bietet es sich für sie an, die Räume so flexibel wie möglich zu gestalten. Indem sie leicht umzubauende Zwischenwände einsetzen, können sie diese zu gegebener Zeit vergrößern oder verkleinern. Sind die Kinder aus dem Haus, können die Räume in einen Wohnbereich für den Eigengebrauch oder zur Vermietung umfunktioniert werden.

Fallbeispiel „Mehrgenerationenhaus":

Eine Familie möchte drei Generationen im Haus vereinen. Das junge Paar bezieht die erste Etage, deren Eltern das Erdgeschoss. Der Nachwuchs soll später Zimmer unter dem Dach bewohnen. Das Erdgeschoss der Großeltern wird barrierefrei gestaltet, so dass sie auch im fortgeschrittenen Alter Räume und sanitäre Anlagen selbständig erreichen und nutzen können. Im ersten Stock werden zunächst zwei kleinere Kinderzimmer untergebracht. Im Teenie-

alter zieht das erste Kind in ein separates kleines Appartement ins Dachgeschoss. Der jüngere Spross bleibt im ersten Obergeschoss in einem großen Raum, der per Wanddurchbruch aus den zwei kleinen Zimmern entsteht.

Fallbeispiel „Paar":

Für Paare ohne Kinder bieten sich mehr Gestaltungsfreiheiten. Sie brauchen weniger Flexibilität in der Raumgestaltung und haben Platz für einen offenen Wohnbereich oder einen begehbaren Kleiderschrank. Beliebt sind Extras wie eine Saunalandschaft im Keller oder ein Atelier unterm Dach.

Fallbeispiel „Menschen im besten Alter":

Für Paare fortgeschrittenen Alters zählt Raum für ihre aktuellen Bedürfnisse, ohne eine alters- und „alterns"-gerechte Ausstattung aus dem Blick zu verlieren. Sie legen Wert auf einen barrierefreien Zugang zum Haus und zu den einzelnen Räumen sowie eine seniorengerechte Sanitärausstattung. Für den Besuch von Angehörigen oder Freunden stehen Gästezimmer oder gar eine Einliegerwohnung zur Verfügung.

3.5.4 Keller

Spätestens bei der Grundrissplanung stellt sich die Frage, ob mit einem Keller gebaut wird oder das Haus auf eine Bodenplatte gestellt werden soll. Für beide Varianten gibt es gute Gründe. Manchmal ist der Bau eines Kellers unumgänglich. Schon bei leichter Hanglage lässt es sich nicht vermeiden, dass ein Teil des Hauses „unter Tage" liegt. Normale Außenwände schützen das Haus nicht ausreichend gegen Kälte und Feuchtigkeit aus dem Erdreich. Ein Qualitätskeller macht außerdem eine sichere und dauerhafte Bebauung feuchter Grundstücke möglich.

Eine Bodenplatte kostet weniger als ein Keller. Ihr Preis liegt nach einer Musterrechnung der Initiative pro Keller etwa 300 Euro pro Quadratmeter unter dem eines Kellers. Dieser bietet Bauherren dafür vielfältige Nutzungsmöglichkeiten. Die Frage „Bodenplatte oder Keller?" wird nicht allein anhand finanzieller Argumente entschieden.

Keller sind vielseitig

Keller schaffen Platz. Sie sind Zentrale für Haustechnik, bieten Raum für Hobbys oder Büro, fungieren als Rückzugsort für Sport oder Wellness. Häufig werden sie als Wohnkeller genutzt – besonders dann, wenn in Hanglage Tageslicht einfällt oder direkter Zugang nach draußen besteht. Ein Fertigkeller kann unkompliziert umgewidmet werden: Diente der Raum zunächst als Hobbyraum, wandelt er sich zum Wohnraum oder wird für andere Zwecke „umgenutzt". Für die Grundrissplanung bedeutet ein Keller eine zusätzliche Etage auf gleicher Grundfläche, unabhängig von Bebauungsplan oder Konstruktion des Hauses. Ein Keller hilft, kompakte Bauplätze bestmöglich zu nutzen und maximalen Wohnraum auf kleiner Grundfläche bereitzustellen. Mehr Platz heißt mehr Lebensqualität. Wenn Refugien vorhanden sind, hat jeder mehr Raum für eigene Bedürfnisse und Lebensgewohnheiten. Wer sich nicht „auf der Pelle hockt", hat weniger Konflikte zu bestehen. Viele Bauherren wertschätzen, dass ein Keller den unbeliebten Abstellraum im Erdgeschoss überflüssig macht.

Fertigkeller und Fertighaus

Ein Fertigkeller ist die Ideallösung für Bauherren, die ein Fertighaus errichten und die Vorteile der Fertigbauweise kennen. Früher wurden Keller gemauert, heute werden sie zunehmend vorgefertigt. Fertigkeller sind aus wasserundurchlässigem Beton.

Sie stehen für kurze Bauzeit, Termintreue und Maßgenauigkeit. Meist bestehen sie aus vorgefertigten Hohlwänden, die auf der Baustelle mit Beton verfüllt werden. Sie können je nach Beschaffenheit des Erdreiches verschiedene Schutzschichten umfassen. Wie Fertighäuser werden auch Fertigkeller individuell geplant und im Werk vorgefertigt. Das Kellergeschoss wird auf die Statik des Hauses und die Bodenqualität ausgerichtet.

Das RAL-Gütezeichen Fertigkeller

Ähnlich wie im industriellen Fertighausbau haben die führenden Hersteller sich zu einer Qualitätsgemeinschaft zusammengeschlossen. Seit Anfang der 1980er Jahre setzt die Gütegemeinschaft Fertigkeller (GÜF) die Branchenstandards und vergibt ein anerkanntes Gütezeichen. Die Fertigkeller der fünf GÜF-Mitgliedsunternehmen sind qualitätsgesichert. Die Hersteller besitzen Erfahrungen aus mehr als 50.000 gebauten Kellern. Das „RAL-Gütezeichen Fertigkeller" wird für kontrollierte Qualität im Fertigkellerbau nach Prüfungen im Werk und auf der Baustelle für ein Jahr vergeben. Überwacht werden unter anderem der Fertigungsprozess, die Baumaterialien und der Service. Das Siegel muss man sich immer wieder „verdienen": Erst nach einer Prüfung des Unternehmens darf dieses weiter das Gütezeichen führen.

Die Mitgliedsunternehmen der Gütegemeinschaft Fertigkeller e.V.:

- Glatthaar Fertigkeller GmbH & Co. KG, Schramberg (www.glatthaar.com)
- Otto Knecht GmbH & Co. KG, Metzingen (www.knecht.de)
- Partnerbau Braun GmbH & Co. KG, Niederahr (www.partnerbau.de)
- Betonwerke Bürkle GmbH & Co. KG, Sasbach (www.buerkle-fertigkeller.de)
- MB Effizienzkeller GmbH & Co. KG, Frankenberg (www.mb-effizienzkeller.de)

Zahlreiche Haushersteller haben eine eigene Kellerproduktion und bieten ihren Kunden Keller und Eigenheim im Paket. Der Kellerbau ist Teil der vereinbarten Leistungen.

Keller wurden bis in die 1960er Jahre gemauert. Auf dem Grundstück wurde die Baugrube ausgeschachtet, dann die Bodenplatte aus noch flüssigem Beton auf eine schwere, wasserdichte Folie und Verschalung gegossen. Anschließend wurden die Wände Stein für Stein, aus Kalksandstein oder Ziegeln, auf die Bodenplatte gemauert. Das Verfahren war zeitaufwändig und hat Schwachstellen, die sich bis heute zeigen. Immer wieder kam und kommt es zu Maßdifferenzen durch Baufehler und zu Feuchtigkeitsschäden. Außerdem hat der Bauherr zwei Ansprechpartner, was die Bauabwicklung nicht erleichtert.

Anfang der 1970er Jahre waren die technischen Möglichkeiten der Vorfertigung so weit entwickelt, dass führende Baufirmen mit der Kellerproduktion im Werk beginnen konnten. Die Pioniere des Fertigkellers entwickelten eine vorgefertigte Keller-Dreifachwand. Diese leichte Hohlwand wurde auf der Baustelle fest auf die Bodenplatte montiert und erst danach mit Beton aufgefüllt. Eine Erfindung, die im Kellerbau eine Revolution auslöste.

1979 gründete sich der erste Arbeitskreis der Fertigkellerhersteller. Anfang der 1980er Jahre wurde die Abteilung „Fertigkeller" in der Studiengemeinschaft für Fertigbau angeregt. Aus ihr entstand 1987 die Gütegemeinschaft Fertigkeller. Eng verzahnt mit den Fertighausherstellern hat die Gütegemeinschaft Qualitätsstandards entwickelt, die Eins zu Eins auf Fertighäuser abgestimmt sind.

Statement von Hans Braun (Vorsitzender der Gütegemeinschaft Fertigkeller):

„Fertighaus und Fertigkeller gehören zusammen. Beide werden aus vorgefertigten Bauelementen in kurzer Zeit auf der Baustelle montiert. Kosten und Montagedatum werden mit dem Bauherrn verbindlich vereinbart. Wenn Haus- und Kellerhersteller kooperieren, ist von den Versorgungsanschlüssen über die Wärmedämmung bis zu den zeitlichen Abläufen alles optimal aufeinander abgestimmt. Für den Kunden ist diese Kombination bei Qualität und Service unschlagbar. Wir garantieren nicht nur für absolute Passgenauigkeit zwischen Haus und Keller, sondern auch für die Einhaltung des geforderten Energieeffizienz-Standards im Einklang mit den auf unseren Kellern errichteten Gebäuden."

Bauherren von Fertighäusern profitieren davon, dass Keller- und Haushersteller die Produktion der Keller- und Hausbauteile aufeinander abstimmen. Die Ähnlichkeiten in der Produktionsweise helfen, Anschlüsse und die Schnittstellen zwischen Keller und Erdgeschoss zu koordinieren. Die Vorfertigung garantiert auch im Kellerbau Maßgenauigkeit und plangetreue Ausführung.

Viel Raum – für Mehrkosten

Die Baukosten des Hauses mit Keller steigen um etwa 15 bis 20 Prozent an, das Untergeschoss vergrößert die Wohnnutzfläche jedoch um bis zu 30 Prozent. Nach Berechnungen der Initiative Pro Keller weist kein anderer Raum günstigere Quadratmeterpreise auf.

Keller steigern den Wiederverkaufswert

Ein Argument für einen Kellerbau ist die langfristige Wertentwicklung des Eigenheims. Häuser mit Keller lassen sich nach Untersuchungen später leichter und zu besseren Preisen verkaufen. Das ist das Ergebnis einer Studie des Freiburger DIA Consulting Marktforschungsinstitutes. Demnach schätzen 90 Prozent von mehr als 350 befragten Immobilien-Experten die Vermarktungschancen eines Bestands-Eigenheimes mit einer Unterkellerung als besser ein als ohne Keller.

Unter dem Strich steht: Hausbauer müssen für einen Keller tiefer in die Tasche greifen; dieser schafft aber zusätzlichen Raum, der die Grundrissplanung flexibler und die Wohnräume über Tage großzügiger macht. Außerdem trägt ein Qualitätskeller dazu bei, den Wert eines Hauses langfristig zu sichern.

Entscheiden sich Bauherren gegen einen Keller, waren meist die Kosten ausschlaggebend: Bei engem Budget verzichten sie auf das Untergeschoss, um zu sparen. Intelligente Lösungen machen es möglich, moderne Haustechnik bequem im Erdgeschoss unterzubringen. Das ersetzt eine der typischen Kellernutzungen.

3.5.5 Architektur

Fertighausarchitektur heißt Vielfalt

Nicht nur die Finanzen beeinflussen die Erwartungen der Häuslebauer an ihr Eigenheim. Mindestens genauso wichtig sind die Ansprüche an Aussehen und Ausstattung. Die Architektur soll Identität stiften und die Persönlichkeit der Bewohner widerspiegeln.

Ein Fertighaus wird individuell geplant

Immer wieder wird in diesem Zusammenhang ein Unterschied zwischen Architektenhäusern und Fertighäusern konstruiert. Aber auch Fertighäuser werden in der Regel individuell geplant, und zwar von einem Architekten. Dieser wird entweder vom Bauherrn benannt oder er wird vom Hersteller zur Verfügung gestellt. Er orientiert sich bei der Planung häufig an einem

Haus-Entwurf. Mit diesem gleichen die Bauherren ihre Vorstellungen ab. Ihre Änderungswünsche setzt der Architekt in die Pläne des zu bauenden Hauses um. Kurz: Ein Fertighaus wird individuell geplant und unterscheidet sich insoweit nicht von frei geplanten Architektenhäusern.

Der Holz-Fertigbau ermöglicht Architektur ohne Grenzen. Die Häuser sind fast ausschließlich Unikate. Das Vorurteil vom gleichförmigen „Haus von der Stange" ist lange widerlegt. Jedes Jahr kommen Tausende Stadtvillen, BAUHAUS-Entwürfe oder Bungalows als Gegenbeweise hinzu. Die Innenausstattung liegt in Händen des Bauherrn: Er entscheidet über Materialien, Farben, Design und Platzierung.

Klassische und moderne Architektur

Die Fertighaushersteller beherrschen die zeitgenössische und klassische Architektursprache. Sie realisieren Häuser in allen gängigen Architekturstilen: Bungalows, klassische Landhäuser, Luxusvillen, Häuser im BAUHAUS-Stil oder extravagante Designerhäuser. Die Geschmäcker sind verschieden. Wer sich zu welchem Architekturstil hingezogen fühlt, lässt sich weder berechnen noch in Raster pressen. Allerdings gibt es typische Stil-Kombinationen und Trends.

Trend zum Bungalow

Bungalows eignen sich ideal für barrierefreies Bauen. So entscheiden sich bevorzugt Bauherren im fortgeschrittenen Alter für diese Hausform. Der Vorteil der Eingeschosser ist das Wohnen auf einer Ebene. Sie lassen sich außerdem von innen flexibler gestalten, weil die Wände kein Gewicht eines Obergeschosses abtragen müssen. Ein Bungalow ist kein Familienhaus, sondern eher für Menschen nach der Familienphase attraktiv.

Moderne Solar-Architektur

Ein zweiter Trend ist die zunehmende Beliebtheit von Öko-Architektur. An der Fassade wird Holz gezeigt. Gerade Bauherren, die sich als „Umwelt-Avantgarde" verstehen, präsentieren den natürlichen Baustoff mit Stolz. Die Häuser sind in Sachen Energie oft Selbstversorger, sie nutzen erneuerbare Energien. Solar-Kollektoren fügen sich in die Formensprache ein und beeinflussen die Wahl der Dachform.

Das Comeback des BAUHAUS-Stils

Eine spezielle Domäne des Fertigbaus ist der wiederentdeckte BAUHAUS-Stil, ein Mega-Trend in der zeitgenössischen Architektur. Er geht auf den Architekten Walter Gropius zurück. Dieser schuf vor mehr als 80 Jahren die Grundlagen für das Bauen mit industriell vorgefertigten Bauelementen. Die prägenden Stilelemente des BAUHAUSES – kubische Formen, gerade Linien, funktionale Grundrisse – finden sich in vielen aktuellen Fertighäusern. Die Hersteller arbeiten mit Spitzen-Architekten zusammen und bieten ihren Kunden Haus-Entwürfe mit ausgefallenem Äußeren zur individuellen Planung an.

Fertighäuser sind Wandlungskünstler. Mit wenig Aufwand können Zwischenwände entfernt oder ergänzt werden. Die häufigsten Erweiterungen sind Dachausbau, Aufstockung und Anbau eines Gebäudeteils. Sie frischen auch das architektonische Gesicht des Hauses auf.

Einheitliche Dächer sind passé

Einen bedeutenden Beitrag zum Aussehen und zur Wirkung eines Hauses leistet das Dach. Hier kann man den Trend zu individuelleren Dachformen erkennen. Das klassische rote Satteldach bekommt zunehmend Konkurrenz. Im Kommen ist das Flachdach. Mit dem Comeback des BAUHAUS-Stils und seinen einfachen und klaren Formen kommt es wieder in Mode.

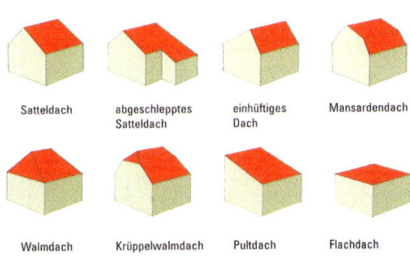

Satteldach   abgeschlepptes   einhüftiges   Mansardendach
             Satteldach   Dach

Walmdach   Krüppelwalmdach   Pultdach   Flachdach

Die Bandbreite möglicher Formen reicht von versetzten Pult- oder Schmetterlingsdächern bis zu modernen Walm- oder Satteldächern. Bauherren zeigen zunehmend Mut zur Farbe. So manche Bemusterung endet in dieser Frage mit einer überraschenden Entscheidung. Seit jeher schützt das Dach die darunter liegenden Wohnräume von menschlichen Behausungen. Die frühen sesshaften Menschen außerhalb von Höhlen suchten Schutz unter Konstruktionen aus Laub, Gras und Fellen. Auch die Bedeckungen der ersten Häuser bestanden aus Naturmaterialien wie Gras, Reet und Stroh. Erst später folgten Schindeln aus Holz. Von den Römern stammen die ersten Ziegel in Europa, die sie aus Ägypten und Griechenland mitbrachten. Im Laufe der Zeit wandelte sich das Dach zu einem Element der architektonischen Gestaltung. Seine Bedeutung für die Architektursprache steigt tendenziell an.

War früher das Dach nur Beiwerk, haben Bauherren seine architektonische Gestaltung und Funktionalität immer mehr in den Vordergrund gerückt. Ausgefallene Dachformen sind Ausdruck von individuellem Geschmack. Das Pultdach wurde früher in erster Linie für einfache Bauten wie Produktions- oder Lagerhallen genutzt. Mittlerweile hat es in der Eigenheimarchitektur seinen Platz gefunden. Es eignet sich, optimal zur Sonne ausgerichtet, beispielsweise für die Anbringung von Kollektoren für Solarthermie oder Photovoltaik-Anlagen. Außerdem können aus zusammengesetzten Pultdächern attraktive Dachformen kreiert werden. Die an der Sonnenseite durch die versetzte Bauweise gewonnene zusätzliche Wandfläche lässt Raum für Lichteinfall und sorgt für mehr Helligkeit. Das der Sonne zugewandte Pultdach kann für Solartechnik-Installationen genutzt werden.

Ausgefallene Optik

Das Schmetterlingsdach ähnelt dem gleichnamigen Insekt, wenn es seine Flügel ausbreitet. Die Dachform besteht aus zwei Dachflächen, die aufeinander zulaufen und sich mit leichtem Gefälle in der Mitte treffen. Dieses „umgekehrte Satteldach" verleiht eine elegante Optik. Besonders auf Stadthäusern mit quadratischem Grundriss

kommt die besondere Ästhetik zur Geltung. Außerdem fällt in die Räume im oberen Stockwerk mehr Licht als bei anderen Dachformen. Geeignet für quadratische Gebäudeformen ist auch das Flachdach, das seit einigen Jahren in Zusammenhang mit dem BAUHAUS-Stil wieder „in" ist. Es mutet modern an und ist aus dem Stadtbild nicht mehr wegzudenken. Es besticht durch Einfachheit und klare Form.

> **Tipp:** Prüfen Sie, ob die von Ihnen gewünschte Dachform realisierbar ist! Bebauungspläne enthalten in der Regel Angaben zu Dachform und -gestaltung. Wer frühzeitig mit dem Bauamt klärt, was geht und was nicht geht, erspart sich manche Träumerei oder sogar eine Abfuhr bei der Genehmigung des Bauantrages. Enthält der Bebauungsplan keine derartigen Hinweise, ist die „Ortsüblichkeit" zu beachten. Grundsätzlich gilt: Je uneinheitlicher die Struktur eines Wohngebietes, umso größer die Chance, außergewöhnliche Dachformen genehmigt zu bekommen.

Die Fassade ist das Gesicht des Hauses. Deshalb legen Hausbesitzer in spe Wert auf eine ansprechende Gestaltung – und stehen vor der Qual der Wahl. Zur Debatte stehen Putzfassade, vorgehängte Holz- oder Metallelemente, Fensterfronten mit großer Glasfläche, Kollektoren-Module für Photovoltaik-Anlagen sowie Vormauerziegel oder -klinker.

Exkurs: Die Architektur moderner Fertighäuser

Von Ursula Geismann

„Wie Menschen denken und leben, so bauen und wohnen sie."
(Johann Gottfried von Herder)

Ein- und Zweifamilienhäuser, so wie wir sie heute kennen und bewohnen, sind in der Architektur erst mit der Entstehung der Kleinfamilie zu Beginn des 20. Jahrhunderts aufgekommen. Vorher gab es Bauernhöfe auf dem Land, in denen die Großfamilie samt Mägden und Knechten ebenso unterkamen wie die Nutztiere im angegliederten Stall. Industrialisierung, Stadtentwicklung, Grundstückspreise und soziokulturelle Veränderungen haben zur Evolution des Hauses beigetragen. Heute verändern die selbstbewusstere Rolle der Frau in Familie und Gesellschaft, die Individualisierung, der demographische Wandel und das Leitbild Natur die Anforderungen an die Architektur.

Um den Kunden die Orientierung zu erleichtern und das eigene Hausprogramm stilistisch zu strukturieren, entwickelten viele Fertighaushersteller Geschmackskonzepte. „Klassisch", „Rustikal", „Ökologisch" oder „Modern" sind Themen, denen Häuserentwürfe zugeordnet werden. Diese Grundstimmung findet im Innenausbau sowie bei Möbeln und Einrichtungsgegenständen ihre Entsprechung.

Auch wenn Fertighausarchitektur stets Hand in Hand mit allgemeiner Architektur geht und es die „großen Strömungen" gibt, existieren immer Stile parallel zueinander. Sie decken die preislichen und geschmacklichen Tendenzen innerhalb der Wohnarchitektur ab. Es gab funktionalistische Typenhäuser, vor allem Anfang der 1960er Jahre. Und es gibt regionale Architektur wie Alpenhäuser, Friesenhäuser oder Fachwerkhäuser, den rustikalen Landhausstil und Stadtvillen.

Hinzu kommt die „neue Einfachheit", die wiederum andere Kundenbedürfnisse befriedigt als die Villenarchitektur. Die Fassaden wurden im letzten Jahrzehnt schlichter und glatter, es wurde auf Anbauten wie Erker oder Wintergarten verzichtet. Anstatt des repräsentativen Walm- oder Krüppelwalmdachs wird bei aktuelleren Fertighäusern wieder auf das klassische Sattel- oder Pultdach zurückgegriffen.

Etwa seit dem Jahr 2000 findet in der Architektur als Parallelbewegung eine Holzbau-Renaissance statt – in deren Zentrum der Fertighausbau sleht. Unter dem Etikett „neue Einfachheit" wurde ein ästhetisches Konzept entwickelt, das minimalistische Fassaden und einen kubischen Baukörper vorsieht. Natürlich spielt das neu-ökologische Baubewusstsein eine Rolle. Klassische und reduzierte Formen versprechen als moderne Architektur eine gewisse „Zeitlosigkeit". Das Vorsetzen einer Holzfassade betont den natürlichen und „pfiffigen" Charakter des Holz-Fertighauses. Die Häuser sind beides: selbstbewusst, weil sie Holz zeigen, und bescheiden, weil sie „nur" Holz zeigen.

In der Architektur geht es heute mehr denn je um die Konfliktlösung zwischen ökologisch Vertretbarem, wirtschaftlich Machbarem und subjektiv Gewünschtem. Mit der Individualisierung der Gesellschaft entstand ein Marktsegment, das in der Fertighausindustrie seine Entsprechung fand. Vielfalt im Angebot statt identitätsloses Massenprodukt: Diese Maxime wird die Branche auch in den 2010er Jahren begleiten.

3.5.6 Haustechnik

Die Auswahl der Haustechnik

Die richtige Haustechnik auszuwählen ist eine schwierige Aufgabe, die Bauherren ohne fachkundige Beratung vor Probleme stellt. Die Entscheidung für ein Heizungssystem und die Warmwasserbereitung sollte wohlüberlegt sein. In der Vielfalt von Energiequellen und Anlagentechnik sucht mancher lange nach Orientierung und der passenden Dimensionierung. Aufgrund des guten baulichen Wärmeschutzes im Fertigbau kann die Anlagentechnik kleiner geplant werden.

Erneuerbare Energien lösen fossile Energieträger zunehmend ab

In der Heiztechnik dominierten bis vor einem Jahrzehnt Öl und Gas als Standard-Energieträger. Zwar erreichen moderne Kessel hohe Wirkungsgrade, die eine sparsamere Nutzung ermöglichen. Der Einsatz dieser Primärenergien ist in Eigenheimen trotzdem rückläufig. Die steigenden Preise für Öl und Gas spielen dabei eine Rolle. Sie sind ein Argument dafür, auf erneuerbare Energien zu setzen, zum Beispiel auf Wärmepumpen, die Sonnenenergie aus der Umwelt nutzbar machen. Klassische Kessel werden in der Regel mit Solaranlagen oder Lüftungssystemen kombiniert. Auf der Beheizung des Gebäudes liegt längst nicht mehr das Hauptaugenmerk bei der Planung der Haustechnik. Der Heizbedarf ist gesunken, die Warmwasserbereitstellung schiebt sich mehr und mehr in den Vordergrund.

„Die Sonne schickt keine Rechnung": Dieses Motto könnte über den Türschwellen von Neubauten stehen. Alternative Energien machen unabhängig von den klassischen Brennstoffen - und ihrer Preisenwicklung. Außerdem bringen sie Pluspunkte bei der energetischen Bewertung.

Energieeinsparverordnung und EEWG

Die Energieeinsparverordnung definiert den gesetzlich zulässigen Energiebedarf von Neubauten. Darin werden Vorgaben zum erlaubten Primärenergiebedarf und zum Wärmeverlust gemacht. Die Berechnung erfolgt anhand des Referenzgebäudeverfahrens. Dies berücksichtigt die Wärmedämmung der Bauteile und die für Beheizung und Warmwasserbereitung eingesetzte Technik. Im Kennwert Primärenergiebedarf sind neben dem Heizwärmebedarf der Nutzenergiebedarf für Warmwasser und der Hilfsenergiebedarf für elektrische Pumpen enthalten. Der Aufwand für die Bereitstellung der Energieträger, also die Erzeugung und der Transport zum Haus, geht ebenfalls in die Bilanz ein.

Nach dem Erneuerbare-Energien-Wärmegesetz (EEWG) wird seit 2009 vorgeschrieben, dass ein bestimmter Anteil der

Wärme im Haus aus erneuerbaren Energien gewonnen werden muss. Ziel ist es, dass bis 2020 14 Prozent des Wärme- und Kälteenergiebedarfs aus erneuerbaren Quellen stammen. Allerdings kann man den Einsatz der „Erneuerbaren" durch so genannte „Ersatzmaßnahmen", wie zum Beispiel eine besonders wirkungsvolle Wärmedämmung, umgehen. Im Holz-Fertigbau gibt es meist keine „Konkurrenz" von Dämmung und regenerativen Energien: In den Haus-Entwürfen gehen beide Hand in Hand.

Der Energiebedarf steht früh fest

Der Energiebedarf eines Fertighauses steht frühzeitig fest. Aufgrund der Vorfertigung gilt der Grundsatz: Gebaut wie geplant. Die Dämmeigenschaften und die Ausführung der Wärmebrücken werden exakt nach Plan umgesetzt, der Energieausweis kann vor der Hauserrichtung ausgestellt werden. Der Bauherr hat die Sicherheit: Was im Energieausweis steht, entspricht den Tatsachen.

Wer den Bedarf einschätzen kann, der kann auch die Technik genau auf den Energieumsatz ausrichten.

Haustechnik im Fertighaus

In der Planung richten die Fachberater und Architekten Heizung und Warmwassergewinnung auf die Hauskonstruktion und die übrige Gebäudetechnik aus. Bei jedem Heizsystem kommt es darauf an, die Komponenten der Erzeugung und Verteilung aufeinander abzustimmen. Die Planer legen beispielsweise das Rohrnetz so an, dass wenig Druckverlust entsteht. Ziel ist – wie immer im Fertigbau – eine Komplettlösung aus einer Hand, die Dämmung und Anlagentechnik einander anpasst. Grundsätzlich gilt, dass aufgrund des guten Wärmeschutzes die Heiztechnik kleiner ausfallen kann. Vorherrschend sind wassergeführte Verteilsysteme. Fußbodenheizungen benötigen nur eine geringe Wassertemperatur. Auch über Wärmepumpen mit kontrollierter Be- und Entlüftung kann geheizt werden.

Die Hersteller kennen sich mit allen gängigen Haustechnik-Systemen aus. Bereits in der 1970er Jahren haben umweltbewusste Bauherren von Holzhäusern mit der Gewinnung von Solarenergie experimentiert. Der Vorteil für die heutigen Häuslebauer: Die Branche hat Erfahrungen mit diesen Techniken gesammelt. Daraus wird man bekanntlich klug – und erarbeitet sich einen Kompetenzvorsprung. Grob gesagt gilt: Fertigbau ist energiesparendes Bauen mit häufigem Einsatz erneuerbarer Energien, konventionelles Bauen ist Steinbau mit latentem Hang zur Ölheizung. Im Fertigbau sind seit Jahren vor allem Gasbrennwertthermen mit Solarunterstützung oder Wärmepumpen Usus. Fast jedes zweite neu errichtete Fertighaus 2010 nutzte laut einer Branchenerhebung Sonnenenergie zur Energiegewinnung.

Zeitgemäße Heizungssysteme für moderne Fertighäuser

Auch wenn Holz-Fertighäuser aufgrund ihrer Konstruktionsweise energieeffizient sind, kommen sie - mit Ausnahme des Sonderfalls Passivhaus – nicht ganz ohne Heizungsanlage aus. Die Frage ist nur, für welche Art des Heizens man sich entscheidet und wie die Energie verwendet oder gewonnen wird.

Schon lange fragen nicht nur ökologisch Orientierte alternative Energiekonzepte nach. Die Erfahrung hat viele Bauinteressierte gelehrt: Die fossilen Brennstoffe Öl und Gas werden teurer. Dass die Ressourcen immer mehr zur Neige gehen, dürfte diese Entwicklung eher beschleunigen als stoppen. Energie aus Sonne oder Biomasse hingegen wird günstiger. Erneuerbare Energien sind in aller Munde. Die Politik fordert und fördert die Alternativen zu Öl und Gas. Die Haustechnik ist ausgereift, aber lange nicht am Ende ihrer Entwicklung. Die Geräte werden effizienter und kompakter - und damit platzsparender.

Rasante Entwicklung der Technik

Das macht die Faszination der erneuerbaren Energien aus. Die Effizienz von Solaranlagen ist sprunghaft gestiegen. Verbesserungen der Leistungsfähigkeit machen die Anlagen rentabler. Die stärkere Marktdurchdringung der auf regenerativer Energie basierenden Systeme macht sie erschwinglicher. Fördermittel und Einspeisevergütungen sowie die günstige Bewertung in der Energieeinsparverordnung und das langfristige Sparpotenzial lassen die Attraktivität der Investition in „grüne Haustechnik" steigen.

Fazit: Die Auswahl der Haustechnik fußt auf den Kriterien Wirtschaftlichkeit und Hausbauphilosophie. Beide Faktoren weisen Richtung „Erneuerbare".

Investitionskriterium Wirtschaftlichkeit

Die Wirtschaftlichkeit der Haustechnik hängt vom Verhältnis der Investitionskosten zu den Betriebskosten ab. Wer in teurere Anlagentechnik investiert, die weniger und günstigere Energie verbraucht, spart langfristig viel Geld gegenüber einem in der Anschaffung günstigeren System, das im Betrieb über die Jahre mehr Kosten verursacht. Wer sich für Gas oder Öl entscheidet, der setzt sich den Launen des Energiemarktes aus. Steigende Preise sind absehbar - das ist das einhellige Urteil aller Forschungsinstitute und die Erfahrung aus der Vergangenheit. Die Ressourcen sind begrenzt und liegen teilweise in politisch instabilen Weltregionen. Solarkollektoren sind davon unabhängig. Den verhältnismäßig hohen Aufwendungen bei Kauf und Montage steht eine günstige Nutzung gegenüber: Je nach Wirkungsgrad und Kosten rentiert sich die Investition früher oder später. Langfristig hat ein Bauherr gute Karten, mit dem Einsatz erneuerbarer Energien unter dem Strich zu sparen. Moderne Anlagen - genau wie eine bessere Dämmung - amortisieren sich oft früher als zum Kaufzeitpunkt absehbar.

Ein Plusenergiehaus produziert Energie

Wer Investitionskosten hochrechnet, der sollte den Trend zum Plusenergiehaus nicht vergessen. Immer mehr Anbieter von Fertighäusern stellen Häuser vor, deren Technik im Jahresverlauf mehr Energie produziert als für den Eigenbedarf nötig ist. Das heißt: Die Eigenheime erwirtschaften einen Überschuss, der als Haushaltsstrom oder Antriebsenergie für Elektro-Fahrzeuge genutzt oder gegen Vergütung ins öffentliche Netz gespeist werden kann. Beides bringt finanzielle Vorteile, die Anlagentechnik „verdient" sich ihre Anschaffungskosten selbst. Die Fertighaushersteller entwickeln einen Standard für Plusenergiehäuser in Fertigbauweise – gemeinsam mit dem Fraunhofer-Institut für Bauphysik.

Solarenergie aus Überzeugung

Eine Triebfeder des Booms bei den „Erneuerbaren" ist das wachsende Umweltbewusstsein. Viele Bauherren wollen bewusst klimaschonend und umweltverträglich bauen. Sie entscheiden sich bevorzugt für den Baustoff Holz, eine energiesparende Bauweise, einen geringen Energiebedarf – und für die Nutzung erneuerbarer Energien. Ihre persönliche Philosophie weckt den Wunsch, „grüne" Energie zu nutzen. Viele sind bereit, dafür tiefer in die Tasche zu greifen.

Umweltschonende Haustechnik bringt Bonuspunkte bei der energetischen Bewertung von Bauvorhaben. Wer Fördermittel der KfW beantragen möchte, der hat zum Beispiel mit einer Holzpelletheizung oder Wärmepumpen gute Karten. Diese werden in der Energieeinsparverordnung aufgrund ihrer guten Ökobilanz hoch bewertet. Das Eigenheim bleibt weit unter den gesetzlichen Standards – was die Türen zu Fördermitteln weit öffnet.

Technik braucht Platz

Unterschiedliche Anlagen benötigen unterschiedlich viel Platz. So muss zum Beispiel für eine Heizung auf Holzpellet-Basis ein Speicherraum für die Holzhäcksel mit eingeplant werden. Auch Wärmepumpen, Brennwertkessel oder Pufferspeicher beanspruchen Raum. Hier stellt sich die Frage, wie viel Bauherren investieren wollen – diesmal an Wohnfläche. Natürlich bevorzugen sie kompakte Anlagen, die sich gut „verstecken" lassen und in Keller oder Erdgeschoss nicht zu viel Platz „wegnehmen". Paradebeispiel dafür sind kombinierte Heizungs- und Lüftungsgeräte.

Häuser werden intelligent

Ein Plus an Wohnkomfort bringt die zunehmende Automatisierung. Häuser werden intelligent: Sie steuern sich automatisch. Die Bewohner regulieren alles über eine zentrale Bedienstation im Wohnraum. Dort werden Heizungsanlage, Licht, Rollladen und andere elektrische Geräte vernetzt. Display und Touchscreen ersetzen Einzelregler und Thermostate. Die Technisierung hilft dabei, Energie zu sparen.

Smart Metering, das intelligente Messen und Regulieren der Energieströme, hält im Privathaushalt Einzug. Es ermöglicht Energiesparen auf höchstem technischen Niveau. „Stromfresser" werden indentifiziert und im Verbrauch gezähmt.

Frische Luft für das Haus

Moderne Häuser weisen eine höhere Dichtheit auf als noch vor Jahrzehnten – Ritzen und Spalten sind passé. Die Fassungen der Energieeinsparverordnung haben eine immer dichtere Gebäudehülle

vorgeschrieben. Das senkt den Wärmebedarf, wirft aber Probleme bei Luftqualität und Feuchtigkeit auf. Wird zuwenig gelüftet, können Feuchtigkeit und „verbrauchte

Luft" nicht entweichen. Wird zuviel gelüftet, geht im Winter Heizenergie verloren, an heißen Sommertagen bahnt sich Hitze ihren Weg hinein.

Die Lösung sind Lüftungssysteme. Die so genannte „kontrollierte Wohnraumlüftung" ermöglicht ein gutes Raumklima und beste Voraussetzungen für gesundes Wohnen. Die Idee der Lüftung ist einfach: „Verbrauchte" Luft wird ab-, frische angesaugt und in die Zimmer geleitet. Man unterscheidet dezentrale Lüftungsanlagen für einzelne Räume und Zentrallüftungsanlagen für das gesamte Gebäude. Die Anlagen bestehen aus Lüftungszentralgerät, Kanälen und einer Regelungsstation. Einfache Abluftanlagen leiten die verbrauchte Luft aus Bad und Küche ab, die Frischluft strömt durch Ventile nach.

Die Lüftung als Heizung

Besonders komfortabel sind Lüftungsanlagen mit Wärmerückgewinnung. Eine Alternative ist eine kleine Luft-Luft-Wärmepumpe. Sie sorgt bei geringem Energiebedarf für Luftaustausch und erwärmt die angesaugte Außenluft. Dazu werden Abluft- und Frischluftstrom in einem Kreuzwärmetauscher aneinander vorbei geführt, wobei der Abluft bis zu 90 Prozent ihrer gespeicherten Wärme entzogen wird. Der Clou der Wärmerückgewinnung ist die Wiedernutzbarmachung von Energie. Entsprechend weniger Bedarf an zusätzlicher Wärme hat das Haus. Die Lüftung ist Be-

standteil der Heizung – und sorgt zudem für Kühlung: Hochwertige Anlagen haben eine Kühlungsfunktion. Die Zuluft wird angekühlt, die Temperatur sinkt um einige Grad Celsius.

Nach einem ähnlichen Prinzip funktionieren Integralsysteme für Lüftung, Heizung und Warmwasserbereitung, die eine Lüftungsanlage mit Luft-Wasser-Wärmepumpe kombinieren. Auch solare Energiegewinne können eingespeist werden.

Saubere Luft für alle Zimmer

Eine Lüftungsanlage verbessert die Wohnhygiene, denn sie transportiert Kohlendioxid und Feuchtigkeit ab und filtert Staub und Pollen aus der Raumluft. In einem Vier-Personen-Haushalt wird pro Tag eine Frischluftmenge von 2.000 bis 3.000 Kubikmeter benötigt, was in einem Einfamilienhaus einer kompletten Lufterneuerung etwa alle zwei Stunden entspricht.

Ein Frischluft-Heizsystem besteht aus einer kontrollierten Wohnraumbelüftung mit Wärmerückgewinnung als Grundheizung und Zuheizung mittels an den Lüftungsauslässen sitzender keramischer Heizelemente. Das Zentralgerät saugt über ein Leitungssystem im Deckenbereich warme Luft aus Bad und Küche ab. Gleichzeitig wird gefilterte Luft von außen angesaugt. Über den Wärmetauscher wird der verbrauchten Luft die Wärme entzogen und auf die frische Zuluft übertragen. Bei Bedarf schaltet sich eine Kleinwärmepumpe zu und erwärmt die Luft zusätzlich, bevor sie in die Räume strömt. Im Sommerbetrieb kühlt die Kleinwärmepumpe die Luft.

Je besser die Dämmung, desto mehr lohnt es sich, auch die Lüftungswärmeverluste zu verringern. Beim Lüften in den Wintermonaten geht zwangsläufig Energie verloren, wenn die verbrauchte Raumluft durch kalte Frischluft ersetzt und wieder auf Raumtemperatur erwärmt wird.

Eine solche Luftheizung kann ein vollwertiges Heizsystem sein, das einen herkömmlichen Kessel ebenso überflüssig macht wie Heizkörper. Pro Kilowattstunde Antriebsenergie für Ventilatoren und Pumpen sollte eine Lüftungsanlage mindestens fünf Kilowattstunden Wärme gewinnen.

Lüftungssysteme im Fertighaus

Lüftungsanlagen stellen hohe Ansprüche an die Dichtheit der Gebäudehülle. Bei qualitätsgesicherten Fertighäusern werden sie frühzeitig bei der Hausplanung berücksichtigt. Die Hersteller bieten auf das Gebäude abgestimmte Lüftungssysteme als Ausstattungspakete an. Die Anlagen müssen fachmännisch ausgeführt werden, sonst drohen Strömungsgeräusche und das Gefühl, dass ständig „Zug" herrscht. Wird eine falsche Luftaustauschmenge berechnet, stimmt die Wechselrate nicht; die Leistung der Anlage verpufft.

Energiesparfaktor Fenster

Auch Fenster und Türen haben Einfluss darauf, wie energiesparend ein Haus ist. Sie sollten von hoher Qualität sein und fachmännisch positioniert und eingesetzt werden. Anders als im konventionellen Hausbau werden diese Leistungen im Fertigbau bereits im Werk und damit vor der

Endkontrolle der Bauelemente vorgenommen. Die Fenster sollten mindestens eine Doppelverglasung aufweisen, besser eine Dreifachverglasung. Sie sind Teil der Wärmedämmung. Sind sie hochwertig, sinkt der Energiebedarf.

Große Flächen für mehr Tageslicht

Fenster und Türen übernehmen verschiedene Aufgaben. Sie regulieren Lichteinfall und Verschattung und beeinflussen das Raumklima. Wo Nahrungsmittel gelagert und zubereitet werden, ist eine ausreichende Lüftung wichtig. Große Fensterflächen lassen viel Tageslicht ein. Das schafft eine angenehme Atmosphäre. Außerdem gilt: Wo natürliches Licht ist, muss keine künstliche Lichtquelle sein. Das spart Stromkosten. Außerdem empfinden die meisten Menschen natürliches Licht als schöner als Kunstlicht.

Je mehr Fensterfläche vorhanden ist, desto wichtiger wird der sommerliche Wärmeschutz. Rollladen, Markisen und andere Verschattungsinstrumente verhindern, dass die Sonne ganztägig und ungehindert einfällt. Im Dachgeschoss tragen Fenster zu einem geringeren Energiebedarf bei. Über die Räume unter dem Dach kommt viel Tageslicht ins Haus. Solare Wärmegewinne helfen in der kalten Jahreszeit, Heizenergie zu sparen. Undurchsichtige Verglasungen bieten Sichtschutz, zum Beispiel im Badezimmer. Noch fortschrittlicher sind schaltbare Verglasungen, bei denen der Benutzer per Knopfdruck von durchsichtig auf undurchsichtig wechseln kann.

Die Tür als Visitenkarte des Hauses passt sich in die Architektur ein. Eine Einbruch hemmende Haustür erhöht die Sicherheit vor unbefugtem Zutritt. Moderne Technik macht noch mehr möglich, beispielsweise eine Kamera mit Gegensprechanlage oder ein Fingerprint-System als Eintrittskontrolle.

3.5.7 Energiequellen

3.5.7.1 Fossile Energieträger

Die Klassiker: Öl und Gas

Öl- und Gaskessel waren lange unange-fochten die gängigsten Heizungsanlagen in Ein- und Zweifamilienhäusern. Ihr Vor-teil ist die ausgereifte und kostengünstige Technik, ihr Nachteil die Abhängigkeit von fossilen Brennstoffen. Erdgasheizungen benötigen wenig Platz und sind komfor-tabel zu bedienen. Gas kann nicht nur zum Heizen, sondern auch in der Küche verwendet werden. Allerdings ist Erdgas bezogen auf den Heizwert etwas teurer als Öl. Wer Öl zum Heizen verwendet, kann zwischen verschiedenen Lieferanten wäh-len und Preisschwankungen durch vor-ausschauenden Einkauf ausnutzen. Ins-gesamt steigende Preise schmälern den finanziellen Vorteil allerdings erheblich. Ein durchschnittlicher Öltank benötigt in einem Einfamilienhaus etwa drei bis vier Quadratmeter Fläche, meist im Keller. Ten-denziell ist die Ölheizung auf dem Rück-zug und spielt im Neubau kaum noch eine Rolle. Anders sieht es bei Gasbrennwert-thermen aus, die häufig mit solarer Unter-stützung genutzt werden.

Niedertemperaturtechnik und Brennwertkessel

Ältere Heizkessel wurden mit konstant hoher Kesseltemperatur betrieben. Mo-dernere Niedertemperaturkessel werden abhängig von der Außentemperatur gere-gelt und stellen nur die aktuell benötigte Heizleistung bereit. Die Kesseltemperatur liegt bei 40 bis 75 Grad Celsius. Das senkt den Energieverbrauch im Vergleich zu al-ten Anlagen um rund 30 Prozent. Brenn-wertkessel arbeiten nochmals rund 10 Prozent effizienter. Sie nutzen die in Ab-gasen enthaltene Energie. Diese kühlt ab, der Wasserdampf kondensiert. Die Kon-densationswärme wird in den Heizkreis eingespeist. Brennwertgeräte erreichen höchste Nutzungsgrade, sind jedoch teu-rer in der Anschaffung und setzen speziel-le Schornsteine voraus.

Die Brennwerttechnik eignet sich für Fußbodenheizungen. Diese kommt mit niedrigen Vorlauftemperaturen von bis 35 Grad Celsius aus und erzeugt durch ihren Strahlungswärmeanteil ein behagliches Raumklima. Allerdings muss eine Fußbo-denheizung mit dem Estrich relativ viel Speichermasse erwärmen.

3.5.7.2 Sonnenenergie

Solarenergie - Die Kraft der Sonne

Die Kraft der Sonne lässt sich über Kollektoren gewinnen oder indirekt über die Nutzung der in der Umwelt (Erde, Luft, Wasser) gespeicherten Sonnenenergie. Mit Hilfe von Solarthermieanlagen lässt sich Wärme nutzen, Photovoltaik stellt Strom bereit. Solarthermie wird zur Warmwasserbereitung und zur Heizungsunterstützung eingesetzt. Herzstück jedes Solarsystems ist der Kollektor auf dem

Dach oder an der Fassade. Flachkollektoren bestehen aus einem beschichteten Absorber, der einfallende Sonnenstrahlung aufnimmt und in Wärme umwandelt. Röhrenkollektoren, bei denen sich der Absorber in einer luftleeren Glasröhre befindet, sind leistungsfähiger, aber teurer.

Durch den Absorber zirkuliert eine Flüssigkeit, welche die Wärme vom Kollektor in den Warmwasserspeicher des Hauses transportiert. Um Energieverluste im Solarkreislauf gering zu halten, werden die Wege zwischen Kollektor und Speicher kurz gehalten.

Die übliche Kollektorfläche für ein Einfamilienhaus beträgt etwa sechs Quadratmeter, die pro Jahr gut 2.000 Kilowattstunden Energie liefern und damit rein rechnerisch im Jahresdurchschnitt 60 Prozent des Warmwasserbedarfs einer vierköpfigen Familie decken kann. Der Speicher sollte wenigstens 80 Liter pro Person fassen. In der Regel ist er mit einem konventionellen Heizkessel gekoppelt, damit auch im sonnenarmen Winter jederzeit genug Warmwasser zur Verfügung steht. Wird die Raumheizung solarthermisch unterstützt, sind etwa doppelt so viel Kollektorfläche und eine größere Speicherkapazität nötig. Bis zu einem Viertel des gesamten jährlichen Wärmebedarfs eines durchschnittlichen Eigenheimes kann aus Sonnenenergie erzeugt werden – wenn das Haus gut gedämmt ist.

Solaranlagen richtig ausrichten

Das Dach muss nicht exakt nach Süden ausgerichtet sein, damit Sonnenkollektoren ihren Dienst tun können; leichte Abweichungen führen nur zu geringen Ertragseinbußen. Der Neigungswinkel der Dachfläche sollte zwischen 30 und 50

Grad liegen, wobei die Energieausbeute der Anlage bei flachem Winkel im Sommer und bei steilem Winkel im Winter begünstigt wird.

Photovoltaik – Das Haus als Kraftwerk

Auch Photovoltaik-Anlagen arbeiten mit Kollektoren. Sie erzeugen elektrische Energie. Dabei wird anders als bei der Stromerzeugung im Kraftwerk keine Primärenergie verbraucht und kein Kohlendioxid freigesetzt. In Solarzellen aus Silizium erzeugen freie Elektronen aus dem Sonnenlicht einen Gleichstrom, der Motoren, Pumpen oder die Beleuchtung im Haus direkt versorgen kann. Über einen Wechselrichter wird der Gleichstrom in Wechselstrom umgewandelt und kann in das öffentliche Stromnetz eingespeist werden. Je Kilowatt Höchstleistung ist mit etwa zehn Quadratmetern benötigter Kollektorfläche zu rechnen. Der Ertrag ist von der Lage abhängig

Die Solarstrom-Technologie ist aufwändig, doch der Wirkungsgrad der Anlagen wird besser. Zwischen 15 und 20 Prozent des Sonnenlichts wandeln sie in Strom um. Photovoltaik-Module gehören nicht zwangsläufig auf das Dach, sondern lassen sich genauso gut in die Fassade integrieren. Solare Architektur bindet die dünnschichtigen Solarzellen optisch ansprechend wie Glasflächen in das Äußere des Eigenheimes ein.

**Die Photovoltaik-Förderung
wird zurückgefahren**

Das Erneuerbare-Energien-Gesetz (EEG) soll den Beitrag erneuerbarer Energien zur Stromversorgung bis zum Jahr 2020 auf mindestens 20 Prozent steigern. Laut Gesetz müssen Energieversorger „grünen" Strom vorrangig in ihr Netz einspeisen, den Erzeugern abnehmen und langfristig mit fixen Sätzen vergüten. Das garantiert satte Erträge. Hausbesitzer erwirtschaften hohe Renditen. Die Förderung für Neuanlagen wurde allerdings 2011 gekürzt. Stromwirtschaft, Solar-Verbände und Bundesregierung waren sich einig, dass die Sonnenenergie derart boomt, dass eine großzügige Förderung nicht mehr notwendig ist. Es sprechen viele Argumente für die Photovoltaik, der finanzielle Anreiz ist nur ein Aspekt der Investitionsentscheidung. Die Anschaffungskosten amortisieren sich dank Fördermittel und dem Stromverkauf in absehbarer Zeit. Die dezentrale Stromerzeugung über kleine Anlagen zur Gewinnung von erneuerbaren Energien erhält neue Impulse durch den geplanten raschen Ausstieg aus der Kernenergie.

3.5.7.3 Umweltwärme

Energie aus Luft oder Erde

Umweltwärme aus Erdreich, Wasser und Luft steht wetterunabhängig zu jeder Tages- und Jahreszeit zur Verfügung. Sie stammt aus gespeicherter Sonnenenergie. Schon das heute nutzbare Erdwärme-Potenzial übersteigt nach Expertenschätzungen die Reserven an Kohle, Öl und Gas um das Dreifache. Wer ein Fertighaus baut, kann sich Erdwärme, Wärme aus dem Grundwasser oder solare Energie aus der Luft als Heizwärme mit Wärmepumpen erschließen. Viele Hersteller bieten die Technologie und die zugehörigen Anlagen als Paketlösung an.

Das Funktionsprinzip von Wärmepumpen ist es, über ein Wärmetauschersystem der Umwelt Wärme zu entziehen und in einem Flüssigkeits-Kreislauf auf ein höheres Temperaturniveau zu bringen. Die Quellen der Wärme sind entweder die Erde, Wasser oder Luft. Wärme wird über einen Verdampfer aus der Umwelt aufgenommen und über einen Verflüssiger dem Heizsystem, also in der Regel der Fußbodenheizung, zugeführt.

**Eine Wärmepumpe macht
Umweltwärme nutzbar**

Die Temperaturdifferenz zwischen der Umgebung (Erde, Luft, Wasser) und dem

– vom Druck des Kompressors gesteuerten – (niedrigeren) Siedepunkt der Spezialflüssigkeit im Verdampfer führt dazu, dass Wärme entzogen und auf die Flüssigkeit übertragen wird. Diese siedet und verdampft. Dieser Dampf wird abgesaugt und durch Druck verdichtet. Dabei steigt seine Temperatur an. Im Verflüssiger wird der heiße Dampf vom Wasser- oder Luftstrom des Heizungssystems umflossen und erwärmt diesen. Der Dampf im Wärmetauscher hat sich nach Abgabe der Wärme wieder verflüssigt, der Druck wird wieder angepasst, und der Kreislauf der Flüssigkeit kann im Verdampfer von vorne beginnen.

Wärmepumpen funktionieren nach dem Prinzip des Kühlschranks – nur umgekehrt: Der Kühlschrank erzeugt aus Strom die Kälte und gibt Wärme an die Umwelt ab. Eine Erdwärmepumpe erhöht die im Erdreich herrschenden 7 bis 10 Grad Celsius durch Verdampfen, Komprimieren und Kondensieren einer Spezialflüssigkeit. So werden Temperaturen um 35 Grad Celsius erreicht, die ideal zum Betrieb einer Fußboden- oder Wandstrahlungsheizung sind. Das Erdreich hat seine Wärme aus der Sonnenenergie, die dort gespeichert wird.

Wärmepumpen benötigen zwar Strom als Antriebsenergie, erzeugen jedoch je Kilowattstunde Strom bis zu vier Kilowattstunden Wärme. Drei Viertel der Energie für Heizung, Warmwasserbereitung sowie zur Kühlung im Sommer bezieht eine solche Anlage aus der Umwelt. Die Nutzung von Erdwärme ist langfristig kostengünstig.

Vor allem dann, wenn eine Photovoltaik-Anlage den Strom für die Pumpe liefert.

Wunderwerk Wärmepumpe

Viele Wärmepumpen für Eigenheime arbeiten mit Erdwärmetauschern. Sie werden als vertikale Sonden in 50 bis 100 Meter tiefe Bohrlöcher oder als horizontale Kollektoren in ein bis zwei Meter tiefen Gräben verlegt. Die benötigte Fläche bzw. die Anzahl der Bohrlöcher hängt davon ab, wie viel Heizenergie erzeugt werden soll. Je größer der Energiebedarf, desto höher

der Aufwand. Die Erdarbeiten sollten erfahrene Partner ausführen. Viele Fertighaushersteller erschließen die Wärme aus der Erde für ihre Kunden, inklusive Genehmigung, Bohrung und Anlagentechnik.

Eine Wasser-Wasser-Wärmepumpe nutzt die Temperatur des Grundwassers. Diese ist ganzjährig konstant, die Pumpe gewinnt bis zu 80 Prozent der Wärme. Entscheidend für die Effizienz ist, wie viel Grundwasser vorhanden ist.

Luft-Wasser-Wärmepumpen nutzen die Energie der Außenluft. Sie sind leicht zu installieren, wartungsarm und können platzsparend aufgestellt werden. Bei niedrigen Außentemperaturen lässt allerdings die Leistung nach, so dass eine Zusatzheizung einspringen muss.

Kühlung über eine Wärmepumpe

Im Hochsommer und bei Hitzeperioden entfalten Wärmepumpen besondere Stärken. Sie kühlen die Raumtemperatur spürbar ab. Ihre Funktionsweise wird einfach umgekehrt, die Fließrichtung der Flüssigkeit im Kreislauf von Verdampfen und Verdichten umgedreht. Die Folge: Die Wärmepumpe gibt Wärme aus dem Haus in die Außenluft oder den Boden ab, die Innentemperatur sinkt.

3.5.7.4 Biomasse

Biomasse – Umweltbewusstes Heizen mit Holz

Eine Alternative zu den „herkömmlichen" Heizsystemen auf Basis „grüner Energie" ist die Biomasse-Heizung. Die bekannteste Form ist die Holzpellet-Heizung. Pellets sind kleine Zylinder aus gepressten Säge- oder Hobelspänen, also Hölzern. Der Heizwert eines Kilogramms Pellets beträgt rund 5 kWh und entspricht damit ungefähr dem eines halben Liters Heizöl. Beim Heizen mit Holz wird nur die Menge an Kohlendioxid freigesetzt, die der Baum beim Wachsen aufgenommen hat. Heizen mit Holzpellets ist klimaneutral. Holzpellets verlieren bei ihrer Herstellung nur fünf Prozent der Energie, die im Holz steckt: Ihre Umweltbilanz ist günstig. Deshalb werden Pelletheizungen umfassend gefördert. Die Biomasse-Heizung führt trotzdem im Haustechnik-Markt ein Nischendasein. Die Anschaffungskosten der Anlagentechnik sind hoch.

Pelletheizkessel mit Nennleistungen zwischen 10 und 30 Kilowatt eignen sich als Zentralheizung für Einfamilienhäuser. Aus einem Lagerraum werden die Pellets vollautomatisch über eine Förderschnecke oder ein Ansaugrohr zum Heizkessel transportiert. Der staubdichte und gegen Feuchtigkeit geschützte Lagerraum muss im Idealfall nur ein Mal im Jahr aufgefüllt werden. Pellet-Einzelöfen mit einer

Leistung bis etwa 10 Kilowatt werden im Wohnraum aufgestellt, können jedoch über einen integrierten Wärmetauscher ebenfalls an den zentralen Heizkreis angeschlossen und so mit anderen Heiztechniken kombiniert werden. Sie geben einen erheblichen Teil der Wärme direkt an den Raum ab. Wird die Wassererwärmung mit einer thermischen Solaranlage gesichert, bleibt der Pelletofen im Sommer kalt.

Mit Holzpellets lassen sich Blockheizkraftwerke befeuern, die Heizwärme und Strom erzeugen. War diese Technologie bisher vor allem in der Industrie und bei größeren Wohnanlagen sinnvoll, kommen inzwischen so genannte „Mini-Heizkraftwerke" auf den Markt. Sie rechnen sich für Ein- und Zweifamilienhäuser mit hohem Heizwärmebedarf, etwa wenn zusätzlich ein beheiztes Schwimmbad betrieben wird. Dann wird auch im Sommer keine Wärme vergeudet.

Der Brennstoff aus dem Wald

Holzpellets werden ähnlich wie Heizöl in Tankwagen angeliefert. Hochwertige Pellets erkennt man an ihrer glatten Oberfläche. In der Lieferung sollte außerdem wenig Staub enthalten sein. Die Restfeuchte sollte gering sein, denn nur trockenes Holz verbrennt schadstoffarm. Die Anschaffungskosten einer Pelletheizung sind hoch. Preissteigerungen für den Bio-Brennstoff sind nicht ausgeschlossen. Holz ist ein begehrter Rohstoff, seine sofortige energetische Nutzung

ist ökologisch nicht erste Wahl. Am sinnvollsten ist die Kaskadennutzung. Holz sollte zunächst stofflich genutzt werden, also zum Beispiel für den Hausbau oder Möbel. Erst nach Ende des Lebenszyklus des Produktes kann es zur Energiegewinnung herangezogen werden: Holz ist zu schade, um es ohne vorherige anderweitige Verwendung zu verbrennen. Die wohl älteste Energiequelle der Menschheit ist ausreichend vorhanden: In den Wäldern wachsen pro Jahr 170 Milliarden Tonnen Biomasse nach. Ihr Energiegehalt entspricht 25 Mal dem des in den 2000er Jahren jährlich geförderten Erdöls.

4. Baudurchführung:
Vom Baubeginn bis zur Hausabnahme

Auf der Baustelle in guten Händen

Von Volker Noller,
Vize-Präsident des
Bundesverbandes Deutscher Fertigbau

Liebe Leserinnen und Leser,

nach der Bemusterung ist es fast geschafft: Nun beginnt der Countdown auf dem Weg ins Eigenheim. Ein Highlight dabei ist die vom Bauherrn meist lang ersehnte Hausaufstellung auf dem Bauplatz. Vielleicht werden Sie so manch erstauntes Gesicht in Ihrer Nachbarschaft sehen, wenn Sie nach ein oder zwei Tagen Richtfest feiern können. Spätestens dann – und vielleicht mit Blick auf eine konventionelle Baustelle im Anfangsstadium nebenan – werden Sie sich erneut zu Ihrer Entscheidung für ein Fertighaus beglückwünschen!

Vor dem Vergnügen steht bekanntlich die Arbeit. Und vor der Hauserrichtung sind vom Bauherrn Vorbereitungen auf der Baustelle zu treffen, die Ihnen im ersten Teil des folgenden Kapitels nahegebracht werden. Im Anschluss stellen wir Ihnen Ihren neuen Ansprechpartner für das „Bauen aus einer Hand" vor: den Bauleiter. Er koordiniert die Arbeit vor Ort, von der Montage bis zur schlüsselfertigen Über-

gabe. Fragen sind nicht nur kostenlos, sondern sogar erwünscht. Warum Sie sich auf der Baustelle auf die Qualität Ihres Hausbaus verlassen können, das wird mit Blick auf das Qualitätssicherungssystem im Fertigbau deutlich.

Wie die Baufinanzierung braucht auch jedes Haus ein solides Fundament. Ob Keller oder Bodenplatte: Fertighäuser passen sich jedem „Unterbau" perfekt an. Im Trend liegen die „unterirdischen Geschwister" der Fertighäuser: Die Fertigkeller. Einige Haushersteller geben selbst diese Leistung, die sich oft mit lokalen und topographischen Besonderheiten auseinandersetzen muss, nicht aus den Händen, sondern führen den Keller- oder Bodenplattenbau mit eigenen Fachkräften aus.

Vielleicht wundern Sie sich, dass dieser Teil des Handbuchs weniger umfangreich ist als der vorherige. Das liegt daran, dass der eigentliche Hausbau auf der Baustelle im Vergleich zur Planungsphase nur wenig Zeit beansprucht – und Bauherren hoffentlich entspannt zusehen können, wie ihr Haus auf dem Bauplatz entsteht. Der Bauleiter kümmert sich um den Fortgang der Arbeiten bis zum Innenausbau. Dank der Vorfertigung der Bauelemente ist der reibungslose Ablauf auf der Baustelle nicht die Ausnahme, sondern die Regel. Das ebnet den Weg zum erfolgreichen Hausbau, der mit der Abnahme des Eigenheimes endet.

Übrigens: Gerne darf beim Innenausbau die so genannte „Muskelhypothek" das aufzunehmende Kreditvolumen verringern. Viele Bauherren bringen ihre Arbeitskraft ein. Oder sie nutzen tatkräftige Unterstützung von Familie und Freunden – im Rahmen der vorhandenen Möglichkeiten. Gerade im Fertigbau werden durch die maßgenaue Vorfertigung Eigenleistungen wie Maler- oder Bodenbelagsarbeiten nicht zum „Nervenkrieg". Denn sie sind eine zeitlich und finanziell gut kalkulierbare Größe.

Ihr

4.1 Bauvorbereitungen und Bauüberwachung aus einer Hand

4.1.1 Einführung

Bevor Kran und Schwertransporter anrücken können, ist auf der Baustelle einiges zu tun: Sie muss vorbereitet und „baufertig" gemacht werden. Das sind die so genannten „Bauherrenleistungen", die Voraussetzung für den Baustart sind. Viele unterschätzen Aufwand und Kosten, die dadurch entstehen.

Bauherrenleistungen sind definiert als alle Leistungen bezüglich eines Hausbaus, die der Bauherr selber und aus eigenem Budget ausführen oder veranlassen muss. Das sind diejenigen, die nicht im vereinbarten Leistungsumfang enthalten sind oder dort ausdrücklich als Eigenleistungen genannt werden. Generell Bauherrenleistung ist die Vorbereitung und Ertüchtigung der Baustelle. Der Hausbauer muss die organisatorischen und technischen Grundlagen dafür schaffen, dass das Bauunternehmen die zugesagten Leistungen überhaupt ausführen kann. Das Grundstück muss „fit sein" für die Bebauung. Die Hersteller beraten und unterstützen die Bauherren bei den Bauherrenleistungen - oder erledigen Teile davon nach Beauftragung.

4.1.2 Bauplatz und Bauleitergespräch

Das Grundstück für den Hausbau vorbereiten

Regel Eins: Der Bauplatz muss von Hindernissen oder Altlasten befreit sein. Stand dort schon ein Gebäude, muss dieses abgerissen und rückstandsfrei entsorgt werden. Der Abriss wird behördlich angezeigt und von einem spezialisierten Abbruchunternehmen durchgeführt.

Stehen Bäume im Weg, müssen sie gefällt, zerkleinert und abtransportiert werden – im Einklang mit der kommunalen Baumschutzsatzung. Das ist in vielen Fällen genehmigungspflichtig und wird regional unterschiedlich gehandhabt. Gerade hohe Bäume sollten von professionellen Anbietern beseitigt werden.

Bei der Ausschachtung der Baugrube und Erschließungskanäle fällt Aushub an, der entsorgt werden muss. Ein Hausbau ist zwangsläufig mit Lärmbelästigungen und Einschränkungen verbunden. Ein guter Draht und eine offene Kommunikation gegenüber den Nachbarn beugt zwischenmenschlichen Problemen in der neuen Umgebung vor. Bei Altlasten auf dem Grundstück ist zu beachten, dass gefährliche Stoffe behördlich überwacht entsorgt werden müssen. Die kommunale Abfallbeseitung steht dabei mit Rat und Tat zur Seite. Geklärt wird, ob chemische Rückstände zu erwarten sind und die Bodenqualität gelitten hat. Ein Gutachten gibt darüber Auskunft. Ein solches wird ohnehin herangezogen, wenn Zweifel an der Tragfähigkeit des Untergrunds bestehen.

Das Baugrundstück selbst muss gekennzeichnet sein. Die behördliche Baugenehmigung sollte gut sichtbar angebracht werden – zum Beispiel am Bauzaun. Der sichert den Bauplatz gegebenenfalls vor dem Betreten durch Unbefugte. Nicht zuletzt gewährleistet die Absicherung, dass keine leichtsinnigen Kinder und Jugendliche bei einem Abenteuerausflug auf die Baustelle gelangen und dort zu Schaden kommen.

Die Zufahrt zum Gelände muss sichergestellt sein. Sind Straßen und Wege breit genug, um am Tag der Hausmontage von Kran und Lastkraftwagen passiert zu werden? Diese benötigen eine Parkposition am Rande der Baustelle. Platz für Baumaterial oder Container ist genauso einzukalkulieren wie ausreichende Bewegungs- und Rangierfreiheit für Arbeitskräfte und Fahrzeuge. Die Baustelle muss mit Strom und Wasser für den Hausbau versorgt werden. Sollte das Gelände noch nicht vollständig erschlossen sein, können provisorische Versorgungsleitungen genügen. Ansprechpartner ist der örtliche Energieversorger, der eventuell einen Verteilerkasten installieren muss und Wasser über einen nahegelegenen Hydranten zugänglich macht. Mobile sanitäre Anlagen für Montagekräfte und Handwerker sind selbstverständlich.

Wie wichtig es ist, die Bauherrenleistungen ernst zu nehmen, wird bei einem Blick in den Bauvertrag klar. Sind die Voraussetzung für einen Baustart nicht gegeben, ist der vereinbarte Fertigstellungstermin gefährdet. Die Verantwortung für die Verzögerung trägt der Bauherr. Termine und Fristen sind von seinen Vorleistungen abhängig.

Bauleitergespräch auf der Baustelle

Damit alles reibungslos abläuft, wird die Bauvorbereitung im Fertigbau frühzeitig zwischen Bauherr und Bauleiter abgesprochen – bei einem ersten Bauleitergespräch möglichst direkt auf dem Grundstück.

Die Kosten für Bauherrenleistungen liegen – so weit nicht im Bauvertrag anders geregelt – beim Auftraggeber. Der plant sie in das Finanzierungskonzept ein: Der Kauf des Gebäudes ist darin genauso ein Posten wie die Herrichtung von Bauplatz und Baustelle. Aufwendungen für Vorarbeiten und Energieversorgung, Behördengebühren und Gutachtenentgelte sind in der Regel nicht im vertraglich garantierten Festpreis enthalten - falls nicht im Bauvertrag die Übertragung von Aufgben vereinbart worden ist.

Vor der Hauserrichtung muss das Terrain in noch anderer Weise bereitet sein. In die Baugrube muss ein Fundament gesetzt werden, auf das das Gebäude aufgesetzt

wird. Bodenplatte oder Keller dämmen das Gebäude von unten und schützen es vor Feuchtigkeit aus dem Erdboden. Außerdem werden hier Versorgungsleitungen und Anschlüsse in das Haus geführt.

4.1.3 Versicherungen

**Bauherrenversicherungen
schützen vor Schäden**

Bauherren können sich mit Versicherungen gegen Schadensfälle während des Hausbaus absichern. Die wichtigste ist die Bauherrenhaftpflichtversicherung. Sie schützt vor Ansprüchen Dritter. Die Privathaftpflicht reicht nicht aus, schließlich haftet der Bauherr unbegrenzt für alle Schäden auf der Baustelle. Auch wenn er jemanden beauftragt hat, bleibt die Sorgfaltspflicht bestehen – mit rechtlichen Konsequenzen bis zu Schadenersatzansprüchen. Die Versicherungssumme für Sach- und Personenschäden in der Bauhaftpflicht bewegt sich im einstelligen Millionenbereich. Bleibt das Grundstück längere Zeit unbebaut, kann eine Haftpflicht für unbebaute Grundstücke sinnvoll sein. Nach dem Hausbau wird im Normalfall eine Wohngebäudeversicherung gegen Feuer oder Wetterschäden abgeschlossen.

> **Tipp:** Denken Sie an den Abschluss einer Bauherrenhaftpflichtversicherung! Die Kosten für diese notwendige Absicherung sollten von vornherein in Ihr Baubud-

get eingeplant werden. Außerdem können Sie prüfen, ob Ihre private Haftpflicht dieses Risiko mit abdeckt.

Während im Bauvertrag oft eine Haftpflichtversicherung des Auftragnehmers vorgesehen ist, liegt der Versicherungsschutz des Bauherrn grundsätzlich in dessen eigenem Ermessen. Zusätzlich wird vielfach eine Bauleistungsversicherung abgeschlossen. Sie sichert den Bauherrn und das Bauunternehmen vor unvorhersehbaren Schäden während der Bauzeit ab. Gedeckt werden Folgen durch höhere Gewalt (wie Wetterphänomene) oder Vandalismus. Die kurze Bauzeit im Fertigbau minimiert diese Risiken ohnehin. Eine Feuerrohbauversicherung schützt die Baustelle und dort lagernde Materialien vor Feuerschäden.

> **Tipp:** Reden Sie mit Ihrem Wohngebäude-versicherer!
> Das Schadensrisiko während der Bauzeit kann über die Hausversicherung abgedeckt werden - wenn Sie das mit Ihrem Versicherer vereinbaren.

Kellerbau und Bodenplatte werden koordiniert

Das Baustellengespräch mit dem Bauleiter im Vorfeld der Keller- bzw. Bodenplattenerstellung eröffnet den Bauprozess. Der Bauleiter erläutert dem Bauherrn, welche Leistungen er zur Bauvorbereitung erbringen muss – und wie er vorgehen sollte. Der Bauleiter übergibt dem Unternehmen, das die Erdarbeiten oder den Keller ausführt, die so genannten „Arbeitspläne". Viele Fertighaushersteller haben Keller oder Bodenplatte in ihrem Leistungsumfang oder koordinieren deren Erstellung. Im Baustellengespräch wird geklärt, wie tief der Aushub sein muss. Das hängt von der Bodenbeschaffenheit, den Lasten des Gebäudes und der Frostgrenze ab – und vom geplanten Fundament. Weitere Faktoren sind, wie tief der Kanalzugang liegt und wie die Versorgungsanschlüsse für Wasser, Gas und Telekommunikation verlaufen.

Neben der Baugenehmigung und der Finanzierungsbestätigung vor der Hausproduktion ist die Beauftragung eines Unternehmens mit den Erd- und Kanalarbeiten die dritte vom Bauherrn zu erbringende Voraussetzung dafür, dass der Hausbau beginnen kann.

Zu jedem Hausbau gehört eine qualifizierte Bauleitung, die die Arbeiten überwacht. Im Fertigbau übernimmt in der Regel ein Fachmann des Hausherstellers die Bauleitung. Der Bauherr erwirbt als Besteller im Werkvertrag eine Leistung, die in der Bau- und Leistungsbeschreibung festgelegt ist. Der Bauleiter wacht darüber, dass diese erbracht wird. Erst dann wird nach der Bauabnahme die Schlussrate vertragsgemäß fällig.

4.1.4 Bauüberwachung

Bauüberwachung beginnt im Werk

Die Bauüberwachung im Fertigbau beginnt nicht erst auf der Baustelle. Schon in den Produktionshallen greift das brancheneigene Qualitätssicherungssystem im Rahmen der Qualitätsgemeinschaft Deutscher Fertigbau (QDF). Die Herstellung wird dort zweimal jährlich von Experten kontrolliert. Die abgeprüften Kriterien gehen über die für Bauprodukte und den Holzhausbau vorgeschriebenen hinaus. Das Überwachungsprotokoll wird in der QDF-Geschäftsstelle ausgewertet und archiviert. Eine beanstandungsfreie Kontrolle ist Voraussetzung für die Vergabe des Gütesiegels. Die Produktionsüberwachung hat innerhalb der Qualitätsgemeinschaft einen hohen Stellenwert. Sie sichert, dass die Bauteile das Werksgelände nur qualitätsgesichert verlassen.

Bauleiter sind Montage- und Ausbau-Experten

Der Bauleiter übernimmt eine verantwortungsvolle Aufgabe. Er ist das Scharnier zwischen dem Hersteller und den Bauherren. Strafrechtlich haftet er persönlich, zivilrechtlich sein Arbeitgeber. Die Hersteller setzen als Bauleiter nur qualifiziertes Fachpersonal ein, in der Regel Ingenieure, Techniker oder Handwerksmeister. Die brancheneigene Weiterbildungsakademie des

Bundesverbandes Deutscher Fertigbau (BDF) bietet Schulungen und Seminare für Bauleiter an. Dort können sie sich unter anderem vom TÜV zum „Bauleiter Fertigbau (TÜV)" zertifizieren lassen. Voraussetzung ist, dass sie ein Seminar besucht und die Abschlussprüfung bestanden haben.

Der Bauleiter koordiniert den Hausaufbau und den schlüsselfertigen Ausbau. Er ist zuständig für alle Fragen, die den Hausbau auf der Baustelle betreffen – auch wenn er persönlich nicht ständig dort präsent ist. Sein „Mann vor Ort" ist der Polier, der Vorarbeiter. Dieser überwacht alle Arbeitsschritte und die Einhaltung des Zeitplans. Das Handy ist das wichtigste Utensil für Bauleiter. Sie stimmen die Handwerkertrupps und Montagekolonnen zeitlich aufeinander ab und halten Kontakt zu den Bauherren.

4.2 Hausaufbau und -ausbau

4.2.1 Einführung

Der Hausaufbau beginnt mit der Erstellung des Fundamentes, der Bodenplatte oder des Kellers, auf die die Bauteile des Fertighauses aufmontiert und mit stählernen Befestigungen fixiert werden. Im Fertigbau gibt es keinen Rohbau im eigentlichen Sinne. Denn aufgrund der Vorfertigung der Wandelemente samt Installation von Fenstern und Türen steht kurzfristig ein ausbaufertiges Haus auf dem Bauplatz. Das Gebäude ist wetterfest und trocken. Das hat den Vorteil, dass sich der Innenausbau und die Vervollständigung der äußeren Gestalt ohne Zeitverzug anschließen können. Umso eher wird das Eigenheim übergeben – und der Bauprozess ist beendet.

4.2.2 Fundament, Keller und Bodenplatte

Die Erdarbeiten auf dem Grundstück eröffnen den Bauprozess. Sie schaffen Platz für Fundament, Keller und Bodenplatte. Viele Häuser müssen – etwa in Hanglage oder bei einem „feuchten" Grundstück – mit Keller gebaut werden. Aufschluss über die notwendigen Eigenschaften des Untergeschosses gibt ein Bodengutachten. Da dieses grundsätzlich bei jedem Hausbau eingeholt werden sollte, ergeben sich Synergien: Wer beim Kellerbau ein Bodengutachten zugrunde legt, braucht für den Hausbau kein zweites in Auftrag zu geben.

Die meisten Fertigkeller in Deutschland stehen unter Fertighäusern – dieser „Doppelpack" liegt im Trend. Für diese Kombination spricht unter anderem, dass Haus und Keller perfekt aufeinander abgestimmt sein sollten. Passen der Anschluss oder die Dämmung nicht, entstehen Wärmeverluste. Auch die Schnittstelle zum Treppenhaus ist eine neuralgische Stelle, die dank industrieller Vorfertigung im Fertigkellerbau beherrscht wird.

Denn Fertigkeller werden wie Fertighäuser aus passgenau vorgefertigten Wandtafeln gebaut. Die Hohlwände werden mit hochwertigem Beton gefüllt und weisen gute Dämmwerte auf. Die Bauteile sind eben, wodurch die Abdichtung genau aufgebracht werden kann.

Hoher Schutz vor Feuchtigkeit

Die Keller werden mit verschiedenen Schutzschichten umgeben - je nach Bodenqualität. Sie bieten dem Wasser wenig Angriffsfläche und damit Schutz vor Feuchtigkeit. Bei der „Weißen Wanne" werden die Außenwände und die Bodenplatte aus wasserundurchlässigem Beton mit speziellen Fugenabdichtungssystemen hergestellt. Die Alternative dazu ist die Ausführung der „Schwarzen Wanne". Dieses System zeichnet sich durch eine wirksame Abdichtung aus, die aus einer Dickbeschichtung, Folien, Schweißbahnen oder verstärkten Polyethylenschichten besteht. Das verhindert die Diffusion von Wasserdampf. Die „Schwarze Wanne" ist häufig bei zum Wohnen ausgebauten Kellern zu finden.

Qualität „unter Tage" zahlt sich aus. Wärmedämmung und Energieverbrauch hängen von Material und Ausführung des Kellers ab - und von der Zuverlässigkeit des Kellerbauers. Selbst die beste Dämmung der Außenwände nützt wenig, wenn es „von unten zieht". Wird das Haus mit Fördermitteln gebaut, müssen die Förderstandards eingehalten werden. Die KfW überprüft im Rahmen ihres Programms „Energieeffizient Bauen" stichprobenartig, ob die im Förderantrag genannten energetischen Werte des Hauses tatsächlich erreicht wurden. Ist das nicht der Fall, droht eine Rückzahlung und schlimmstenfalls eine Klage wegen Subventionsbetrug. Wer sein Haus auf einen Qualitätskeller setzt, hat keine Probleme zu befürchten.

Qualitätskeller fertigen die fünf Mitgliedsunternehmen der Gütegemeinschaft Fertigkeller (GÜF), die das renommierte „RAL-Gütezeichen Fertigkeller" tragen. Dieses Siegel wird für kontrollierte Qualität im Fertigkellerbau nach Prüfungen im Werk und auf der Baustelle für ein Jahr vergeben. Überwacht werden unter anderem der Fertigungsprozess, die Baumaterialien und der Service. Auch einige Haushersteller haben eine eigene Kellerherstellung.

Ein Fertighaus steht auf einer Gründung, also einem Fundament, das die Lasten ableitet. Aufgabe ist die Lastenverteilung, die Wärmedämmung und der Schutz vor Feuchtigkeit aus dem Erdreich.

Eine Bodenplatte ist ein 20 Zentimeter dickes Plattenfundament, über das die Auflasten des Hauses gleichförmig verteilt werden. Sie wird aus Stahlbeton vor Ort gegossen und besitzt bei Bedarf eine unterseitige Dämmung. Meist wird sie mit einem umlaufenden Streifenfundamenten ausgeführt. Die Bodenplatte selbst ist dann einige Zentimeter dünner. Auch unter einen Keller wird eine Bodenplatte als Fundament gesetzt. Eine Fundamentplatte kostet je nach Größe und Qualität bei 100 Quadratmetern Fläche 8.000 bis 10.000 Euro.

Das Fundament trägt die Last des Hauses

Der Guss der Bodenplatte beginnt mit dem Aushub der Baugrube – bei einer geplanten Bodenplatte naturgemäß nicht so tief wie bei einem Kellerbau. Die Umrisse der Bodenplatte werden abgeschalt. Unter das Fundament auf die Sohle der Baugrube wird eine „Sauberkeitsschicht" aus Kies von etwa 20 Zentimeter Dicke gelegt, die mit einer Folie bedeckt wird. Nach der Bewehrung durch Stahlgitter werden Leerrohre für den Strom-, Gas- und Telekommunikationsanschluss gelegt. Dann folgt die Betonierung.

Haushersteller bieten Service

Die Hersteller von Fertighäusern helfen bei der Ausschreibung und Beauftragung der notwendigen Aushub- und Gussarbeiten. Die Erd-, Kanal- und Betonarbeiten werden normalerweise vom Bauherrn beauftragt. Die Haushersteller geben manchmal die Bodenplatte selbst in Auftrag. Die Leistungen werden meist an regionale Subunternehmer vergeben. Einige Hersteller bieten neben dem Kellerbau auch die Bodenplatte als Teil ihres eigenen Leistungskataloges an.

4.2.3 Hauserrichtung

Die Errichtung eines Fertighauses dauert maximal zwei Tage. Sie beginnt frühmorgens mit der Ankunft einer Montagekolonne und eines Kranes. Die Bauelemente werden auf Lastkraftwagen zur Baustelle gebracht. Nachdem die Plane von dem Tieflader entfernt wurde, kann die so genannte „Hausstellung" beginnen. Sie orientiert sich an einem Bauplan, in dem den einzelnen Bauteilen und Montageschritten Nummern zugeordnet sind. Sie erfolgt in der Regel geschossweise. Zunächst werden die Außenwände auf die Bodenplatte oder die Oberkante des Kellers in ein Mörtelbett gesetzt, ausgerichtet und mit Ankern und Spezial-Schrauben oder Schwerlast-Dübeln fixiert. Die tonnenschweren und geschosshohen Elemente werden mit speziellen Verschraubungen aneinander befestigt.

**Ein Kran hebt die
Bauelemente auf den Bauplatz**

Der nächste Schritt ist das Einheben der Innenwände. Nach wenigen Stunden steht das Erdgeschoss und die Zwischendeckenelemente kommen zum Einsatz. Parallel wird das Gerüst um das Haus aufgestellt, um mit dem Obergeschoss und dem Dach fortfahren zu können. Die Geschwindigkeit, mit der das Haus wächst, verblüfft Laien immer wieder. Sie ist das Ergebnis der Vorfertigung und der ausgefeilten Logistik der Branche.

Am Ende der Prozedur wird das Dach eingedeckt; die Dachelemente wurden bereits vorgefertigt. Bei kompakten Häusern benötigen die Fachkräfte des Herstellers nur einen Tag für die Hausstellung, größere Bauten stehen spätestens am zweiten Tag wetterfest und ausbaufertig auf dem Bauplatz. Im Unterschied zum Rohbau eines konventionellen Baus ist das Fertighaus nun weitgehend fertig, obwohl die Baustellenphase gerade erst begonnen hat.

In den Wänden sind die Fenster, Türen und die Anschlüsse dank der Vorfertigung im Werk schon eingebaut. Die Versorgungsschächte im Inneren der Wände sind für den Innenausbau leicht zu erreichen – soweit die Einbauten nicht schon im Werk integriert wurden. An einigen Stellen sind die Holztafeln nur provisorisch mit einer Holzwerkstoffplatte verschlossen. Wenn Leitungen und Rohre eingebaut sind, werden sie erneut und endgültig geschlossen.

Immer wieder übt die schnelle Hauserrichtung Faszination auf Bauherren und ihre Umgebung aus. Innerhalb weniger Stunden wächst auf einem „nackten" Bauplatz ein Eigenheim.

Tipp: Schauen Sie sich eine Hauserrichtung vorab an!

Verschaffen Sie sich im Internet in Filmen einen Überblick über den Ablauf einer Hausstellung. Zahlreiche Filme auf der Plattform www.youtube.com zeigen eine Hausmontage im Zeitraffer. Oder besuchen Sie eine Hauserrichtung in Ihrer Nähe. Orte und Termine können Sie bei Ihrem Hersteller erfragen oder in der Termindatenbank auf der Internetseite www.fertighauswelt.de finden.

4.2.4 Innenausbau

Gerade beim Innenausbau kommen die Vorteile des Fertigbaus zum Tragen: Alles kommt aus einer Hand. Die verschiedenen Gewerke werden vom Bauleiter koordiniert. Oft werden alle Gewerke von unternehmenseigenen Ausbau-Trupps geleistet. Das sichert die Arbeitsqualität, Terminabstimmungen gelingen und die einzelnen Arbeitsschritte verlaufen abgestimmt.

Innenausbau durch geschulte Fachkräfte

Zum Innenbausbau gehören die Installation der Elektrotechnik, die Verlegung von Kabeln und Anschlüssen, von Bekleidungen und Belägen von Fußboden, Wänden und Decken, der Estrich, Treppen und Geländer. Von Maler- und Tapeziererarbeiten über das Fliesenlegen bis zu Schreinerarbeiten für Innentüren und Einbaumöbel werden alle Leistungen von geschultem Fachpersonal erbracht, das häufig ausschließlich Häuser eines bestimmten Herstellers ausbaut.

Fachleute montieren die Haustechnik, alle Arbeiten und Installationen zu Heizungssystem, Wasser-, Kanal- und Gasanschlüssen übernehmen Spezialisten. Während des Innenausbaus stehen der Polier als ständiger Ansprechpartner im Gebäude und der Bauleiter als Koordinator dem Bauherrn zur Verfügung.

Der Innenausbau eines Fertighauses beginnt unmittelbar nach der Hauserrichtung. Er ist weit im Voraus planbar – terminlich und organisatorisch. Die benötigten Ausstattungsgegenstände von Schaltern bis hin zu Einbaumöbeln werden nach der Bestellung in der Bemusterung rechtzeitig geordert. Die Ausbau-Handwerker kennen das Haus nicht nur aus den Plänen, sondern auch aus Erfahrung - schließlich arbeiten sie oft ausschließlich für einen Hersteller.

Eigenleistung beim Innenausbau

Beim Innenausbau schlägt die Stunde der „Selbermacher". Wer ein Ausbauhaus erworben hat, der zeigt jetzt, was er kann. Er erhält eine ausführliche Anleitung zu den Leistungen, die er selber erbringen will: das so genannte „Ausbauhandbuch". Wer das Haus schlüsselfertig bestellt hat, der kann nun seinen Hersteller „machen lassen". Die Dauer des Innenausbaus hängt von der Hausgröße und dem Standard der Innenausstattung ab. In der Regel dauert es nur wenige Wochen, bis das Eigenheim bezugsfertig ist.

Exkurs: Was ist Wohnkomfort –
Teil 3: Wohnungseinrichtungszufriedenheit

Von Ursula Geismann

Wohnkomfort und Wohlbefinden gehen Hand in Hand. Um sich „daheim" auch „zuhause" zu fühlen, müssen mindestens drei Bedingungen erfüllt sein. Und diese sind die „drei Zufriedenheiten": Die Wohnungsumgebungszufriedenheit, die Wohnungszufriedenheit und die Wohnungseinrichtungszufriedenheit.

Ist man sich klar über die Wohnungsumgebung und das Haus selbst, gehört zur Zufriedenheit und zum Wohlbefinden die passende Einrichtung. Der moderne Mensch verbringt rund 90 Prozent seiner Zeit in Innenräumen. Er sollte bewusst wählen, mit welchen Dingen er sich umgibt. Die „eine" passende Einrichtung gibt es nicht. Schließlich prägt Individualität die zeitgenössische Einrichtung. Zu unterschiedlich sind Ansprüche und Geschmack. Daher ist das Angebot an modernen Möbeln und Einrichtungsgegenständen so vielfältig wie nie zuvor. Wohnen bietet Identität, die Orientierung für das Leben ist. Nirgendwo sonst kann man sich so ausleben, so privat sein und sich so ungezwungen wohlfühlen wie im eigenen Zuhause. Oder anders ausgedrückt: Zuhause weiß man am besten, wo man wirklich hingehört.

Häuslebauer sollten bei der Einrichtungsplanung von ihren Bedürfnissen ausgehen. Dazu gehören profane Dinge wie der Stauraumbedarf, aber auch komplexere Aspekte wie Interessen und typische Verhaltensweisen der Bewohner. Machen die Kinder gern am Küchentisch die Hausaufgaben oder sitzen sie lieber am Schreibtisch? Wird häufig und gerne gekocht? Braucht die Schwiegermutter ein Gästezimmer? Kommen oft Freunde, mit denen man gemeinsam ein Fußballspiel schauen will? Haben die Eltern einen Rückzugsraum? Was ist, wenn zu Weihnachten viele Verwandte zum Essen kommen? Gibt es Haustiere, die ständig Haare verlieren; und verträgt sich das mit einem weißen Polsterbezugsstoff? Wo werden Lichtquellen benötigt? Fragen über Fragen, die Einfluss auf Möbel und Einrichtungsgegenstände haben. Bauherren sollten sie früh beantworten.

In der Ausgestaltung der eigenen vier Wände spielen Aspekte der Wohngesundheit eine wachsende Rolle. Empfindliche Allergiker, die keinen Teppich vertragen, oder Menschen, die sich zumindest beim Schlafen gern vom Elektrosmog abschirmen möchten, stellen hohe Ansprüche an ihre Wohnumgebung.

Flexible Möbel kommen den Bedürfnissen moderner Menschen entgegen. Nicht umsonst bietet die deutsche Möbelindustrie so genannte „Multifunktionspolstermöbel" an. Die können nach Wunsch verbreitert oder schmaler gemacht werden. Viele handelsübliche Esstische sind leicht erweiterbar. Gute Möbel müssen mehrere Zwecke erfüllen können; sie sind deshalb auch auf der Rückseite ansehnlich.

Das klingt einfach, ist aber mit Aufwand verbunden: Ein kleines Bücherregal wird am Sofarücken angebracht, eine Regalwand steht frei im Raum. Im Hausgrundriss verschmelzen die Bereiche Kochen, Essen und Wohnen zunehmend miteinander. Der Raum wird weiter. Gleiches gilt für die Vereinigung von Schlaf- und Badezimmer. Sie schafft Platz für Wellness-Oasen oder private Spa-Anlagen direkt am Schlafgemach.

Für viele Menschen steht Gemütlichkeit in der Wohnungseinrichtung an oberster Stelle. „Gemütlichkeit" ist vom Wort „Gemüt" abgeleitet. Das Gemüt ist persönlich und individuell. Folglich entziehen sich die geschmacklichen Einrichtungsvorlieben und die Definitionen von „gemütlichem Wohnen" jeder Bewertung. Im Klartext: Was gemütlich ist, entscheidet jeder Wohnungsbesitzer selbst.

Das ideale Zuhause ist das individuelle Zuhause, das Eigene, das Besondere. Erst dann können Wohlbefinden und Wohnkomfort entstehen. Noch ein Tipp am Schluss: Jeder Bauherr sollte bedenken, dass man die Wohnatmosphäre mit allen

Sinnen wahrnimmt. Dazu gehören Riechen, Sehen, Fühlen, Schmecken, Hören und der Gleichgewichtssinn. Aus alldem ergibt sich der so genannte „siebte Sinn"; den kennt jeder, wenn er eine Wohnung zum ersten Mal betritt und direkt ein positives oder negatives Gefühl entwickelt. Man kann diesen Sinn schärfen, indem man bewusst lokalisiert, durch was Zu- und Abneigung ausgelöst werden. Übertragen auf das eigene Zuhause heißt das, Mut zum Wandel aufzubringen: die Möbel umzustellen, die Tapeten zu wechseln, oder etwas Neues zu kaufen.

4.2.5 Außenanlagen

Die Außenanlagen und ein Garten tragen nicht nur zur optischen Schönheit des Hauses bei, sondern auch zum Wohlfühlen in den eigenen vier Wänden - und der Wohnumgebung. Einige Fertighaushersteller bieten ihren Kunden Beratung an, wie sie ihr Umfeld gestalten können. Wie könnte der Garten aussehen? Wie die Außenanlagen? Welches Pflaster steht zur Auswahl, welche Farbe und welches Material kommen in Frage?

Gestaltung der Außenanlagen

Einige Fertighausunternehmen haben eigene Kompetenzen in der Gartenarchitektur oder Kontakte zu regionalen Garten- und Landschaftsbaubetrieben. Sie planen den Außenbereich, die Ausführung übernehmen in der Regel Subunternehmen aus der Region. Das Angebot reicht je nach Unternehmen von der vollständigen Außenanlagengestaltung bis zur Ausschreibung und Vergabe des Projekts. Der Kunde kann entscheiden, welche Leistungsphasen er mit dem Hersteller verwirklichen will. Hinsichtlich des Aussehens des Gartens hat er die Wahl: Ob modern oder klassisch, formal oder natürlich, pflegeleicht oder pflegeintensiv – der persönliche Geschmack und der Lebensstil fließen hier ein.

4.2.6 Hausabnahme

Wenn Bauherren den Schlüssel zu ihrem Haus entgegennehmen, ist das ein emotionaler Moment. Bevor man diesen so richtig genießen kann, steht noch einmal Arbeit auf dem Programm: Das Haus muss sorgfältig abgenommen werden.

Für die Bauabnahme wird im Vertrag eine förmliche Abnahme durch den Besteller vereinbart. Das bedeutet, dass Bauherr und Bauleiter gemeinsam auf der Baustelle sind und das Haus begutachten. Der Bauherr bestätigt bei der Abnahme, dass die im Werkvertrag von ihm als Besteller erworbene Leistung vom Bauunternehmen als Auftragnehmer erbracht wurde. In einem Abnahmeprotokoll wird vermerkt, ob Mängel registriert wurden oder nicht.

Beweislastumkehr nach Bauabnahme

Dieser Vorgang ist deshalb so wichtig, weil er juristische Konsequenzen hat. Denn mit der Abnahme tritt die Beweislastumkehr in Kraft. Ab diesem Zeitpunkt muss der Bauherr nachweisen, dass der Mangel vor der Abnahme und durch das Bauunternehmen entstanden ist. Hat er gravierende Mängel erkannt, kann er die Abnahme verweigern und Mängelbeseitigung einfordern. Das gilt, wenn der Mangel „wesentlich" ist. Ein Mangel ist dann wesentlich, wenn er die Funktion des Hauses beeinträchtigt oder die Beseitigung des Mangels finanziell aufwändig ist. Bei

unwesentlichen Mängeln hat der Auftragnehmer ein Recht auf Abnahme des Hauses. Dies greift, wenn die im Werkvertrag vereinbarte Leistung erbracht wurde. Mit der Abnahme wird die Restvergütung fällig. Der Bauherr kann bei der Bauabnahme einen Sachverständigen hinzuziehen, um jedes Risiko zu vermeiden. Bei der Errichtung eines Fertighauses gibt es für gewöhnlich nur eine Abnahme des Gesamtbauwerks, keine Teilabnahme.

Wurde der Vertrag auf Basis des Bürgerlichen Gesetzbuches geschlossen, gilt für die Abnahme § 640 des Bürgerlichen Gesetzbuches. Mit der Abnahme beginnt die Verjährungsfrist für Mängel. Auch die Gewährleistungsfristen fangen an. Wurde die Geltung der VOB für den Hausbauvertrag vereinbart, beträgt sie vier Jahre. Nach dem BGB sind es fünf Jahre. Auf die Hauskonstruktion geben viele Hersteller, die der Qualitätsgemeinschaft Deutscher Fertigbau (QDF) angehören, 30 Jahre Gewährleistung. In der QDF-Satzung ist eine förmliche Abnahme und die Erstellung eines Protokolls vorgeschrieben.

Die Abnahme ist neben der Vertragsunterzeichnung der wichtigste Rechtsakt des Bauprozesses. Über eine förmliche Abnahme wird ein Protokoll erstellt. Dies beinhaltet: die Teilnehmer (also den Bauherrn, die Bauverantwortlichen und eventuell einen Sachverständigen), eventuell vorhandene Mängel und deren exakte Beschreibung, die schriftliche Fixierung von Beginn und Ende der Abnahme und gege-

benenfalls eine Vereinbarung zur Mängelbeseitigung.

Im Fertigbau ist eine
förmliche Abnahme Standard

Neben der förmlichen Abnahme gibt es
die fiktive und die stillschweigende Abnahme. Bei der stillschweigenden Abnahme schafft der Bauherr zum Beispiel durch
die Überweisung der Schlussrate oder den
Einzug Fakten. Er hat damit stillschwei-
gend zu Erkennen gegeben, dass er den
Vertrag als erfüllt ansieht. Bei der fikti-
ven Abnahme teilt das Unternehmen dem
Bauherrn mit, dass die Voraussetzungen
für eine Abnahme erfüllt sind. Nach Ablauf
einer vom Hersteller gestellten Frist gilt
das Haus als abgenommen, wenn keine
Reaktion vom Besteller erfolgt ist.

Nach der Abnahme wird die Ab-
schlussrechnung fällig. Sollte es nach
Wochen oder Monaten zu Problemen im
und am Haus kommen, kann der Bauherr
im Streitfall außergerichtliche Hilfe in
Anspruch nehmen: Die Qualitätsgemeinschaft Deutscher Fertigbau (QDF) unter-
hält eine Ombudsstelle, die als Schieds-
gericht angerufen werden kann. Dabei
werden beide Parteien angehört. Im Ergebnis kann es zu Nachbesserungen oder
Preisnachlässen kommen. Die Arbeit des
Schiedsgerichts ist kostenlos.

Tipp: Seien Sie bei der Bauabnahme
gründlich!
Egal, wie sehr Sie sich auf Ihr Eigenheim
freuen – nur wenn Sie sich Zeit nehmen
und Ihr Haus sorgfältig in Augenschein
nehmen, können Sie sicher sein, dass es
nach dem Umzug keine Ärgernisse oder
offene Fragen gibt. Treten vor oder nach
der Abnahme Konflikte auf, steht Ihnen
die Ombudsstelle der Qualitätsgemeinschaft Deutscher Fertigbau (QDF) offen,
die nach einer einvernehmlichen Lösung
sucht.

Zwischenruf: Warum Service im Fertigbau groß geschrieben wird!

Alexander Lux,
Vorstandsmitglied des
Bundesverbandes Deutscher Fertigbau

Liebe Leserinnen und Leser,

neben der Energieeffizienz und den positiven Materialeigenschaften unserer Holzhäuser sind die Abwicklung aus einer Hand und der umfassende Service entscheidende Aspekte, die zum wachsenden Erfolg von Energiesparhäusern in Fertigbauweise beigetragen haben.

Von der individuellen Planung über die millimetergenaue Fertigung im Werk unter stets gleichen, geprüften Bedingungen bis zur professionellen, auf Ihre Wünsche zugeschnittenen Realisierung erhalten Sie alle Leistungen aus einer Hand.

Dieser Service endet nicht mit der Hausübergabe - auch später stehen Ihnen über den Kundendienst Ansprechpartner zur Verfügung, die Ihnen in allen Fragestellungen rund um Ihr Haus weiterhelfen. Auch in Sachen Umbau, Ausbau und Sanierung hilft Ihnen der Hersteller gerne weiter. Hier bekommen Sie von hilfreichen Tipps bis zur kompletten Umsetzung ein maßgeschneidertes Leistungspaket.

So haben Sie die Möglichkeit, Ihr Haus noch Jahrzehnte nach dem Einzug neuen

Anforderungen, Wünschen und Lebensbedingungen anzupassen.

Ihr

4.3 Modernisierung und Umbau

4.3.1 Einführung

Service, Beratung, Kundendienst: Die Hersteller von Fertighäusern orientieren sich an diesem Dreiklang, wenn es um Umbau und Modernisierung geht. Sie bleiben Ansprechpartner ihrer Kunden. Wie die Fachberater und Bauleiter bei Hausplanung und Baustellenphase den Bauherren zur Seite standen, so steht der Kundendienst für spätere Ertüchtigungen des Eigenheims bereit.

Alle Anbieter verknüpfen den Hausbau mit einem mehrjährigen kostenlosen Kundendienst nach Abnahme. Die Dienstleistungsorientierung der Branche beweist sich gerade dann, wenn das Haus nach vielen Jahren modernisiert werden soll. Die führenden Hersteller grenzen sich im Wettbewerb von anderen Anbietern dadurch ab, dass sie mehr Service und mehr Kundennähe bieten.

Auch Fertighäuser kommen in die Jahre – genau wie ihre Bewohner. Irgendwann in ferner Zukunft stellt sich auch für frisch gebackene Eigenheimbesitzer die Frage, ob sie ihr Haus modernisieren oder umbauen wollen.

4.3.2 Ausbau und Modernisierung

Die Branche hat ihre Serviceangebote für diesen Bereich in den vergangenen Jah-

ren erweitert. Viele Hersteller unterhalten eigene Abteilungen für den Modernisierungsservice. Dort sitzen Experten, die die Häuser und ihre Konstruktion genau kennen und anhand der Planungsunterlagen schnell erkennen, wie das Haus verändert werden kann. Ob Dachaufstockung, Anbau oder Umbau: Fertighäuser sind aufgrund ihrer Bauweise Wandlungskünstler und passen sich neuen Lebensumständen sogar nach Jahrzehnten noch an.

**Modernisierung und
Aus- und Umbau sind möglich**

Wenn Haus und Besitzer ins Seniorenalter kommen, empfiehlt sich eine altersgerechte Modernisierung. Ein barrierefreies Fertighaus garantiert Senioren Wohnkomfort und Bewegungsfreiheit. Hindernisse, Stolperfallen und weite Wege werden vermieden. Gerade Bad und Küche können so umgebaut werden, dass Ältere sich dort ohne Angst bewegen und alles erreichen können. Mit Hilfe von Rampen und breiten Durchgängen bleiben auch Menschen zuhause mobil, die auf einen Rollstuhl angewiesen sind.

Die bevorzugte Raumaufteilung hat sich in den vergangenen Jahrzehnten verändert: Zeitgemäßes Wohnen braucht heute einen anderen Grundriss als noch vor 20 oder 30 Jahren. Dazu zählt ein offener

Wohn-Ess-Bereich statt eines kleinen Esszimmers und einer abgetrennten Küche. Wenn statisch möglich, sind Änderungen im Grundriss von Fertighäusern problemlos durchführbar.

Raum für neue Wünsche

Wer mehr Raum braucht, kann um ein Geschoss aufstocken. Das bedeutet mehr Wohnraum bei gleicher Grundstücksgröße. Ein ausgebautes Dachgeschoss schafft Platz für neue Interessen: Ein Lese- oder Mal-Studio, das durch Dachfenster den Blick zum Himmel freigibt, ist ein idealer Rückzugsort.

Ist das Grundstück groß genug, bietet sich ein Anbau an. Dieser wird wieder individuell vorgefertigt - aus passgenauen Wandelementen in den Werken der Fertighaushersteller. Das sichert eine hohe Bauqualität und den nahtlosen Übergang zwischen Alt- und Anbau.

Licht für ein neues Wohngefühl

Schon kleinere Umbauten können den Charakter eines Hauses zum Positiven verändern; namentlich dann, wenn Licht im Spiel ist. Erker oder Wintergarten bringen Sonne ins Haus und schenken lichtdurchfluteten Wohnraum mit warmer Atmosphäre. Wo schmale Fenster nur wenig Tageslicht hineinlassen, bahnt eine Glasfront der Helligkeit den Weg. Das optische Facelifting haucht selbst betagten Eigenheimen neues Leben ein, so dass sie wieder jugendlichen Charme ausstrahlen. Erker und Dachgauben verleihen eine besondere Note und machen das Haus zu einem Blickfang.

Energiespartechnik auf dem neuesten Stand

Eine energetische Modernisierung führt zu Einsparungen bei den Wärmekosten. Zwar sind Fertighäuser ohnehin in Sachen Energiesparsamkeit im Hausbau das Maß der Dinge. Aber die technische Entwicklung bleibt nicht stehen. Wenn später eine energetische Ertüchtigung sinnvoll sein sollte, stehen die Hersteller mit entsprechenden Modernisierungsideen bereit.

Warum es sich lohnt, ein Fertighaus zu bauen

Hans Weber,
Ehrenpräsident des
Bundesverbandes Deutscher Fertigbau

Liebe Leserinnen und Leser,

als Ehrenpräsident des Bundesverbandes Deutscher Fertigbau bin ich nicht ganz objektiv, wenn es um die Beurteilung der verschiedenen Bauweisen geht, die für den modernen Eigenheimbau in Frage kommen. Trotzdem möchte ich Ihnen noch ein Wort mit auf den Weg geben: mein Wort!

Seit einigen Jahrzehnten bin ich nun in dieser Branche tätig, als Unternehmer und zeitweise als Verbandspräsident. Rückblickend kann ich sagen: Die Entwicklung des deutschen Fertigbaus war und ist atemberaubend. Die energetischen Standards, die wir heute anbieten, sind Lichtjahre entfernt von denjenigen der 1960er und 1970er Jahre. Zwar wurde erst mit der Wärmeschutzverordnung von 1979 überhaupt ein gesetzlicher Mindeststandard eingeführt. Wenn es um Energieeffizienz im Bauen ging, war der Fertigbau aber immer an der Spitze der Bewegung – und seiner Zeit voraus. Ähnliches lässt sich über die Architektur sagen. „Vielfalt statt Einfalt" lautet die Devise. Heute bieten die Hersteller viele Architekturstile und alle nur denkbaren Hausgrundrisse an.

Schon früher galt, was heute noch gilt: Bauen ist etwas Besonderes. Und zwar nicht nur für den Bauherrn, sondern auch für das Bauunternehmen. Die Übergabe eines Neubaus an die frischgebackenen Bewohner ist für alle Beteiligten ein außergewöhnlicher Moment. Ich habe diese Augenblicke oft erlebt. Mich berührt die feierliche Stimmung, die Euphorie von jungen und älteren Paaren, Familien und Bekannten: Jetzt sind wir angekommen.

Die Hersteller von Fertighäusern haben viele Menschen in ihr neues Zuhause begleitet. Die Bauherren von heute haben die Chance, von diesem reichhaltigen Erfahrungsschatz zu profitieren. Schließlich war der Fertigbau noch nie so bauherrenfreundlich wie heute. Wo finden Sie sonst so viel Individualität bei Architektur, Grundriss und Ausstattung bei so viel Bauherren-Sicherheit durch Fixpreis, Fixtermin und Qualitätssicherung?

Ein Haus baut man für´s Leben. Deshalb sollten Sie sich in gute Hände begeben, wenn Sie Ihren Traum vom eigenen Haus verwirklichen. Verlassen Sie sich auf die Bauweise Holz-Fertigbau und die professionellen Hausbauunternehmen der Branche. Sie werden Ihre Freude an dieser Entscheidung haben.

Ihr

Teil III
Service-Teil

III.1 Mitgliederverzeichnis des Bundesverbandes Deutscher Fertigbau

1, 2, 3 … sorgenfrei!

ADLERHAUS GmbH
Titschendorfer Str. 10
96365 Nordhalben

ADLERHAUS
BEGEISTERNDE HÄUSER AUS HOLZ

Tel.	+49 (0) 92 67. 91 40 33-0
Fax	+49 (0) 92 67. 91 40 33-800
Internet	www.adlerhaus.de
E-Mail	info@adlerhaus.de

Mit ADLERHAUS verläuft der Bau Ihres Traumhauses reibungslos. Unser Motto „1, 2, 3 ... sorgenfrei!" bedeutet, dass wir nach der Bedarfsanalyse und gemeinschaftlichen Planung bis zur Fertigstellung dafür sorgen, dass die gesamte Bauphase für Sie absolut stressfrei über die Bühne geht. Viele hundert Familien haben sich bereits für ein Holzfertighaus von ADLERHAUS entschieden.

Kein Wunder: Der Rohbau steht in spätestens 48 Stunden – und ist vom ersten Moment an bereits vollkommen trocken! Nach spätestens 100 Tagen ist Ihr ADLERHAUS fix und einzugsfertig. Und natürlich spüren Sie die unvergleichliche Wärme und Ausstrahlung von Holz auch am hervorragenden Wohnklima. Ihr ADLERHAUS ist ein Unikat. Jedes ADLERHAUS ist ein Spiegel der Wünsche und Sehnsüchte: individuell zugeschnitten auf die Erwartungen und Bedürfnisse der Familie, die dort einzieht. Egal, ob Sie als Bauherr an traditionelle Architektur anknüpfen oder ein modernes, geradliniges Energiesparhaus verwirklichen möchten. Rufen Sie uns doch einfach an: Wir nennen Ihnen gerne ADLERHAUS-Baufamilien in Ihrer Nähe, die ihr eigenes Haus für neue Interessenten öffnen und stolz ihr Zuhause präsentieren.

Fixe Kosten. Fixe Termine. Fix fertig.

ALHO Systembau GmbH
Hammer 1
51598 Friesenhagen

Tel.	+49 (0) 22 94.6 96-111
Fax	+49 (0) 22 94.6 96-145
Internet	www.alho.com
E-Mail	info@alho.com

ALHO
MODULARE GEBÄUDE

ALHO hat über die Jahre die Idee des Systembaus konsequent zum Konzept einer Raumfabrik weiter entwickelt. Hier entstehen hochwertige Modulgebäude, die in 70 Prozent kürzerer Bauzeit als in der Massivbauweise, zu Festpreisen und Fixtermin schlüsselfertig übergeben werden.

Die Anwendungsmöglichkeiten reichen vom Büro- und Verwaltungsgebäude über kommunale Bauten wie Kindergärten, Schulen und Sozialgebäude bis hin zu Kliniken, Laboren und Pflegeheimen.

Für den Bauherrn ergeben sich aus der Modulbauweise viele Vorteile: extrem kurze Bauzeit, gleich bleibend hohe Qualität und Sicherheit und Langlebigkeit. Als Generalunternehmer bietet ALHO alle Leistungen aus einer Hand.

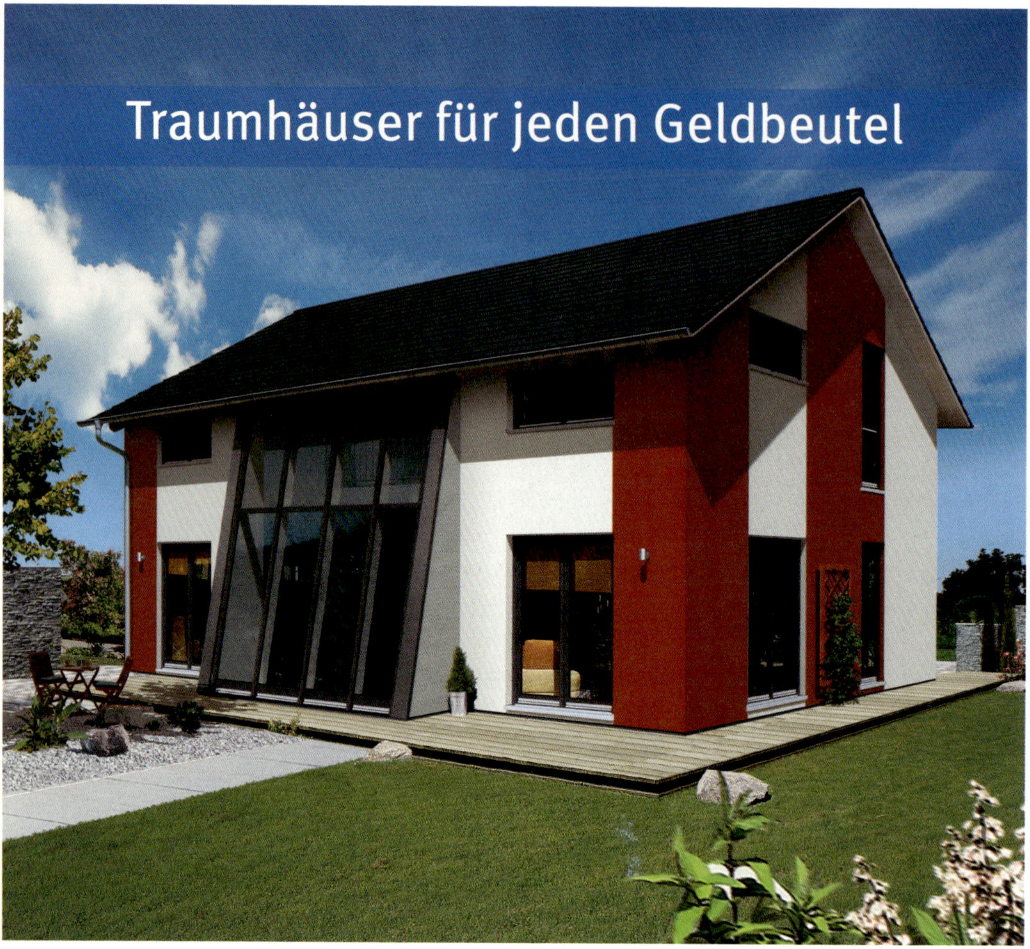

Traumhäuser für jeden Geldbeutel

allkauf haus GmbH
Rödelbachstraße 5
55469 Simmern

Tel.	+49 (0) 80 0.411 4 411
Fax	+49 (0) 67 61.91 60-100
Internet	www.allkauf.de
E-Mail	info@allkauf.de

80 Prozent der Bundesbürger, wünschen sich, im eigenen Haus zu leben und keine Miete mehr zahlen zu müssen. Dabei schrecken jedoch viele vor dem Bau des eigenen Heims zurück, da sie die finanzielle Belastung befürchten. Dies ist jedoch gar nicht nötig. Denn mit allkauf, Ihrem Anbieter für Ausbauhäuser, haben Sie einen zuverlässigen Partner an der Hand, wenn es darum geht, Ihr Traumhaus zu mietähnlichen Konditionen, aber ohne Einsparung in der Qualität zu realisieren. Auch wenn Sie an die Zukunft denken, so haben Sie mit einem eigenen Haus den Vorteil, dass Sie im Alter mietfrei wohnen.

Das allkauf-Konzept bietet Ihnen die Möglichkeit, Ihr Haus ganz individuell nach Ihren Wünschen und Vorstellungen zu gestalten. Als Bauherr sind Sie hier für den Innenausbau selbst verantwortlich. Die dazu benötigten Materi-

alien und Werkzeuge sind ebenso wie die Ausstattungsberatung im eigenen Bemusterungszentrum, der Ausbauberater vor Ort auf Ihrer Baustelle und die Heizungsanlage im Hauspreis inbegriffen. allkauf punktet nicht nur mit moderner Architektur, intelligenter Raumaufteilung und absolut vollständigen Ausbaupaketen, sondern auch mit bester Qualität. Qualität ist bei allkauf Standard, darauf können Sie sich verlassen. So sind in jedem allkauf Ausbauhaus eine Massivholztreppe, 3fach verglaste Fenster, eine blower–door–Messung, Effizienzwände, eine Solaranlage zur Brauchwassererwärmung und die kontrollierte Be- und Entlüftung im Standard enthalten und kosten Sie keinen Cent extra. Deutschlandweit finden Sie unsere Musterhäuser, in denen Sie nicht nur umfangreich beraten werden, sondern auch eine Vorstellung vom allkauf-Wohngefühl bekommen.

Komforthäuser in Bioqualität...

Bau-Fritz GmbH & Co. KG,
seit 1896
Alpenstraße 25
87746 Erkheim/Allgäu

BAUFRITZ
SEIT 1896

Tel.	+49(0)83 36.900-0
Fax	+49(0)83 36.900-222
Internet	www.baufritz.de
E-Mail	info@baufritz.de

...nachhaltig, wohngesund und individuell

Entdecken Sie unsere Philosophie des gesunden Bauens. „Wir stellen höchste Ansprüche an ganzheitliche Planung, ökologische Perfektion und individuelles Design", so Dagmar Fritz-Kramer, kaufmännische Geschäftsführerin. Wir verhelfen Ihnen mit individueller Grundrissplanung, einzigartigem Design und absoluter Gestaltungsfreiheit zu Ihrem persönlichen Wunschhaus. Unter „sorgenfreiem Bauen" verstehen wir Komplettservice aus einer Hand. Unser einzigartiges Gesundheitskonzept, inklusive Elektrosmogschutz garantiert Ihnen bestes Wohnklima. Jedes Baufritz-Qualitätshaus bietet Ihnen ein Optimum an Gesundheit, Sicherheit und Komfort. Regelmäßige Auszeichnungen, wie der Deutsche Nachhaltigkeitspreis 2009, bestätigen uns in unserem Handeln.

Überzeugen Sie sich selbst:
www.baufritz.de
www.baufritz-gewerbebau.de

Häuser bauen ist unsere Leidenschaft

Ob groß oder klein, modern oder klassisch, schlüsselfertig oder mit Eigenleistung: Bei Bien-Zenker finden Sie Ihr Traumhaus. Von der klassischen bis zur modernen Architektur, vom Bungalow bis zur großzügigen Stadtvilla, vom Single-Haus bis zum Mehrgenerationenhaus – umfangreiche Grundrissauswahl, verschiedene Dachformen, attraktive Architektur-Accessoires, verschiedene Design-Pakete, flexible Wohnraumgestaltung und individuelle Planung machen jedes Bien-Zenker Haus zu einem Wohlfühl-Haus.

Alle Bien-Zenker Häuser zeichnen sich durch anspruchsvolle Architektur, höchste Qualität, beste Materialien und einen wirklich fairen Preis aus. Ein besonderes Highlight ist die fortschrittliche sowie energiesparende Effizienzhaus-Bauweise in Verbindung mit modernster Energiespar-Heizungstechnik.

Damit setzt Bien-Zenker mit seinem green-EFFICIENT-living-Konzept Maßstäbe in Sachen Energie sparen, Nachhaltigkeit und Umweltschutz und bietet maßgeschneiderte Pakete vom Energiesparhaus über alle Effizienzhaus-Stufen bis zum Passivhaus und Plus-Energie-Haus an.

„Weil alles passt", hat Bien-Zenker passend zu allen Häusern Bodenplatten und Keller im Programm und hält mit dem Bien-Zenker Beratungs-Service ein umfassendes Service-Paket von der Grundstücksbeschaffung über die Finanzierung und Hausplanung bis hin zum Kunden-Service für Bauherren bereit.

Bauen ohne Stress!

B.O.S.-HAUS GmbH
Am Distelrasen 2
36381 Schlüchtern

Tel.	+49(0)66 61.98-0
Fax	+49(0)66 61.98-177
Internet	www.bos-haus.de
E-Mail	info@bos-haus.de

BOS® HAUS

BAUEN OHNE STRESS

Clever und einfach in die eigenen vier Wände

Bauen ohne Stress: Für dieses Konzept steht der Ausbauhaus-Spezialist B.O.S.-Haus. Denn bei B.O.S. können Sie auf die Unterstützung von zwei starken Partnern zählen: BIEN-ZENKER und OBI. Diese haben für Sie ein einzigartiges Konzept entwickelt: B.O.S. bietet Ihnen eine große Zahl verschiedener Hausmodelle zur Auswahl und OBI liefert Ihnen das Material für den Innenausbau. Ihre Eigenleistung beim Innenausbau ist Teil des Eigenkapitals, das heißt: Selbermachen zahlt sich aus und wer mit anpackt, spart bares Geld!

Das umfangreiche B.O.S.-Hausprogramm umfasst vom Ein- oder Zweifamilienhaus über Doppelhäuser bis zu Bungalows viele verschiedene Haustypen in allen Größen und in allen Stilrichtungen. Von traditionell über mediterran oder verklinkert bis hin zu modern können Sie Ihren eigenen Stil verwirklichen. Passend zum Haus wählen Sie Ihre Dachform und Ihre individuellen Architektur-Accessoires aus und verleihen damit Ihrem Traumhaus seine ganz eigene Note. Flexibel sind Sie auch bei der Wahl der Ausbaustufe: Von wenig bis viel Eigenleistung ist alles möglich.

Gleiches gilt auch für den Energie-spar-Standard Ihres neuen Hauses. Vom Energiesparhaus über alle Effizienzhaus-Stufen ist dank der fortschrittlichen Effizienzhaus-Bauweise und den innovativen Effizienzhaus-Heizungsanlagen alles möglich.

Abgerundet wird das Ganze mit der Bodenplatte oder dem Keller von B.O.S. und dem umfangreichen Beratungs-Service, beginnend mit der Grundstücksbeschaffung über die Finanzierung und Hausplanung bis hin zum Kunden-Service. So kommt alles aus einer Hand!

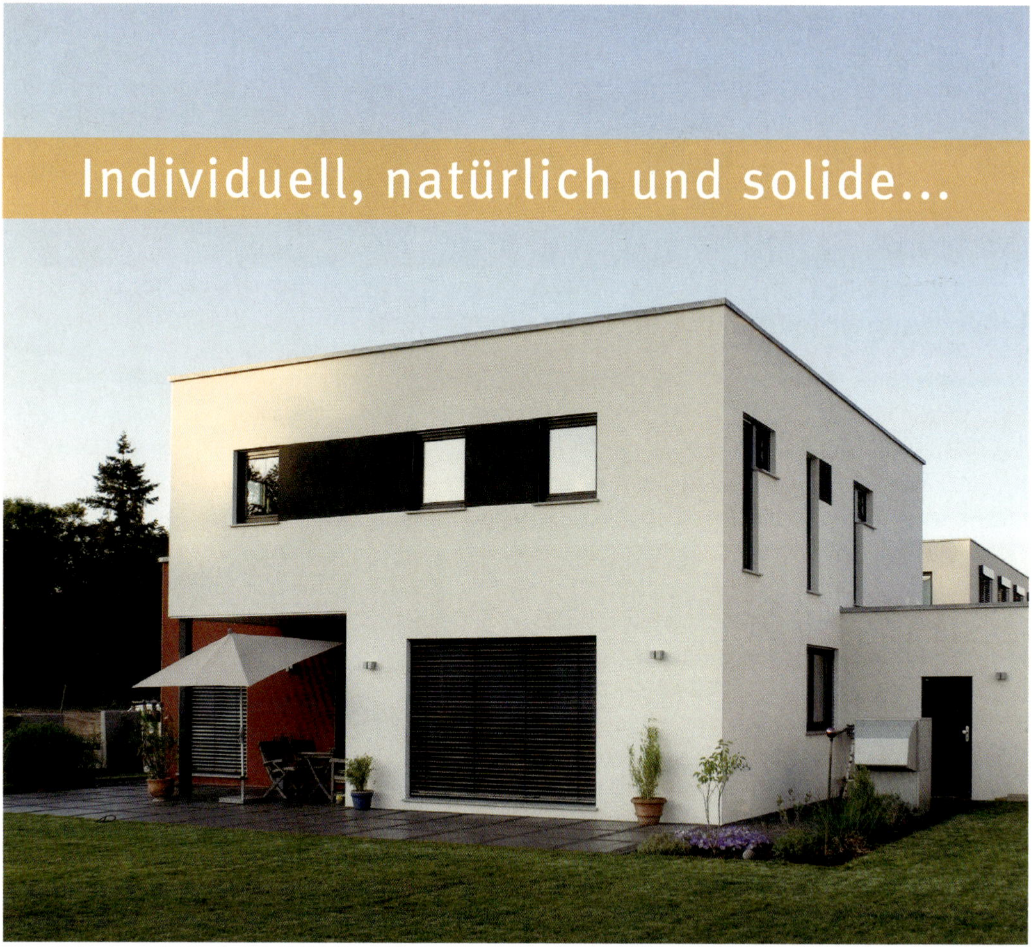
Individuell, natürlich und solide...

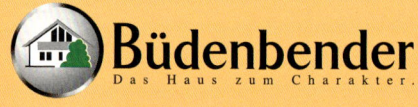

...Ihr Haus von Büdenbender, einzigartig wie Sie selbst.

Verwirklichen Sie Ihren eigenen Stil. Büdenbender plant und baut Ihr Haus exakt so, wie Sie es sich vorstellen. Leben Sie gesund und ökologisch in Ihrem ganz persönlichen Architektenhaus. Anspruchsvolles Design und gesundes, ökologisches Wohnen in Perfektion vereint – das ist die Büdenbender Klimawand atmo-tec®. Konsequent ökologisch und gesund ohne PE-Folien oder Styropor aufgebaut – für ein natürliches Raumklima.

„Hausbau ist unsere Leidenschaft – schon seit 65 Jahren, in dritter Generation."

65 Jahre
1946 – 2011

Individuelle Architektur

Fertighaus Weiss GmbH
Scheuerhalden
Sturzbergstraße 40-42
74420 Oberrot

Tel.	+49 (0)79 77.97 77-0
Fax	+49 (0)79 77.97 77-25
Internet	www.fertighaus-weiss.de
E-Mail	info@fertighaus-weiss.de

seit 1881
FERTIGHAUS WEISS
®

Planen und Bauen aus eigener Hand

Was im Jahr 1881 als kleiner Zimmereibetrieb von Josef Weiss in Oberrot seinen Anfang nahm, präsentiert sich 130 Jahre später als eines der leistungsfähigsten Fertighausunternehmen. Die Fertighaus Weiss GmbH vertraute von Anfang an auf den Grundsatz „alles aus eigener Hand". Angefangen von der Planung mit den eigenen Architekten, über den Kellerbau und die eigentliche Hausproduktion mit eigenen Mitarbeitern, bis hin zum Aufbau, Innenausbau, Installation von Heizung-Sanitär sowie der Elektroarbeiten vor Ort mit eigenen WEISS-Mitarbeitern, bekommen Sie alles von einem Partner. Eine individuelle und qualifizierte Planung und Beratung ist dabei ebenso wichtig wie eingehaltene Termine und transparente Kosten. Fertighaus Weiss realisiert mit ca. 350 Mitarbeitern ca. 240 Häuser pro Jahr.

Mit ihrer mehr als 130-jährigen Tradition kann die Fertighaus Weiss GmbH auf einen reichen Erfahrungsschatz zurückgreifen. Mehr als 3.500 zufriedene Bauherren in den letzten Jahrzehnten bestätigen sie in ihrem Verständnis und sind, zusammen mit ihrer Tradition, ihren motivierten Mitarbeitern und ihren modernen Fertigungseinrichtungen, ein wichtiger Grundpfeiler für ein starkes und erfolgreiches Unternehmen.

Fertighaus-WEISS – Planen und Bauen aus eigener Hand!

Bauen mit Weitblick: ökologisch, ökonomisch, zukunftsweisend

Seit über 60 Jahren baut der hessische Fertighaushersteller FingerHaus hochwertige und energieeffiziente Häuser in Holzfertigbauweise. Zu einem Haus, an dem der Bauherr ein Leben lang seine Freude hat, gehört einerseits eine optimale Wärmedämmung, wie sie die FingerHaus-Gebäudehülle THERMO+ bietet, andererseits aber auch das passende Heizkonzept. Durch die langjährige Erfahrung und das ausgesprochen hohe Engagement im Bereich regenerativer Energiekonzepte, hat sich das Familienunternehmen heute zu einem der führenden Anbieter am Markt entwickelt. 85 % der FingerHaus- Bauherren nutzen bereits erneuerbare Energien – zum

Vergleich: im Neubaubereich liegt dieser Anteil lediglich bei 38 %.

Die Angebotspalette umfasst viele architektonisch einfallsreiche Hauskonzepte und ermöglicht ebenfalls eine komplett freie Architektenplanung. Haus und Bodenplatte bzw. Betonfertigkeller bekommt man bei FingerHaus „aus einer Hand", zum klar definierten Festpreis und mit verbindlichen Terminvorgaben. „Der Bauherr wünscht – FingerHaus baut", dieses Arbeitsprinzip folgt stets dem individuellen Wunsch des Kunden und wird durch ein umfangreiches Serviceangebot abgerundet.

Mit diesem Hintergrund wurde das Unternehmen in 2009 von der Oskar-Patzelt-Stiftung zum besten Mittelständler Deutschlands gekürt.

In 2010 hat das FingerHaus-Musterhaus MEDLEY in Kassel als bundesweit erstes Fertighaus das neue dena-Gütesiegel Effizienzhaus 55 verliehen bekommen. Zudem wurden die Musterhäuser AVEO in Frankenberg und MEDLEY in Nürnberg zertifiziert. Die Deutsche Energie-Agentur Berlin zeichnet damit Gebäude aus, die einen besonders niedrigen Energiebedarf aufweisen – eine unabhängige Bestätigung für die hohe FingerHaus-Energiekompetenz.

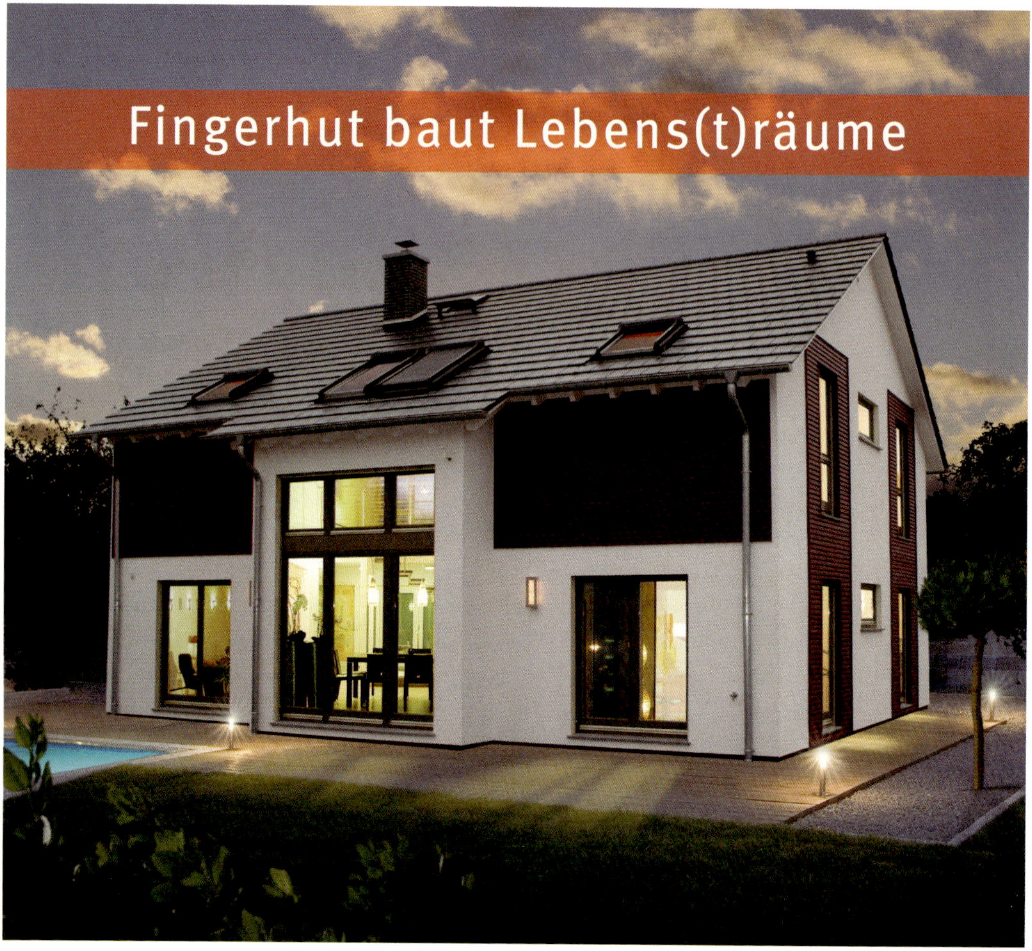

Fingerhut baut Lebens(t)räume

FINGERHUT HAUS GmbH & Co. KG
Hauptstraße 46
57520 Neunkhausen

Tel.	+49(0)26 61.95 64-0
Fax	+49(0)26 61.95 64-64
Internet	www.fingerhuthaus.de
E-Mail	info@fingerhuthaus.de

Für Sie tun wir das,
was wir am besten können.

Und das seit fast 110 Jahren. Denn wenn es um die Verwirklichung Ihres Traumhauses geht, schöpfen wir immer aus dem Vollen – mit größtem Knowhow, hohem Engagement und all unserer Erfahrung. Um Ihnen und Ihrer Familie etwas ganz Besonderes zu schaffen: ein neues Zuhause. Möglich wird dies durch unser flexibles Baukonzept, das Ihnen beim Hausbau unbegrenzte Gestaltungs- und Formvarianten bietet. So entstehen maßgeschneiderte Häuser, die wir bis ins kleinste Detail ganz individuell nach Ihren Wünschen entwerfen.

Ganz gleich ob Einfamilienhaus, Stadtvilla, Landhaus, Bungalow oder barrierefreies Haus: Bei Fingerhut finden Sie eine Vielzahl an modernsten Hausentwürfen, wertvollen Bautipps sowie jede Menge Ausstattungsideen.

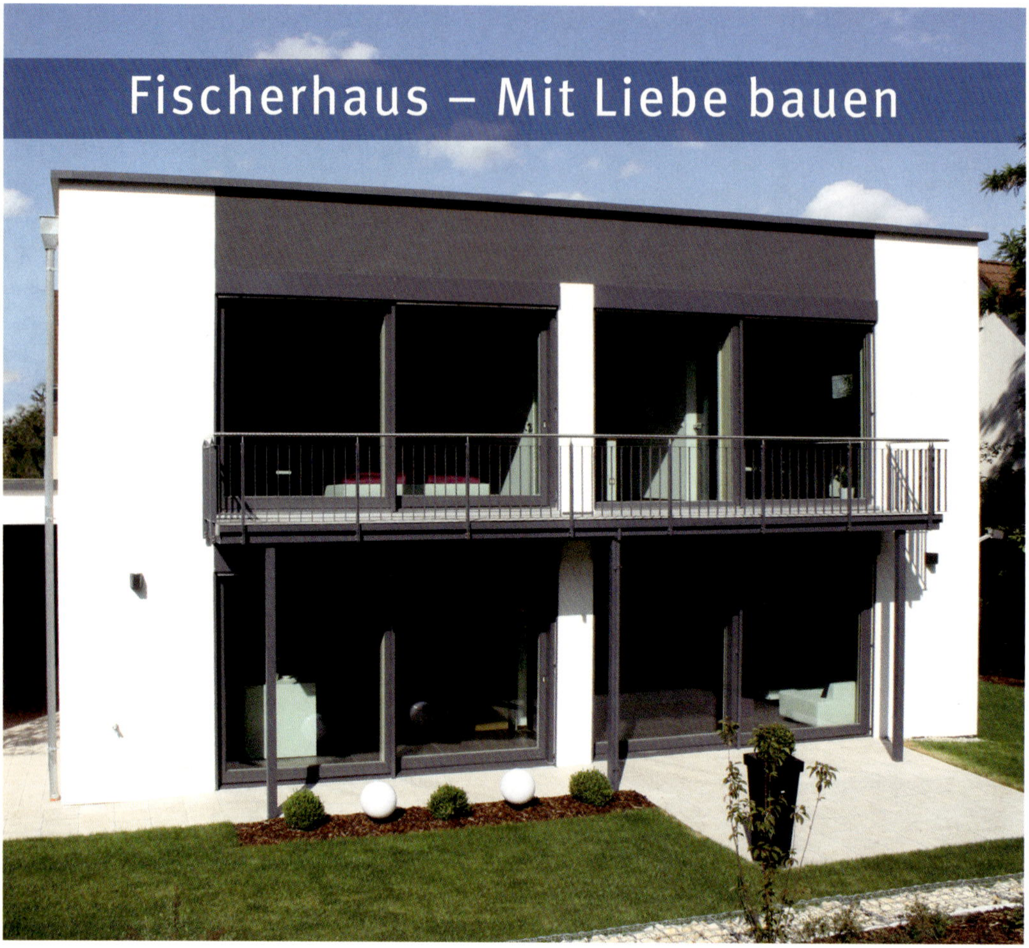

FischerHaus GmbH & Co. KG
Rathausplatz 4–6
92439 Bodenwöhr

Tel.	+49(0)94 34.9 50-0
Fax	+49(0)94 34.9 50-101
Internet	www.fischerhaus.de
E-Mail	info@fischerhaus.de

FISCHERHAUS

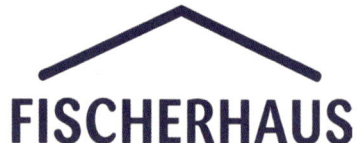

Schon seit Urzeiten und überall auf der Welt gehört es zum Bestreben des Menschen, den richtigen Partner fürs Leben zu finden. Und sich aus der Liebe zueinander ein Zuhause für das Miteinander zu schaffen. Ein Zuhause – damit verbindet jeder Mensch seinen individuellen Traum vom ganz persönlichen Stückchen Paradies. Wir von FischerHaus verstehen diese Träume. Unser Spezialgebiet ist es, aus ihnen reale Häuser zu schaffen. Diese Häuser bilden den idealen Rahmen für Ihr gemeinsames Leben. Ein FischerHaus garantiert einen festen Platz für Lebensfreude – über Generationen hinweg, Goldene Hochzeit inklusive. Wollen Sie auch mit Liebe bauen und ihre Goldene Hochzeit im FischerHaus feiern?

Holen Sie sich Vorfreude bei unserer Erlebniswerksführung, in unseren Musterhäusern in München-Poing und im „Golden Cube Haus 2010" in Fürth, im Musterhauspark Bodenwöhr oder erkunden Sie das Gefühl beim gemeinsamen Probewohnen. Mehr Infos gibt's unter www.fischerhaus.de.

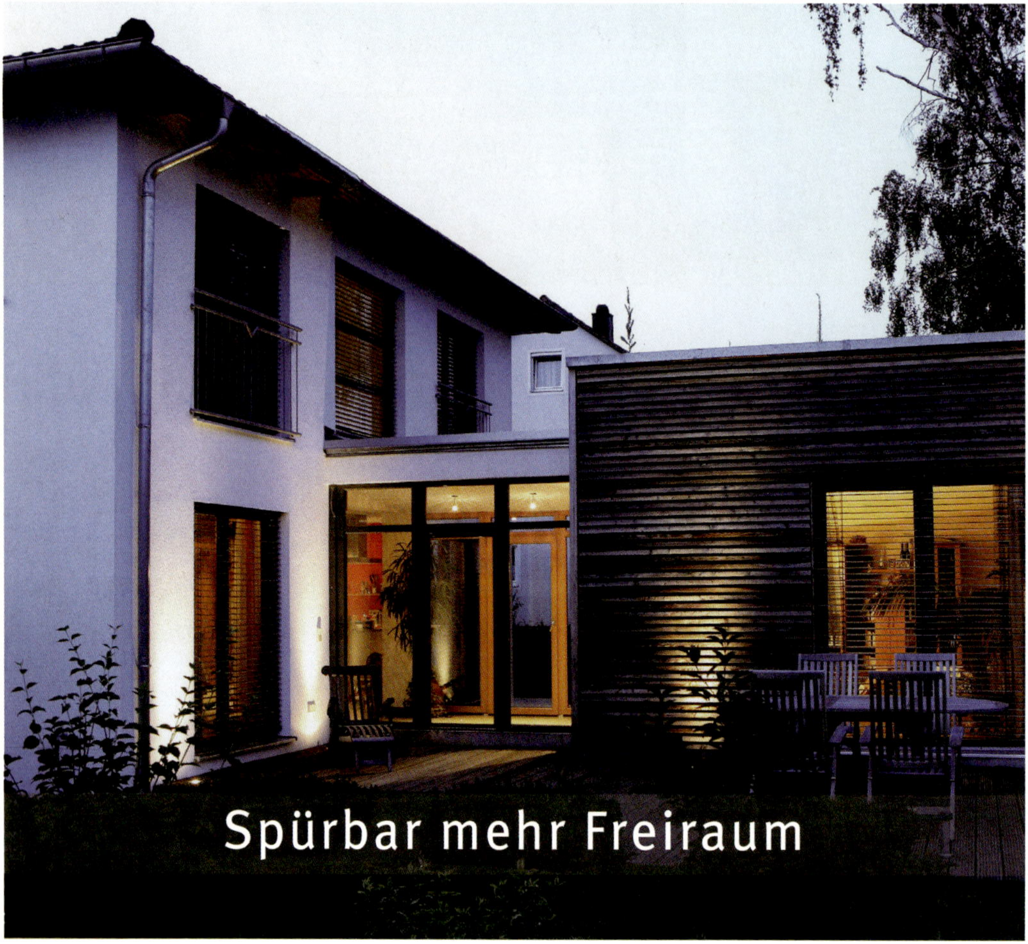

Gruber Naturholzhaus GmbH & Co.
Sanddickicht 12
93426 Roding-Altenkreith

Tel.	+49(0)94 61.40 29-0
Fax	+49(0)94 61.40 29-29
Internet	www.naturholzhaus.info
E-Mail	bauen@naturholzhaus.info

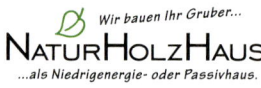

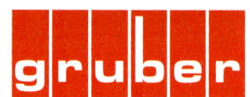

Leben im Einklang mit der Natur

Es sind vier Themen, die bei jedem Naturholzhaus in besonderer Weise in den Vordergrund gestellt werden:

- Wohnkomfort
- Individuelle Bauweise
- Ökologie
- Gesundheit

Ein detailliertes Energiekonzept und biologisch konsequente Materialwahl gewährleisten einen minimalen Heizbedarf und gleichzeitig optimale Voraussetzungen für ein gesundes Raumklima.

Jede Baufamilie ist einzigartig – unsere Häuser auch!

In persönlichen Planungsgesprächen entwirft das Gruber-Architektenteam Ihr individuelles Naturholzhaus.

Sichtbare Wertarbeit!

GUSSEK HAUS
Franz Gussek GmbH & Co. KG
Euregiostraße 7
48527 Nordhorn

Tel.	+49(0)59 21.1 74-0
Fax	+49(0)59 21.1 74-104
Internet	www.gussek.de
E-Mail	hausinfo@gussek.de

Leben im Einklang mit der Natur

Im eigenen GUSSEK-Haus leben Sie traumhaft und natürlich unbeschreiblich gut. Gerne zeigen wir Ihnen einen kurzen und bezahlbaren Weg in's eigene Heim.

Exzellente Häuser – inklusive Architekt

Bei GUSSEK HAUS ist jedes Haus ein Unikat – zugeschnitten auf die persönlichen Wünsche, Anforderungen und Zukunftsperspektiven der Hausbesitzer. Das Konzept „sichtbare Wertarbeit" beschreibt den hohen Stellenwert von Tradition und Kompetenz bei GUSSEK HAUS.

Service, Beratung, Planung und Ausführung sind perfekt aufeinander abgestimmte Elemente aus Expertenhand.

Typisch!

Haacke Haus GmbH + Co. KG
Senator-Haacke-Straße 1
14542 Werder OT Neu Plötzin
und
Am Ohlhorstberge 3
29227 Celle

Tel.	+49 (0) 800.4 22 25 31
Fax	+49 (0) 51 41.8 05-169
Internet	www.haacke-haus.de
E-Mail	info@haacke-haus.de

Anspruchsvolle Architektur, Wohngesundheit und hohe Energieeffizienz zeichnen jedes Haacke-Haus aus. Das traditionsreiche Unternehmen aus Celle/Potsdam blickt auf mehr als 125 Jahre Erfahrung im ökologischen und Energie sparenden Bauen zurück. Mit der energetischen Evaluierung von zwei Häusern durch das Fraunhofer Institut für Bauphysik, Stuttgart, im Jahr 2004 wurde das Unternehmen gleich zwei Mal in die Liste der weltweit 40 innovativsten Häuser der internationalen Energie-Agentur aufgenommen.

Die hervorragenden Ergebnisse kommen heute allen Bauherren zugute.

Für die wegweisende Architektur der Stadtvilla erhielt die Firma 2005 den erstmals vergebenen ‚Golden Cube', den Großen Deutschen Fertighauspreis. Mit der Baureihe Haacke-natur setzt das Unternehmen Maßstäbe im wohngesunden Bauen. Diffusionsoffene Wände mit ökologischer Dämmung aus Holzfasern, Kork oder Jute, der Einsatz schadstoffarmer Baustoffe und Bauteile sowie die Analyse der Innenraumluft haben diesen Häusern das Prädikat „wohnmedizinisch empfohlen" eingebracht...

Haas – die Vielfalt des Bauens

Haas Fertigbau GmbH
Industriestraße 8
84326 Falkenberg

Tel.	+49(0)87 27.18-0
Fax	+49(0)87 27.18-593
Internet	www.haas-fertigbau.de
E-Mail	info@haas-fertigbau.de

Die Vielfalt des Bauens.

Mit 40 Jahren Erfahrung im Bau von Ein- und Mehrfamilienhäusern ist Haas Fertigbau Ihr kompetenter Partner rund um`s Bauen. In enger Zusammenarbeit mit den Unternehmen der Haas Group liefert Haas Fertigbau alles aus einer Hand.

Gemäß unserem Anspruch „Tradition und Innovation" bietet das Familienunternehmen moderne Traumhäuser für jede Lebenssituation. Durch das breitgefächerte Angebot an Serien- und frei geplanten Architektenhäusern findet bei Haas Fertigbau jeder Bauherr vom Bungalow bis zur Stadtvilla sein maßgeschneidertes Eigenheim.

Wir realisieren zusammen mit Ihnen Ihren ganz persönlichen Wohntraum. Dabei sehen wir Ihr Haus als Gesamtkonzept: Von der Beratung bis zur Schlüsselübergabe stehen wir Ihnen unterstützend zur Seite. Dabei entscheiden Sie, ob Sie den Innenausbau selber durchführen oder in ein schlüsselfertiges Haus einziehen wollen.

In 38 Musterhäusern und Vertriebsbüros in ganz Deutschland stehen Ihnen unsere kompetenten Baufachberater zum persönlichen Gespräch zur Verfügung!

Häuser, so individuell wie ihre Bewohner

Hanlo-Haus
Vertriebsgesellschaft mbH
Friedländer Weg 5
17034 Neubrandenburg

Tel.	+49(0)3 95.42 92 60
Fax	+49(0)3 95.42 92 624
Internet	www.hanlo.de
E-Mail	zentrale@hanlo.de

hanlo
häuser
MACHEN GLÜCKLICH

Die international bekannte Marke HANLO mit gebauten Häusern in Deutschland, Österreich, Norwegen, in der Schweiz und in England, steht für moderne Architektur zum günstigen Preis. Individualität und Variabilität in der Grundrissplanung ohne Aufpreis sind überzeugende Argumente für das Fertighauskonzept der Firma HANLO-Haus. Das Programm umfasst heute mehr als 80 verschiedene Basismodelle, die hinsichtlich des Haustyps unterschiedliche Gestaltungsoptionen bieten. In mehr als 20 Musterhäusern in den deutschlandweiten Ausstellungen haben die Interessenten die Gelegenheit, das HANLO-typische Wohngefühl zu erleben und sich persönlich von der Bauqualität zu überzeugen.

HANLO produziert in einem der modernsten Werke Deutschlands in Freiwalde (40 km südlich von Berlin).

Qualität – made in Germany!

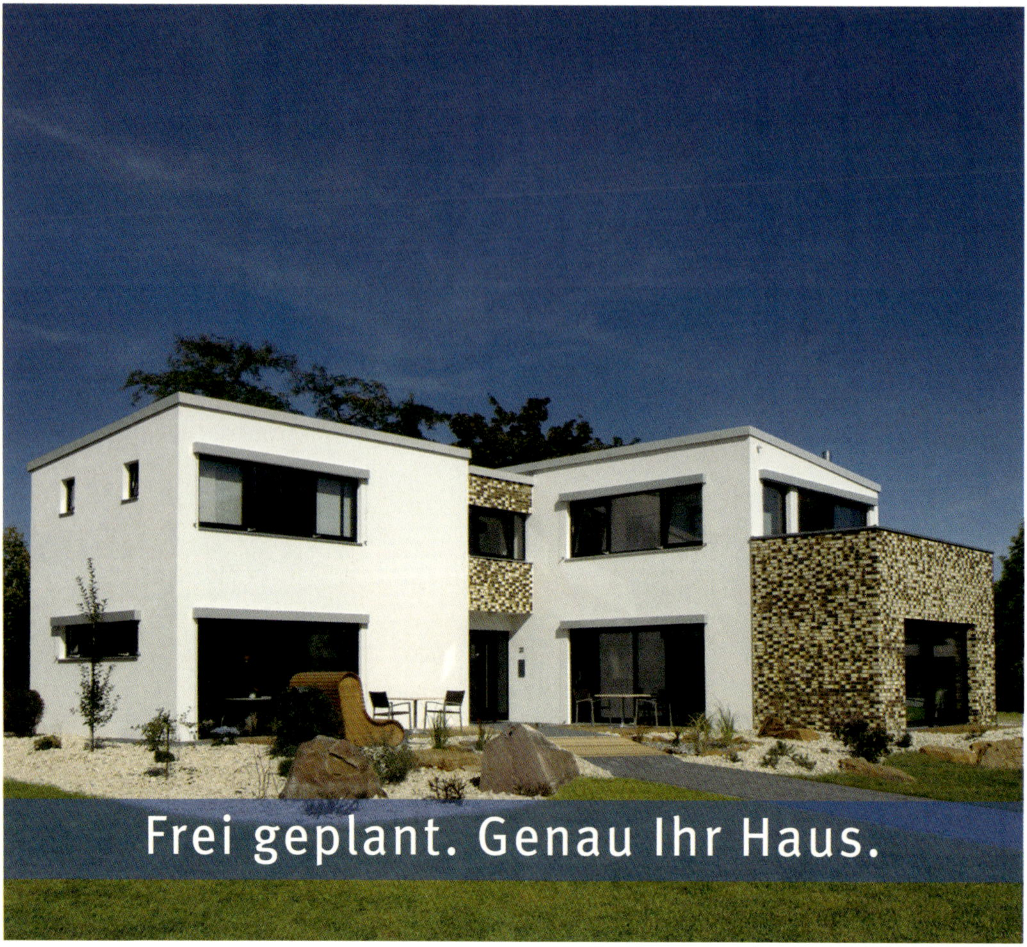

HANSE HAUS GmbH
Ludwig-Weber-Straße 18
97789 Oberleichtersbach

Tel. +49(0)97 41.8 08-0
Fax +49(0)97 41.8 08-479
Internet www.hanse-haus.de
E-Mail info@hanse-haus.de

HANSE HAUS

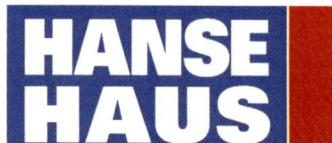

Design, Flexibilität und Energie sparen unter einem Dach

HANSE HAUS steht für die Erfüllung Ihrer Ideen und Wünsche beim Hausbau in herausragender Qualität. Aufgrund der individuellen Architektenplanung sind die Nutzungsmöglichkeiten immens vielseitig und können somit perfekt an Ihre Wünsche und Bedürfnisse angepasst werden, ob barrierefrei wohnen, mehrere Generationen unter einem Dach oder arbeiten von zu Hause aus. Dank der freien Ausstattungswahl entwickeln Sie mit HANSE HAUS

Ihre persönlichen Wohnideen: Vom Landhaus- oder Villenstil über mediterran bis zeitlos-modern... Hier können Sie sich frei nach Herzenswünschen entfalten. Entscheiden Sie sich für einen Partner mit mehr als 80 Jahren Bauerfahrung und europaweitem Engagement.

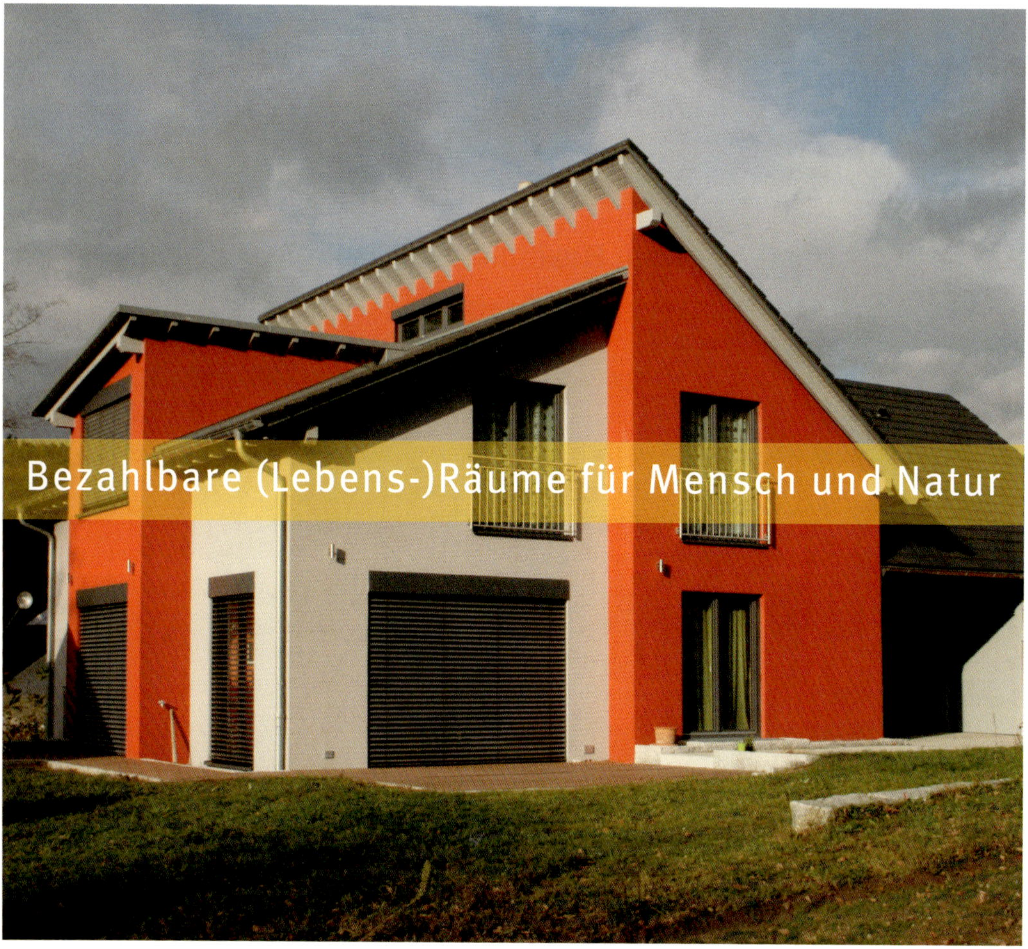

Bezahlbare (Lebens-)Räume für Mensch und Natur

Hennig Haus GmbH & Co. KG
Röllbacher Straße 72
63920 Großheubach

Tel.   +49 (0) 93 71.97 42-0
Fax   +49 (0) 93 71.97 42-29
Internet   www.hennig-haus.de
E-Mail   info@hennig-haus.de

Als Familienbetrieb mit langjähriger Erfahrung in der Holzrahmenbauweise bieten wir individuelle Lösungen für alle erdenklichen Ansprüche. Zwischen dem typischen Hennig-Haus für die Kleinfamilie und dem barrierefreien Generation-Ü-50-Haus für alleinstehende Paare liegen unbegrenzte Möglichkeiten der freien Planung. Mit natürlichen und qualitativ hochwertigen Werkstoffen schaffen wir energieeffiziente Lebensräume in allen Größenordnungen. Moderne Planungs- und Fertigungstechniken in optimaler Kosten-Nutzen-Relation ermöglichen ein termintreues Arbeiten. Den gewünschten Einzugstermin in das neue Domizil zu ermöglichen, ist ein Teil unseres Qualitätsanspruchs. Dabei haben die Bauherren die Möglichkeit, selbst Hand anzulegen und damit die Baukosten zu senken. Sie können nach Wunsch selbst den Eigenanteil an allen Bauleistungen bestimmen. Wir zeigen Ihnen wie es geht und stehen jederzeit zur Verfügung, um weiterzuhelfen. Die routinierte Bauleitung koordiniert das Zusammenwirken aller beteiligten Gewerke, damit das Bauvorhaben wie am Schnürchen voran geht.

Modern oder klassisch, extravagant oder schlicht, dabei immer sparsam und allen aktuellen Ansprüchen der Haustechnik gerecht – das zeichnet ein Hennig-Haus aus.

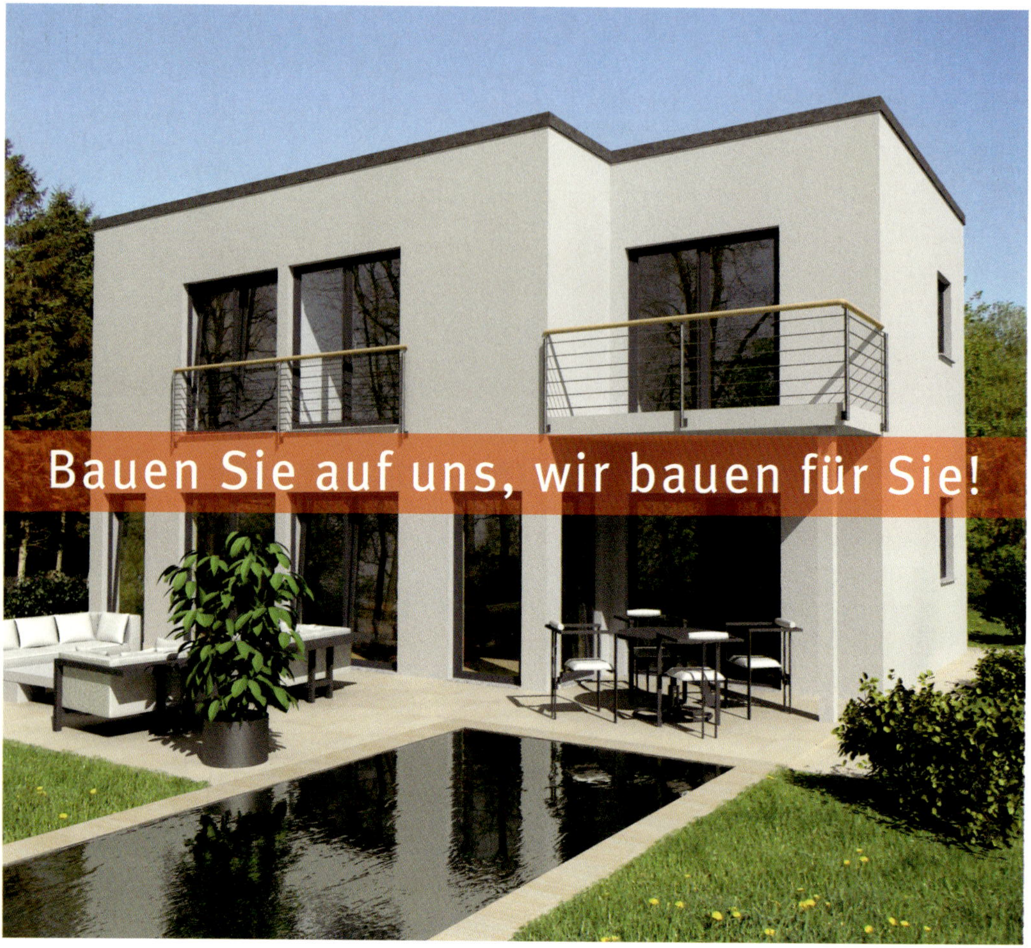

Holz-Bau Schäfer e.K.
Mühlweg 6
97720 Nüdlingen

Holz-Bau Schäfer e.K.
Bauen Sie auf uns, wir bauen für Sie!
Holztafelbau
Zimmerei
Holzabbund
Bedachungen
Dachaufstockungen

Tel.	+49(0)9 71.71 62-0
Fax	+49(0)9 71.71 62-30
Internet	www.holz-bau-schaefer.de
E-Mail	info@holz-bau-schaefer.de

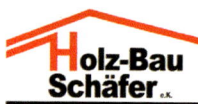

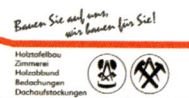

Unser Unternehmen verbindet die Tradition des deutschen Zimmererhandwerks mit modernster Technologie. Wir realisieren den Traum vom eigenen Heim und setzen die Wünsche unserer Kunden individuell und innovativ um. Höchste Bauqualität und kurze Bauzeiten garantieren wir. Es werden ausschließlich güteüberwachte Materialien und heimische Hölzer verwendet – ein Stück Sicherheit für unsere Bauherren.

HUF HAUS verbindet in der dritten Generation Tradition im Handwerk mit Visionen für modernes Fachwerk. Puristisch, transparent und offen – diese Attribute prägen die exklusive Glas-Holz-Architektur. Mit ihr hat HUF HAUS das Fachwerk neu interpretiert und zugleich einen Designklassiker geschaffen: Die Elemente Glas und Holz treffen in einer klaren Formgebung aufeinander, bestimmt vom Prinzip der Reduktion. Bodentiefe Fenster öffnen die Architektur für das Tageslicht und die umgebende Natur. Transparenz nach außen und offene Raumgestaltung innen ermöglichen so ein vollkommen freies Wohngefühl.

Leben im Einklang mit der Natur – dieser Leitsatz prägt nicht nur das Wohngefühl. HUF HAUS investiert auch konsequent in die Entwicklung nachhaltiger Baulösungen. Das jüngste Ergebnis ist die energieeffiziente Häusergeneration green[r]evolution. Selbstverständlich erstellt HUF HAUS auch Konzepte für regenerative Energien sowie intelligente Haustechnik und Gebäudesteuerung – als Bestandteile eines umfassenden Serviceangebots rund um den Bau.

Wir bauen Ihr Haus, als wäre es unser eigenes...

KEITEL-HAUS GmbH
Reubacher Straße 23
74585 Rot am See - Brettheim

Tel.   +49 (0) 79 58.98 05-0
Fax   +49 (0) 79 58.98 05-25
Internet   www.fertighaus-keitel.de
E-Mail   info@fertighaus-keitel.de

...deshalb hören wir Ihnen zu.

Seit über 80 Jahren steht der Name Keitel nicht nur für die Verbundenheit mit dem Material Holz und handwerkliches Können, sondern auch für hohe Qualitätsansprüche an das eigene Tun. Dass Tradition verpflichtet, steht für uns außer Frage, dass modernste Fertigungstechnik ein Muss für die Umsetzung individueller Wohnträume sind, ist mehr als selbstverständlich.

Wer Kundenwünsche ernst nimmt, muss vor allem zuhören können. Statt Lösungen von der Stange entstehen so individuelle Häuser. Als unabhängiges Familienunternehmen ist uns der persönliche Kontakt zu unseren Kunden in jeder Entwicklungs- und Bauphase wichtig – von der ersten Skizze bis zur Schlüsselübergabe, vom Bauleiter bis zur Geschäftsleitung. Nur so können wir flexibel reagieren, ihren Wünschen bis ins Detail gerecht werden und Ihr neues

Zuhause mit Wohlfühlatmosphäre schaffen. Wir möchten, dass Sie sich bei uns gut beraten und betreut fühlen.

Bei all dem verlieren wir die Ansprüche an Qualität und Nachhaltigkeit sowie an ein gutes Preis-Leistungs-Verhältnis und die individuellen Möglichkeiten nicht aus dem Blick. Keitel-Häuser entstehen nach Maßgaben, die sowohl ökologisch als auch bautechnisch den neuesten Erkenntnissen Rechnung tragen. Wir bieten überzeugende Gesamtkonzepte, mit denen Sie Energie sparen aber auch Ressourcen sowie unsere Umwelt schonen. Ein wichtiger Schritt, mit dem wir gemeinsam die Voraussetzungen für ein gesundes und harmonisches Miteinander in Ihrem neuen Haus schaffen. Lernen Sie uns kennen.

100 % Wohlfühlklima, 100 % Design

LUXHAUS – Sinn und Verstand

In einem Beratungsgespräch bei LUXHAUS, dem in dritter Generation inhabergeführten Energiesparhaushersteller mit Sitz in Georgensgmünd bei Nürnberg, werden dem Bauherrn keine vorgegebenen Konzepte oder Grundrisse übergestülpt.

Wer nutzt welche Räume, wie lange und wie intensiv? Hat man viel Besuch, mit dem man sich gerne in der offenen Wohnküche aufhält? Oder ist eigentlich das Wellnessbad der Mittelpunkt des Hauses? Welche Entwicklungen sind zu erwarten, denen das Haus sich im Laufe der Jahrzehnte anpassen muss?
Welche energetischen und wirtschaftlichen Anforderungen muss mein Haus erfüllen?

2003 führte LUXHAUS serienmäßig die Climatic-Wand ein, eine gemeinsam mit dem Fraunhofer Institut für Holzforschung entwickelte, diffusionsoffene Wandkonstruktion, die, ohne Folien und Styropor verarbeitet, ganzjähriges Wohlfühlklima sowie niedrige Energiekosten garantiert.
Ergänzt mit der dem Bedarf entsprechenden Haustechnik entsteht so ein Gesamtkonzept.

Und das hat nur ein Ziel: den Bauherrn zu begeistern.

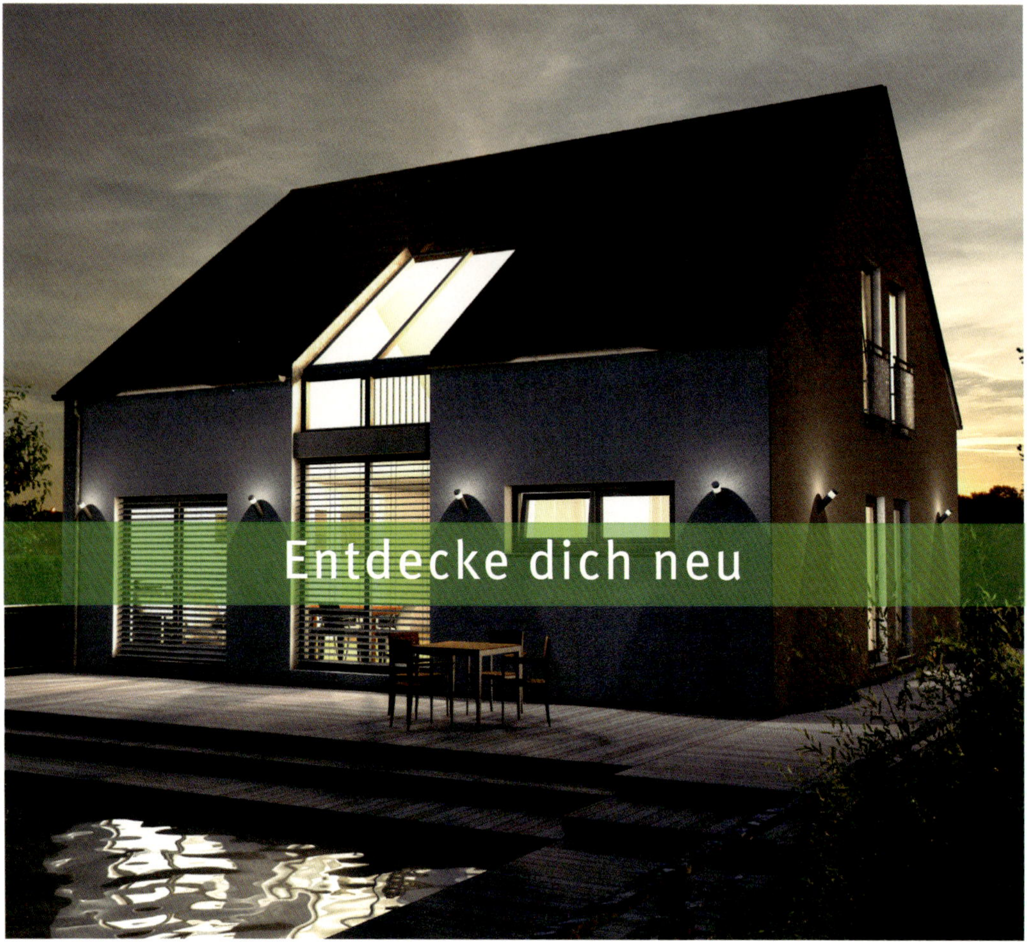

massa haus GmbH
Argenthaler Straße 7
55469 Simmern

massahaus.
Entdecke dich neu

Tel. +49(0)67 61.8 53-0
Fax +49(0)67 61.8 53-100
Internet www.massa-haus.de
E-Mail info@massa-haus.de

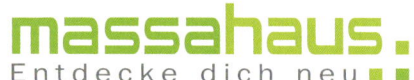

Der Entdecker-Weg ins Eigenheim.

Bei massa kann man bauen, wie es den eigenen Wünschen und Gegebenheiten entspricht. Dabei eröffnen das massa-System, die vielen Haus-Varianten und der große „massa-Baukasten" ungeahnte Möglichkeiten, das Bauen mit massa – und dabei auch sich selbst – neu zu entdecken. Zum Beispiel als dynamischer Projektleiter. Oder als echter Anpacker, der sich der spannenden Herausforderung Selbstausbau stellt – wohl wissend, dass massa in allen Bauphasen mit Rat und Tat zur Seite steht.

Mit dem neu entwickelten massa-ecobalance-SYSTEM macht der Marktführer seine Ausbauhäuser zudem richtig fit für die Zukunft: ecobalance verspricht gesundes und behagliches Wohlfühlwohnen, dazu ein exzellentes Wohnklima. Und reduziert die Energiekosten durch Energiesparwerte, die auch künftigen Energiegesetzen mühelos genügen.

Knapp 25.000 gebaute Häuser und glückliche massa-Bauherren sprechen für den massa-Weg ins eigene Haus. Zählen Sie bald auch dazu?

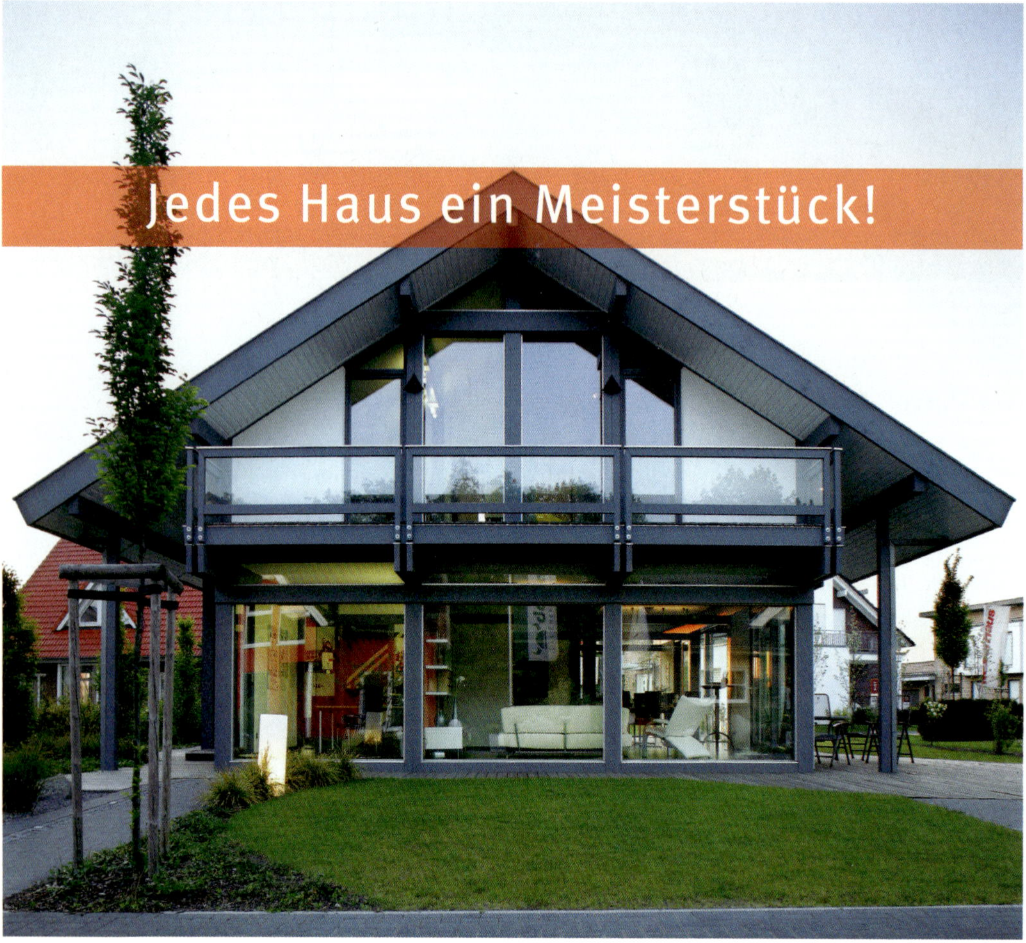

Jedes Haus ein Meisterstück!

Meisterstück-HAUS
Otto Baukmeier Holzbau
Fertigbau GmbH & Co. KG
Otto-Körting-Straße 3
31789 Hameln

Tel.	+49 (0) 51 51.95 38-0
Fax	+49 (0) 51 51.39 51
Internet	www.meisterstueck.de
E-Mail	info@meisterstueck.de

Seit über 100 Jahren und vier Generationen wird unter der Führung der Familie Baukmeier bei Meisterstück-HAUS alles getan, um Ihnen Ihr Zuhause so schön und perfekt zu gestalten, wie Sie es verdient haben.

Als familiengeführtes Mittelstandsunternehmen stehen wir für höchste handwerkliche Qualität aus eigener Fertigung sowie besondere Flexibilität und Kundennähe.

Traditionell begründet durch über 100 Jahre Bauerfahrung im Holzfachwerk-, Holz-Ingenieur- und Fertigbau bürgt unser Know-How in Verbindung mit modernster Fertigungstechnologie für einen gleichbleibend hohen Qualitätsstandard.

Deshalb werden Meisterstück-HÄUSER selbstverständlich ausschließlich in den eigenen Produktionshallen in Hameln gefertigt. Unsere Produkte werden neutral gütegeprüft und wurden

bereits mehrfach ausgezeichnet, zuletzt beim Großen Deutschen Fertighauspreis.

Die Produktpalette umfasst Architektenhäuser, KfW-Effizienzhäuser sowie Gewerbebauten jeder Art. Alle Produkte werden aus natürlichen und gesunden Baumaterialien witterungsunabhängig hergestellt.

Geben Sie sich nicht mit weniger zufrieden.

Ihr Baupartner aus dem Rheinland

NORDHAUS
Broch 2
51515 Kürten

Tel.	+49(0)22 68.91 44-0
Fax	+49(0)22 68.91 44-19
Internet	www.nordhaus.de
E-Mail	info@nordhaus.de

QUALITÄT AUS ÜBERZEUGUNG

Natürlich bauen, besser leben!

Unbeschwertes, sorgenfreies und gesundes Wohnen – von der Kindheit bis ins hohe Alter...

NORDHAUS weiß, was Sie sich wünschen! Das kommt keineswegs von ungefähr: NORDHAUS zählt zu den ältesten Fertighaus-Herstellern und gilt seit über 80 Jahren als eine der renommiertesten Adressen. Vorbildliche Planung, attraktive Architektur und handwerkliches Können in Vollendung sind für NORDHAUS schon seit jeher selbstverständlich.

OFRA Generalbau – Bauen mit System

OFRA Generalbau GmbH & Co KG
Industriestraße
37688 Beverungen

Tel.	+49 (0) 52 73. 9 09-0
Fax	+49 (0) 52 73. 9 09-90
Internet	www.ofra.de
E-Mail	info@ofra.de

OFRA®
Generalbau
Bauen mit System

In den letzten fünf Jahrzehnten hat OFRA mehr als 3.000 Gebäude der verschiedensten Arten und Größen realisiert. Das Spektrum reicht von der Architekturbox mit 63 m² bis zum Airbus-Verwaltungskomplex mit mehr als 30.000 m² Bruttogeschossfläche. Auch für den Bau von Senioren-heimen, Krankenhäusern, Hotels, Schulen und Kindertagesstätten entwickelt OFRA die individuelle, perfekte Lösung mit Festpreis, Fixtermin und in garantierter Qualität. Neben Neubauten beinhaltet das Programm Anbau-ten, Aufstockungen oder Interims-lösungen. Ebenso vielfältig sind die Finanzierungsmöglichkeiten: Kauf, Miete, Leasing oder General-übernahme sind möglich. Auch für Projekte im Bereich PPP ist OFRA Generalbau kompetenter Ansprechpartner. OFRA steht für Bauen mit System.

Ihre Wünsche sind unser Bauplan

OKAL Haus GmbH
Argenthaler Straße 7
55469 Simmern

Tel.   +49 (0) 67 61.96 73-0
Fax   +49 (0) 67 61.96 73-100
Internet www.okal.de
E-Mail   info@okal.de

Der *bessere* Weg zum eigenen Haus

Stellen Sie sich vor, vor Ihnen läge ein weißes Blatt Papier und jemand würde Sie bitten, darauf Ihr Traumhaus zu zeichnen. Was würden wir am Ende sehen können? Ein schickes Familienhaus mit Farbakzenten, eine große Villa, einen Bungalow oder ein modernes Generationenhaus mit großem Garten, Garage und einer schönen Auffahrt? Egal, was Sie zeichnen. Gemeinsam mit OKAL lassen sich all Ihre Träume und Vorstellungen erfüllen. Vertrauen Sie dabei auf die Erfahrung von weit über 85.000 gebauten Häusern in über 80 Jahren und einer Vielzahl von glücklichen Bauherren. Jetzt informieren und dazugehören!

Bauen mit Verstand!

P+P Hausbau GmbH
Gießener Straße 59
57250 Netphen-Hainchen

Tel.	+49 (0) 27 37.98 69-10
Fax	+49 (0) 27 37.98 69-18
Internet	www.pphaus.de
E-Mail	info@pphaus.de

p+phaus
bauen mit verstand

Hochwertige, ökologische Lebensräume – individuell gestaltet

Die Wünsche der Bauherren erkennen, zu einem durchdachten Ganzen entwickeln und in hochwertiger Bauweise mit natürlichen Holzbaustoffen umsetzten – das ist seit vielen Jahren unser Antrieb.

Ausgerichtet auf die nachhaltige Sicherung Ihrer Investition entstehen Lebensräume, die im Einklang mit der Natur ein Wohnen auf gehobenem Niveau sicherstellen.

Hierfür werden Holzweichfaserdämmstoffe verwendet, die durch ihr hohes Eigengewicht viel Speichermasse bieten und so ein angenehmes Raumklima auch bei heißen Außentemperaturen ermöglichen.

Ergänzt durch eine bewohnerorientierte und effiziente Gebäudetechnik können Sie sich sorgenfrei mit geringen Heizkosten in ihrem

Effizienz- oder Passivhaus wohlfühlen. Neben dem individuellen Ein- und Zweifamilienhaus realisieren wir auch Gewerbebauten und Aufstockungen mit der Erfahrung eines traditionsreichen Familienunternehmens.

Sprechen Sie uns an, wir freuen uns auf die gemeinsame Arbeit.

Gesundes Wohnen und ...

Platz Haus 21 GmbH
Platzstraße 6
88348 Bad Saulgau

Tel.   +49(0)75 81.2 01-0
Fax   +49(0)75 81.2 01-123
Internet   www.platz.de
E-Mail   info@platz.de

Gesundheit bauen.

Platz-Häuser sind ausgezeichnet – sie wurden bereits 13 Mal als „Haus des Jahres" preisgekrönt.

Platz-Häuser sind zukunftsweisend, architektonisch einzigartig und nach Wunsch mit 3-Liter- oder 1,5-Liter-Heiztechnik echte Energiesparer. Gewährleistungen von 30 Jahren auf die Grundkonstruktion und 5 Jahren auf alle Gewerke sind bei Platz-Haus selbstverständlich.

Außen massiv, innen warm!

Mit ProHaus günstig zum Traumhaus!

Bei ProHaus, dem Hersteller hochwertiger Ausbauhäuser „made in Germany", finden Sie Ihr ganz persönliches Traumhaus zum günstigen Preis: mit modernster Heiztechnik, zum hervorragenden Preis-Leistungs-Verhältnis und mit ganz viel inklusive.

Bauen Sie clever – und sparen Sie mit einem ProHaus Ausbauhaus bis zu 40.000 Euro im Vergleich zum Schlüsselfertig-Bau!

So viel inklusive!

So ist bei allen ProHäusern eine Passivhauswand im Preis inbegriffen, und alle Häuser entsprechen bereits im Standard den Anforderungen an ein Effizienzhaus 70. Bei ProHaus erhalten Sie immer hochwertige Markenqualität. Alle Ausbaupakete sind ebenso im Preis enthalten wie die Architektenleistung und individuelle Ausbauberatung auf Ihrer Baustelle.

Massiv- oder Fertigbauweise? Beides!

Bei ProHaus lernen Sie die clevere Kombination aus Massiv- und Fertigbau kennen: Die Passivhauswände Mauerwerk oder Klinker von ProHaus bieten eine Top-Dämmung, vereinigen die Vorteile der beiden Bauweisen und sind im Preis inklusive!

Hausbauen ist Vertrauenssache

R & S Haus GmbH
Kutscherweg 2
57392 Schmallenberg

Tel.	+49 (0) 29 72. 97 77-0
Fax	+49 (0) 29 72. 97 77-99
Internet	www.rus-haus.de
E-Mail	info@rus-haus.de

R&S HAUS
Meisterhaftes aus dem Sauerland

Wohnen ist Privatsache.

Wir stehen für eine langjährige
Holzbautradition. Das Spektrum
der von R&S Haus angebotenen
Produktpalette lässt keine Wünsche offen. Bei R&S Haus sind Sie
an der richtigen Adresse, wenn
Sie einen starken Partner für:

* Typenhäuser
* individuelle Häuser
* Passivhäuser oder
  3-Liter-Häuser
* Dachaufstockungen
  und Anbauten
* Gewerbebauten suchen.

Gewinnen Sie einen Eindruck
der unglaublichen Vielfalt der
R&S Häuser!

Bauen für ein gutes Lebensgefühl

REGNAUER HAUSBAU GmbH & Co. KG
Pullacher Straße 11
83358 Seebruck/Chiemsee

Tel.	+49 (0) 86.67 72-222
Fax	+49 (0) 86.67 72-290
Internet	www.regnauer.de
E-Mail	mail@regnauer.de

REGNAUER

Häuser, die gut tun.

Bauen für die Zukunft sollte gleichzeitig auch Bauen für ein gutes Lebensgefühl sein. Mit Ihrem Regnauer Vitalhaus erhalten Sie ein Eigenheim, das Ihr körperliches und emotionales Wohlbefinden fördert, in dem Sie Wärme und Energie für den Alltag tanken können. Ein Refugium, wohngesund, schön und sorgenfrei. Das charakteristische, besonders sympathische und gesunde Raumklima in Ihrem Vitalhaus entsteht vor allem durch die konsequente Holzbauweise.

Die holzfasergedämmte Regnauer Vitalwand sorgt für ein einmaliges Wohlfühlklima und trägt wesentlich dazu bei, dass Sie es im Winter immer kuschelig warm und im Sommer angenehm kühl haben. Anspruchsvolle Architektur verwöhnt zusätzlich das Auge und wirkt positiv auf das Gemüt – ob Landhausstil, klassische oder moderne Gestaltung.

Mein Traum. Mein Haus.

RENSCH-HAUS GmbH
Mottener Straße 13
36148 Kalbach/Rhön

Tel.	+49 (0) 97 42.91-0
freecall	0 08 00.52 48-3480
Fax	+49 (0) 97 42.91-174
Internet	www.rensch-haus.com
E-Mail	info@rensch-haus.com

RENSCH HAUS®
Wohnen neu erleben!

Innovation aus Tradition

Ein Haus ist ein gutes Haus, wenn der Bauherr viele Jahre und Jahrzehnte zufrieden ist! Und wenn es Sicherheit, Geborgenheit und Wärme vermittelt. Dafür arbeitet RENSCH-HAUS seit Generationen. und deshalb plant und baut das Unternehmen heute schon für die Zukunft. Über die unterschiedlichen Baustile hinaus werden Anforderungen immer komplexer und differenzierter. Barrierefreiheit. Mehrgenerationenhäuser. Energieeinsparung. Flexible Nutzungsstrukturen. Umweltschutz.

Innovationsbereitschaft und Gespür für zukunftsweisende Trends sind Resultate aus fast 140 Jahren Erfahrung. Traditionelle Werte der handwerklichen Baukunst sorgen für Qualität und damit für Vertrauen. Als führende Haus-Manufaktur setzt RENSCH-HAUS auf Nachhaltigkeit und Wertstabilität. RENSCH-Häuser verbinden so auf einzigartige Weise die Vorzüge des Baustoffs Holz mit modernster Technik und schaffen ein gesundes Wohnklima und ein Höchstmaß an Komfort.

Die Hauskonzepte bieten vielseitige Möglichkeiten zum komfortablen Wohnen und erfüllen die heutigen Anforderungen an Wärmeschutz, Dauerhaftigkeit und ein gesundes Wohnklima. Ob schlüsselfertig oder als Ausbauhaus: Jedes RENSCH-Haus kann mit den ökologischen Vorzügen der Energiespar-Bauweise ausgestattet werden. RENSCH-HAUS plant Ihr individuelles Traumhaus – und lässt Sie „Wohnen neu erleben".

![Einzigartig. Wohngesund. Hochwertig.]

Einzigartig. Wohngesund. Hochwertig.

Sander Haus Holzbau GmbH
Rudolf-Diesel-Straße 1
34369 Hofgeismar

Tel.	+49(0)56 71.99 39-0
Fax	+49(0)56 71.99 39-39
Internet	www.sanderhaus.de
E-Mail	info@sanderhaus.de

Sander Haus
Holzbau GmbH
Häuser mit Erlebensqualität

Mit einzigartiger Qualitäts-Klimawand®

Seit über 60 Jahren baut Sander Haus individuell geplante Häuser, die aus hochwertigsten Materialien gefertigt werden. Es entstehen Lebensräume, in denen man sich wohlfühlt. Ein Leben lang.

Neben Ein- und Mehrfamilienhäusern entstehen auch Passiv- und Niedrigenergiehäuser, Gewerbebauten, Anbauten und Aufstockungen. Individuelle Planung im Einklang von Mensch und Natur, der Einsatz neuester Baukenntnisse, ökologisch geprüfter

Baumaterialien und innovativer Technik für Energieeinsparung und Umweltschutz sind für Sander Haus oberstes Gebot.

Auch Qualität wird bei Sander Haus großgeschrieben: Die Verwendung der traditionellen Schwalbenschwanz-Holzverbindung und ein hoher Vorfertigungsgrad sorgen für eine optimale Passgenauigkeit der Bauteile sowie eine kurze Bauzeit. Zudem gewährleistet die Holzverbindung größte Stabilität und Sicherheit.

Nachweislich hervorragende Wohngesundheit wird durch die Verwendung naturbelassenen Holzes geboten.

Bei der Außenfassade geht Sander Haus bereits seit Jahren innovative Schritte. Die einzigartige hinterlüftete „Qualitäts-Klimawand®" sorgt, mit all ihren bauphysikalischen Vorteilen gegenüber herkömmlichen Wärmedämmverbundfassaden, für bestes Wohnklima.

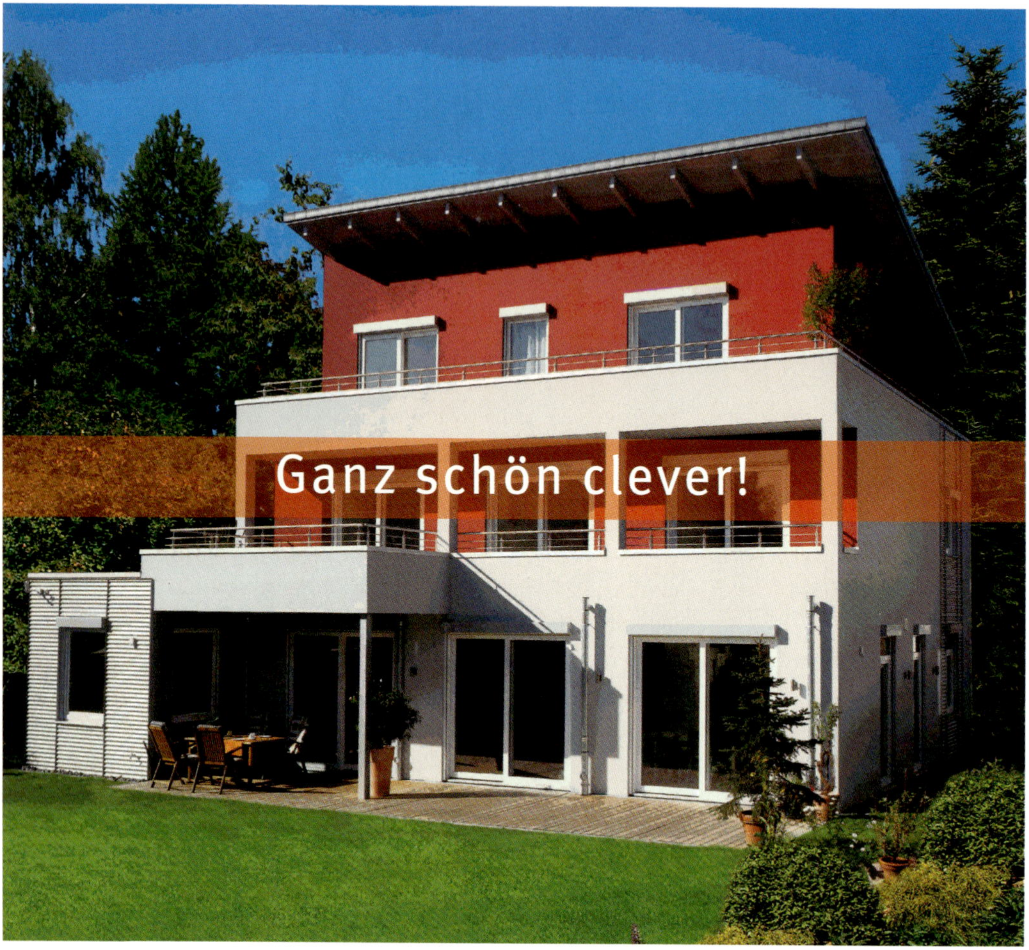

Ganz schön clever!

SCHWABENHAUS GmbH + Co. KG
Industriestraße 2
36266 Heringen

Tel.	+49(0)66 24.9 30-0
Fax	+49(0)66 24.9 30-125
Internet	www.schwabenhaus.de
E-Mail	info@schwabenhaus.de

SCHWABENHAUS hat sich mit seinen individuellen und vielseitigen Häusern in Fertigbauweise bundesweit einen Namen gemacht.

Mehr als 20.000 SCHWABENHAUS-Bauherren sind seit über 40 Jahren von der Qualität, der Kompetenz und der innovativen Technik begeistert. Das Unternehmen bietet für diese Qualität 30 Jahre Garantie auf die Grundkonstruktion und 10 Jahre Gewährleistung nach BGB.

Bereits seit 2007 ist die Erdwärmeheizung in Verbindung mit Kontrollierter Be- und Entlüftung ohne einen Cent extra Bestandteil eines SCHWABENHAUSES.

Dank der Grundkonstruktion in Kombination mit modernster Haustechnik erfüllt jedes SCHWABENHAUS den Förderstandard KfW-Effizienzhaus 70.

SCHWABENHAUS arbeitet ausschließlich mit bekannten Markenherstellern zusammen.

Der Grundriss, das Design, die technischen Besonderheiten und das „Innenleben" jedes SCHWABENHAUSES werden ganz individuell geplant und auf die Wohnbedürfnisse der Bauherren zugeschnitten. Dabei dienen zahlreiche Grundrisse aus den fünf SCHWABENHAUS-Hausprogrammen als hervorragende Ideengeber.

SCHWABENHAUS – einfach clever bauen!

Im Mittelpunkt steht der Mensch

SchwörerHaus KG
Hans-Schwörer-Straße 8
72531 Hohenstein

Tel.   +49(0)73 87.16-0
Fax   +49(0)73 87.16-500-100
Internet   www.schwoerer.de
E-Mail   info@schwoerer.de

Schwörer Haus® KG

SchwörerHaus – eine innovative Größe in der Hausbaubranche

Das Familienunternehmen setzt Kundenwünsche in höchster Qualität zu einem fairen Preis-Leistungsverhältnis mit Festpreisgarantie um. Die wohngesunden und energiesparenden Holz-Fertighäuser werden mit einem eigenen hochmodernen CAD-System geplant.

Die Pionierleistungen des Unternehmens überzeugten bisher rund 33.000 zufriedene Kunden. Entwicklungen wie WärmeGewinnTechnik seit 1983, Synergietechnik für winddichte Bauweise, Frischluftheizung seit 2004, die eine konventionelle Heizung z.B. mit Öl oder Gas komplett ersetzt, der patentierte und lange haltbare Massivbaustoff „Cospan", der für Werterhalt sorgt und den Schallschutz verbessert, sowie Solaranlagen für die Gewinnung von Warmwasser und Strom zählen ebenso zu den Meilensteinen in der Firmengeschichte wie das WärmeDirektHaus, das heute Standard ist und Passivhäuser, die immer mehr realisiert werden. Als Partner der Bauherren bietet SchwörerHaus jahrzehntelang Sicherheit, und eine Rundum-Betreuung von der Planung bis zum Einzug. Darüber hinaus steht der Schwörer Kundendienst und der Modernisierungsservice den Kunden ein Haus-Leben lang zur Seite.

Richtig gut bauen

Sonnleitner Holzbauwerke
GmbH & Co. KG
Afham 5
94496 Ortenburg

Tel.	+49(0)85 42.96 11-0
Fax	+49(0)85 42.96 11-50
Internet	www.sonnleitner.de
E-Mail	info@sonnleitner.de

SONNLEITNER®
HOLZ HAUS

richtig gut bauen

Individualität ist die Architektur von Freiräumen.

Lassen Sie sich von der Gestaltungsvielfalt unserer Holzhäuser inspirieren, und besuchen Sie unseren Referenzhauspark sowie unser Kundenzentrum HOLZHAUSBAU in Ortenburg bei Passau.

Ob schlüsselfertig oder als Ausbauhaus, ob in Vollholzoptik oder verputzt oder eine Kombination aus beidem – wir realisieren die individuellen Vorstellungen unserer Kunden. Unsere patentierte Wand TWINLIGNA® ist einstofflich und besteht praktisch nur aus Holz. Als Schutzschild gegen Kälte, Hitze und Lärm erfüllt sie alle Anforderungen an ein modernes

Wandsystem. Darüber hinaus steht TWINLIGNA® für eine diffusionsoffene Gebäudehülle und sorgt – dank des hohen Massivholzanteils – für optimales, Luftfeuchte regulierendes Raumklima. Spürbar höhere Oberflächentemperaturen im Holzhaus sorgen für Wohlfühlatmosphäre, und das Allergierisiko wird – durch die natürlichen Eigenschaften des Holzes – auf ein Minimum reduziert.

Unsere Fachberater und Baubiologen beantworten gern Ihre Fragen über gesundes Bauen und Wohnen mit Holz.

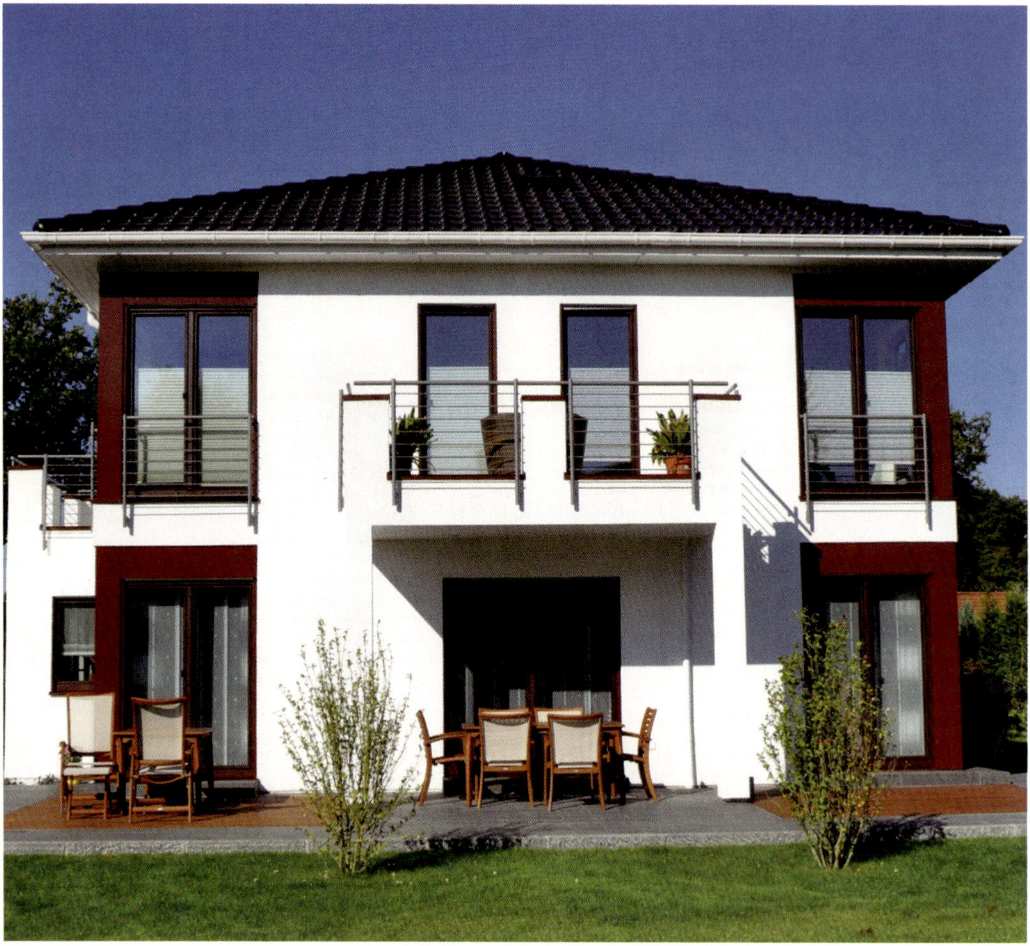

STREIF Haus GmbH
Josef-Streif-Straße 1
54595 Weinsheim/Eifel

Tel.	+49 (0) 65 51.12-00
Fax	+49 (0) 65 51.12-220
Internet	www.streif.de
E-Mail	info@streif.de

Ein Haus voller Leben.

Seit über 80 Jahren baut Streif innovative Häuser von höchster Qualität. Vor allem im Bereich der Energieeffizienz setzt das Traditionsunternehmen aus der Eifel Maßstäbe. Über 80.000 Mal hat Streif seinen Bauherren bereits den Traum vom eigenen Heim verwirklicht.

Dass sich das Fertighaus in Deutschland durchgesetzt hat, ist auch ein Verdienst der STREIF Haus GmbH, die zu den Pionieren auf diesem Gebiet zählt. Mit den fünf Klimapaketen ist Streif wieder einmal Vorreiter einer ganzen Branche. Streif setzt unverändert auf den Standort Deutschland und seine hoch qualifizierten Facharbeiter, denn Qualität ist oberstes Gebot bei Produktion und Aufbau.

Diesen Qualitätsanspruch lässt sich Streif mit Brief und Siegel dokumentieren und stellt sich zum Beispiel regelmäßig den neutralen Prüfkriterien des TÜV.

Der Mensch im Mittelpunkt

TALBAU-HAUS
TAL-Wohnbau GmbH
In der Zangershalde 6
71554 Weissach im Tal

Tel.	+49 (0) 71 91.361-0
Fax	+49 (0) 71 91.361-100
Internet	www.talbau-haus.de
E-Mail	info@talbau.de

Seit über 30 Jahren und mit über 1.000 realisierten Wohn-, Arbeits- und Lebensräumen steht für TALBAU-Haus der Mensch im Mittelpunkt. Ganz in der Tradition der schwäbischen Häuslebauer ist TALBAU-Haus der zuverlässige, ehrliche Partner bei der Verwirklichung individueller Träume von den eigenen vier Wänden.

Mit höchsten Qualitätsansprüchen und fundierter Kompetenz entwickelt, ist das TALBAU-Haus sowohl als modernes Typenhaus mit komfortabler Grundrissgestaltung bzw. als anspruchsvolles Architektenhaus nach ganz persönlichen Wünschen realisierbar.

Das perfekte Zusammenspiel von traditioneller Zimmermannskunst und modernster Fertigung führt zu begeisternden, zukunftsweisenden Ergebnissen, die spielend den Anforderungen der Energiesparverordnung [EnEV] entsprechen – vom KfW-70-Effizienzhaus über das Passivhaus bis hin zum KfW-40-Effizienzhaus.

Ein TALBAU-Haus ist Wohnraum für Menschen mit Ansprüchen.

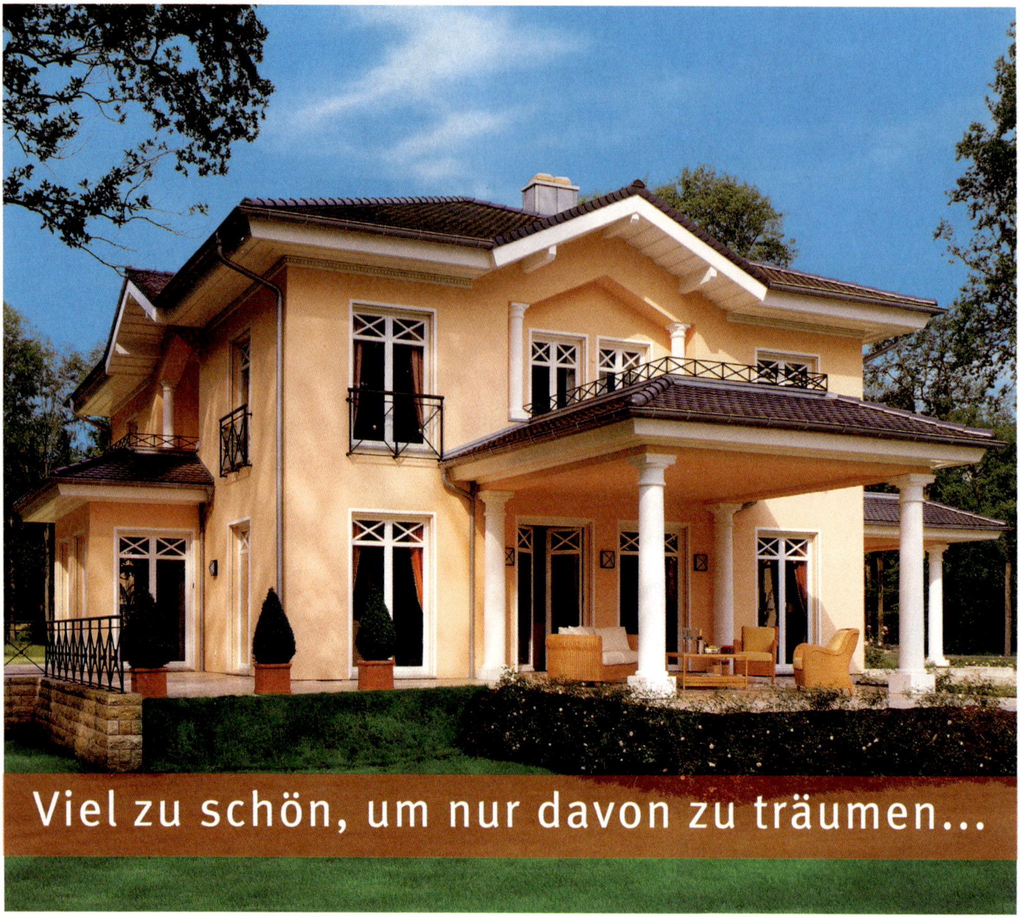
Viel zu schön, um nur davon zu träumen...

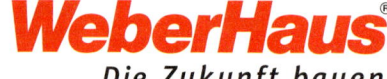

Jedes WeberHaus „Individual" wird nicht nur maßgenau geplant, sondern auch nach Ihren Wünschen gefertigt. Sie bestimmen Aussehen, Ausstattung, Grundriss und Größe. Lassen Sie Ihrer Phantasie freien Lauf. Bei den WeberHaus-Baureihen profitieren Sie von vorgeplanten Hausvarianten, bei denen Sie dennoch zahlreiche Variationsmöglichkeiten in Hausgröße, Grundriss und Anbauelementen haben. Ökologische und unweltbewusste Bauweise bestimmen unsere Firmenphilosophie. So bieten wir seit 2006 das Konzept WeberHaus PlusEnergie an – Häuser, die mehr Energie gewinnen als sie brauchen.

Wir bauen Ihr Energiesparhaus

Weiss GmbH
Holzhausbau und Haustechnik
Scheuerhalden
Sturzbergstraße 40–42
74420 Oberrot

Tel	+49 (0) 79 77.97 77-0
Fax	+49 (0) 79 77.97 77-25
Internet	www.holzhausbau-weiss.de
E-Mail	info@holzhausbau-weiss.de

Die gesunde Planung in Ihre Zukunft!

Seit nunmehr 130 Jahren ist das Arbeiten und Bauen mit Holz unsere Passion. Was im Jahr 1881 als kleiner Zimmereibetrieb, gegründet von Josef Weiss, seinen Anfang nahm, präsentiert sich 130 Jahre später als eine der leistungsfähigsten Holzbaufirmen mit mehr als 3.500 zufriedenen Kunden. Dabei standen schon immer die handwerkliche Qualität sowie die Verantwortung unseren Bauherren gegenüber, ein verlässlicher und sicherer Partner zu sein, im Focus unseres Denkens und Handelns.

Um unser Leistungsspektrum noch breiter aufzustellen, gründeten wir 1993 in der Firmengruppe WEISS die WEISS Holzhausbau und Haustechnik GmbH. Der Schwerpunkt ihres Handelns liegt im Bauen alternativer, rein ökologischer Wand- und Fassadensysteme sowie in der effizienten, nachhaltigen Nutzung

regenerativer Energietechniken. Rund 350 Mitarbeiter garantieren in unserem inhabergeführten Familienunternehmen individuelle, handwerklich perfekte, ökologische und technisch innovative Lösungen, um unseren Kunden einen maximalen Gegenwert für ihre Investition zu gewährleisten.

Dabei nutzt die WEISS Holzhausbau und Haustechnik GmbH alle Vorteile der einzigartigen Struktur in der Firmengruppe WEISS.
Auf über 40.000 Quadratmeter Werksfläche ermöglichen uns modernste Fertigungsanlagen eine perfekte Synergie aus traditionellem, ökologischem Holzbau und High Tech in den Produktions-abläufen.

Qualität und Zuverlässigkeit. Tradition mit Zukunft. Ökologie und Technik. Planen und Bauen aus eigener Hand.

Effizienzhäuser der Extraklasse

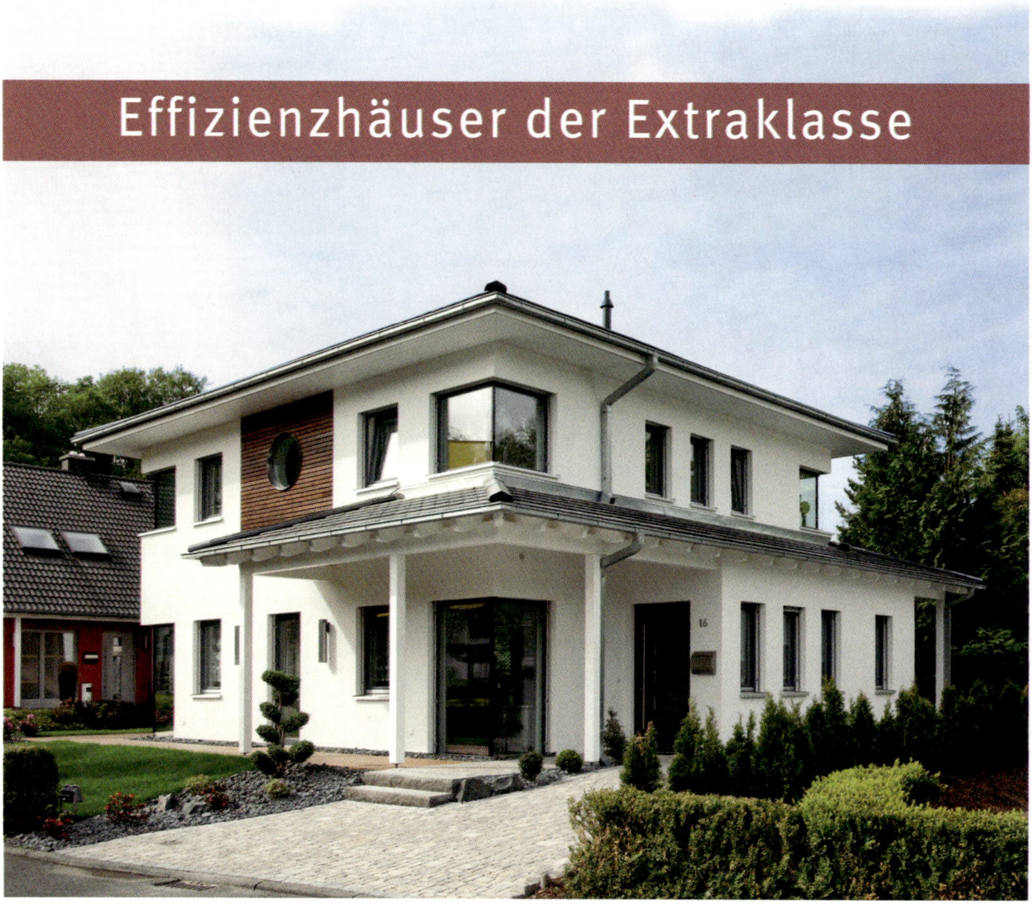

Ein Leben lang – damit Ihr Glück ein Zuhause hat.

Freiräume erleben, seine Wünsche verwirklichen, gesund leben und sich dabei in einem Höchstmaß geborgen und sicher fühlen – dafür steht das eigene Zuhause.

Seit über 100 Jahren pflegt WOLF-HAUS die Tradition des ökologischen Bauens mit dem Naturbaustoff Holz. Ein wertvoller Rohstoff, der für Behaglichkeit, Wärme und Wohngesundheit steht und nahezu unbegrenzte Gestaltungsmöglichkeiten bietet.

Die Umsetzung Ihrer Ideen in anspruchsvolle und optimierte Architekturentwürfe steht im Mittelpunkt unserer Arbeit. Und selbstverständlich gilt unser Augenmerk einem möglichst effizienten Energieverbrauch unserer Häuser. Diesen erreichen wir mit intelligenten Wandkonstruktionen und dem Einsatz von bewährten Haustechniklösungen.

Das können Sie von WOLF-HAUS erwarten:

- Gesundes und behagliches Wohnen
- Die Erfüllung Ihrer Wünsche durch freie Planung und Ausstattungswahl
- Sehr energiesparende Bauweise
- und innovative Haustechnik
- Gütegeprüfte Qualität und das Wissen von mehr als 100 Jahren Handwerkstradition
- Eine sehr persönliche Beratung und Betreuung
- Umfassende Serviceleistungen weit über die Bauphase hinaus
- Ein Haus, in dem Sie glücklich sind – ein Leben lang!

Mit System zu Ihrem Traumhaus.

Wolf System GmbH
Am Stadtwald 20
94486 Osterhofen

Tel.	+49 (0) 99 32.37-0
Fax	+49 (0) 99 32.37-2893
Internet	www.wolfhaus.de
E-Mail	haus@wolfsystem.de

Ein Haus zu bauen ist eine höchst individuelle Angelegenheit. Deshalb schöpft die Wolf System GmbH mit Wolf Haus aus über 40 Jahren Erfahrung im Behälter-, Hallen- und Hausbau. Als inhabergeführtes, mittelständisches Familienunternehmen sind wir europaweit aufgestellt. Wir kombinieren vom Haus bis zu großen Projekten wie Kindergärten kreativ und flexibel die Möglichkeit, Bedürfnisse planerisch individuell und günstig einzubringen mit den speziellen Vorteilen eines hohen Vorfertigungsgrades. Durch Baustoffe mit Wohlfühlcharakter, standardmäßig bereits die Effizienzklasse 55, oder als ökologisches Highlight unsere „Arche-Nova-Wand" mit Holzfaserdämmung, sind Wolf-Häuser besonders öffentlich förderfähig und zukunftsorientiert.

III.2 Die 16 großen deutschen Musterhausausstellungen

Chemnitz
Donauwörther Straße 5
09114 Chemnitz
Tel. +49(0)3 71.37 00 38 4
www.unger-park.de

Dresden
Am Hügel 3a
01458 Ottendorf-Okrilla
Tel. +49(0)352 05.7 44 06
www.unger-park.de

Erfurt
Im Güterverkehrszentrum (GVZ) Thüringen
Bei den Froschäckern
99198 Erfurt
Tel. +49(0)3 61.262 35 45
www.unger-park.de

Frankfurt
Ludwig-Erhard-Straße
61118 Bad Vilbel
Tel. +49(0)61 01.879 26
www.musterhaus-online.de

Hannover
Münchner Straße 25
30855 Langenhagen
Tel. +49(0)5 11.786 03 60
www.fertighauswelt-hannover.de

*Köln (Eröffnung geplant für Herbst 2011)
Europaallee 45
50226 Frechen
Tel. +49(0)8 00.93 77 100
www.fertighauswelt.de

Leipzig
Döbichauer Straße 13
04435 Schkeuditz
Tel. +49(0)3 42 05.421 74
www.unger-park.de

Mannheim
Xaver-Fuhr-Straße 111
68163 Mannheim
Tel. +49(0)6 21.42 50 90
www.deutsches-fertighaus-center.de

Mülheim-Kärlich/Koblenz
Industriestraße
56218 Mülheim-Kärlich
Tel. +49(0)26 30.96 20 53
www.musterhauszentrum-mk.de

Nürnberg
Im Gewerperpark 30
91093 Heßdorf
Tel. +49(0)91 35.73 53 33
www.fertighauswelt-nuernberg.de

Offenburg
Schutterwälder Straße 3
77656 Offenburg
Tel. +49(0)7 81.92 26 91
www.messe-offenburg.de

München
Senator-Gerauer-Straße 25
85586 Poing
Tel. +49(0) 89.99 02 07 60
www.musterhaus-online.de

Stuttgart
Höhenstraße 21
70736 Fellbach
Tel. +49(0)7 11.52 04 94 26
www.musterhaus-online.de

Ulm
Böfinger Straße 50
89073 Ulm
Tel. +49(0)73 45.802 82 0
www.fertighauscenter-ulm.de

Villingen-Schwenningen
Messe 1
78056 Villingen-Schwenningen
Tel. +49(0)77 20.97 42 0
www.hausbaupark.de

Wuppertal
Eichenhofer Weg
42279 Wuppertal-Oberbarmen
Tel. +49(0)2 02.64 30 01
www.musterhaus-online.de

Musterhausausstellungen in Deutschland

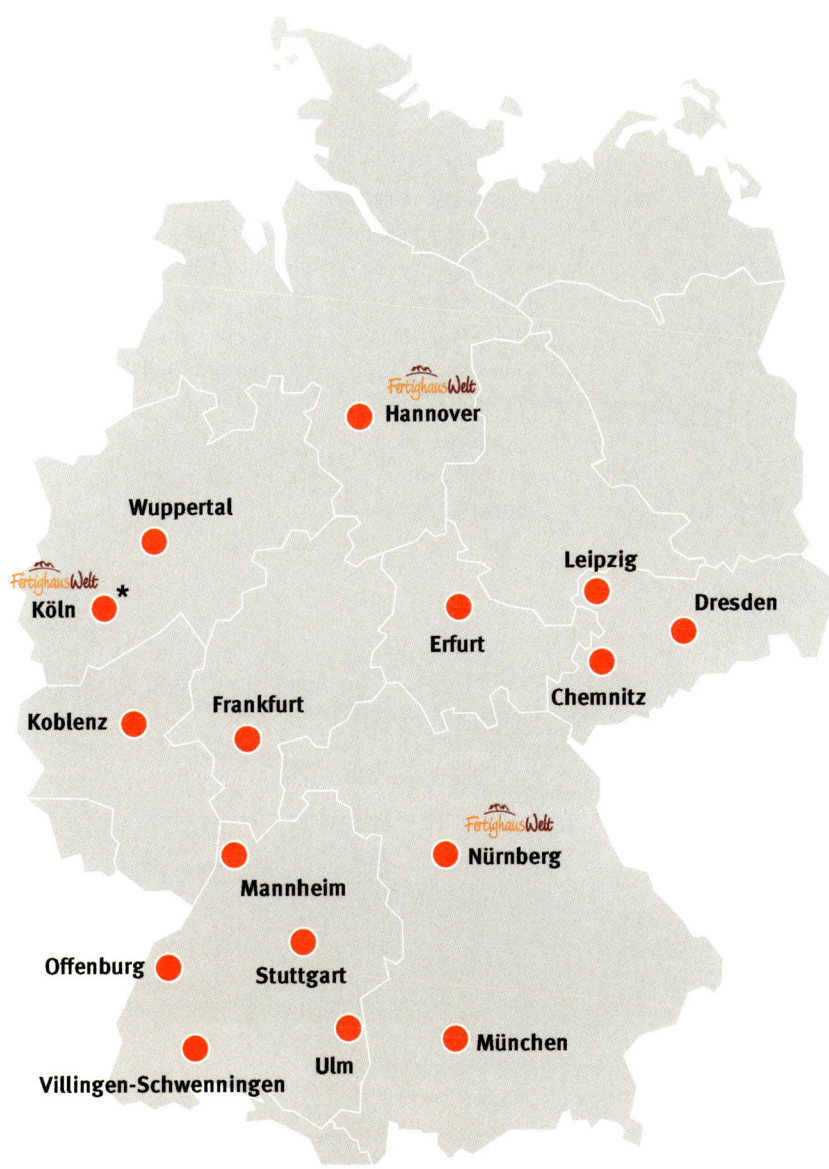

FertighausWelt Metropolregion Nürnberg

Energieeffizient und ökologisch bauen

Die vom Bundesverband Deutscher Fertigbau (BDF) betriebene FertighausWelt Metropolregion Nürnberg wurde 2009 als modernste Ausstellung von Musterhäusern in Deutschland eröffnet. Direkt an der Autobahn A3, Ausfahrt Erlangen-West, laden 15 Fertighäuser von 14 verschiedenen Herstellern zum Entdecken ein.

Allen Häusern gemeinsam ist das nachhaltige und klimaschonende Baumaterial Holz. Besucher der FertighausWelt können die energieeffizienten Holz-Fertighäuser von Mittwoch bis Sonntag zwischen 11 und 18 Uhr besichtigen. Kompetente Fachberater stehen für Fragen und Informationen bereit. Die Häuser sind vollstän-

dig eingerichtet, so dass die Besucher einen authentischen Eindruck vom Wohnen in einem modernen Fertighaus mit nach Hause nehmen können. In der FertighausWelt Metropolregion Nürnberg sorgt Ausstellungsmanagerin Sabine Grabert für einen freundlichen Empfang.

FertighausWelt
Metropolregion Nürnberg
Im Gewerbepark 30
91093 Heßdorf

Tel.   +49(0)91 35.73 53 33
Fax   +49(0)91 35.73 53 34
Internet www.fertighauswelt-nuernberg.de
E-Mail   team.nuernberg@fertighauswelt.de

Rensch-Haus

Bien-Zenker

FingerHaus

Luxhaus

Huf-Haus

Rubner

Fertighaus Weiss

Schwabenhaus

Fingerhut-Haus

Haas Fertigbau

Elk

Hanse-Haus

SchwörerHaus

Danhaus

Bien-Zenker

FertighausWelt am Flughafen Hannover

Intelligentes Bauen entdecken

Die ganze Welt des Hausbaus direkt vor den Toren Hannovers: Die FertighausWelt am Flughafen Hannover macht es möglich. Dort können 18 energieeffiziente Holz-Fertighäuser von 17 führenden Herstellern in verschiedenster Architektur und Ausstattung von Mittwoch bis Sonntag zwischen 11 und 18 Uhr besichtigt werden.

Im Eintrittgeld von 3 Euro für Einzelpersonen und 5 Euro für Familien ist ein umfangreicher Ausstellungskatalog mit Lageplan enthalten. Die Musterhäuser vermitteln eindrucksvoll, wie ein modernes Haus in Holz-Fertigbauweise gebaut wird und welchen Wohnkomfort es bietet. Fachberater beantworten auf Wunsch

die Fragen der Besucher zur Bauweise, den hohen energetischen Standards und zur vorbildlichen technischen Ausstattung der Häuser. In der FertighausWelt am Flughafen Hannover empfängt Ausstellungsmanagerin Angela Zimmermann die Gäste.

FertighausWelt
am Flughafen Hannover
Münchner Str. 25
30855 Langenhagen

Tel.   +49(0)511.786 03 60
Fax   +49(0)511.786 03 61
Internet www.fertighauswelt-hannover.de
E-Mail   team.hannover@fertighauswelt.de

Streif-Haus

Okal-Haus

ProHaus

allkauf haus

Meisterstück-Haus

Hanse-Haus

WeberHaus

Gussek-Haus

Haacke-Haus

Huf Haus

FingerHaus

SchwörerHaus

Luxhaus

Wolf System

Danhaus

Hanlo Haus

Bien-Zenker

Bien-Zenker

III.3 Die Satzung der Qualitätsgemeinschaft Deutscher Fertigbau (QDF)

Satzung der Qualitätsgemeinschaft Deutscher Fertigbau XIII

Diese Satzung löst die vorangegangenen, seit dem 11. November 2006 in Kraft getretenen Satzungen der QDF ab. Sie gilt für Verträge, deren Abschlussbestätigung nach dem 10. Oktober 2009 erfolgt.

Präambel

Die ordentlichen Mitgliedsfirmen des Bundesverbandes Deutscher Fertigbau e. V. (BDF) schließen sich zur Qualitätsgemeinschaft Deutscher Fertigbau (QDF) zusammen. Sie verpflichten sich, die in der Satzung enthaltenen Qualitätssicherungsbestimmungen für alle unter ihrem Namen hergestellten und in Deutschland errichteten Gebäude einzuhalten. Die Einhaltung der Anforderungen dieser Satzung wird im Rahmen von jährlichen Überwachungen durch unabhängige Sachverständige überprüft.

Ausnahmen sind zulässig im Objekt-, Gewerbe- und Kommunalbau oder dann, wenn der Auftraggeber ausdrücklich von dieser Satzung abweichende Bedingungen wünscht.

Produkt und Prozessqualität

A1. Wärmeschutz des Gebäudes

Die Mitgliedsfirmen der QDF garantieren durch regelmäßige Überwachung (A16 der Satzung), dass die Energienachweise gemäß der in der jeweils geltenden Energieeinsparverordnung (EnEV) vorgesehenen Verfahren ordnungsgemäß ausgeführt werden und der rechnerisch ermittelte Jahres-Primärenergiebedarf den Jahres-Primärenergiebedarf eines Referenzgebäudes gleicher Geometrie, Gebäudenutzfläche und Ausrichtung mit der in der EnEV angegebenen technischen Referenzausführung unterschreitet.

Die Gebäude sind so auszuführen, dass die Höchstwerte des spezifischen, auf die wärmeübertragende Umfassungsfläche bezogenen Transmissionswärmeverlusts unterschritten werden.

Der Höchstwert des spezifischen Transmissionswärmeverlustes beträgt entsprechend EnEV 2009:

- bei freistehenden Wohngebäuden $H_t = 0,4$ W/(m²K) bezogen auf AN ≤ 350 m²
- bei freistehenden Wohngebäuden $H_t = 0,50$ W/(m²K) bezogen auf AN ≥ 350 m²

- bei einseitig angebauten Wohngebäuden $H_t = 0,45 \, W/(m^2K)$
- bei allen anderen Wohngebäuden
$H_t = 0,65 \, W/(m^2K)$.

Beim Bau eines Gebäudes, das unter das Erneuerbare-Energien-Wärmegesetz (EEWärme) vom 7. August 2008 fällt, muss die Wärme für die Raumheizung und das Warmwasser teilweise durch Erneuerbare Energien gedeckt werden oder die Energieeffizienz des Gebäudes im Vergleich zu den Anforderungen der EnEV verbessert werden.

Erneuerbare Energien (gem. EEWärmeG):

Als Erneuerbare Energien sind bestimmte regenerative Quellen möglich. Die folgende Übersicht zeigt, welchen Anteil der benötigten Wärme im Gebäude von den Erneuerbaren Energien gedeckt werden muss. Alternativ dazu kann eine verbesserte Energieeffizienz des Gebäudes die Anforderungen erfüllen.

Erneuerbare Energien (gem. EEWärmeG):

- Solare Strahlungsenergie 15 %
- Gasförmige Biomasse (Biogas) 30 %
- Flüssige Biomasse (Bioöl) 50 %
- Feste Biomasse 50 %
- Geothermie und Umweltwärme 50 %

Verbesserte Energieeffizienz (alternativ):

- Das Gebäude unterschreitet die Anforderungen der jeweils geltenden Energieeinsparverordnung (EnEV) um mindestens 15 Prozent (%), d.h. den jeweiligen Höchstwert für den Jahres-Primärenergiebedarf und die Anforderungen an den Wärmeschutz der Gebäudehülle. Als Nachweis gilt ein Energieausweis nach EnEV - ausgestellt auf der Grundlage des berechneten Energiebedarfs des Gebäudes,

oder

- der Wärmebedarf wird mindestens zur Hälfte über Abwärme oder über Kraft-Wärme-Kopplungsanlagen (KWK) gedeckt,

oder

- das Gebäude erhält die Wärme unmittelbar aus einem Netz der Nah- oder Fernwärmeversorgung, das mit Erneuerbaren Energien betrieben wird.

Diese Anforderungen sind im Rahmen der Werksüberwachungen zu kontrollieren und anhand der Energiebedarfsausweise zu überprüfen.

A2. Wärmebrücken

Die Nachweise der Wärmebrücken sind nach dem entsprechenden Verfahren gemäß DIN 4108 und EnEV zu führen.
Es ist der Nachweis gemäß DIN 4108 Teil 2 und 3 zu erbringen, dass keine unzulässig hohen Tauwassermengen im Bauteil und auf den Innenoberflächen der Außenbauteile anfallen.

A3. Wärmeschutz der Außenbauteile

Es ist der Wärmedurchgangskoeffizient U nach DIN EN ISO 6946:2008 bzw. DIN EN ISO 10 077-1:2006 nachzuweisen.

Das Mittel der Wärmedurchgangskoeffizienten der in Holzbauweise erstellten Außenbauteile muss die des Referenzgebäudes gemäß EnEV 2009 unterschreiten. Bei dem bezüglich der gesamten Umfassungsfläche des Wohngebäudes wichtigen Bauteil „Holztafel-Außenwand" ist mit der Regelkonstruktion der vorgegebene Referenzwert 0,28 W/m²K um mindestens 30% zu unterschreiten. Der maximale U-Wert für die Wohngebäude-Außenwand ist demnach 0,196 W/m²K.

Wärmebrücken mit pauschalem Zuschlag:
Δ UWB = 0,05 W/(m²K)

Wird ein Wärmebrückennachweis geführt, kann ein günstigerer Wert berücksichtigt werden.

U-Werte Außenwand Vergleich

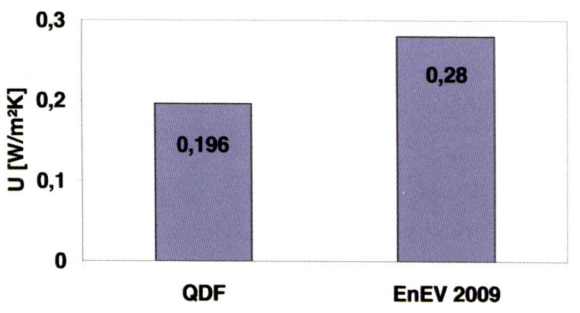

A4. Luftdichtheit

Die zu errichtenden Gebäude sind im bezugsfertigen Zustand so auszuführen, dass die wärmeübertragende Umfassungsfläche einschließlich der Fugen dauerhaft luftundurchlässig entsprechend den allgemein anerkannten Regeln der Technik abgedichtet ist. Dabei muss die Fugendurchlässigkeit außen liegender Fenster, Fenstertüren und Dachflächenfenster bei bis zu zwei Vollgeschossen der Klasse 2 der Fugenundurchlässigkeit gemäß DIN EN 12 207:2000-06 entsprechen. Ebenso darf der nach DIN EN 13 829:2001-02 bei einer Druckdifferenz zwischen Innen und Außen von 50 Pascal gemessene Volumenstrom – bezogen auf das beheizte Volumen – bei Gebäuden ohne raumlufttechnische Anlagen 3 h-1 und mit raumlufttechnischen Anlagen 1,5 h-1 nicht überschreiten.

Zur Sicherstellung der Anforderungen an die Luftdichtheit ist ein Luftdichtheitskonzept zu erstellen.

Von den Herstellern werden regelmäßig Luftdichtheitsmessungen gemäß DIN EN 13 829:2001-02 durchgeführt, die bei den Überwachungen (A.16 dieser Satzung) vorzulegen sind.

Technische Gebäudeausrüstung

Die Mitglieder der QDF bieten gemäß dem Wunsch des Bauherrn (Kunden) eine auf das Gebäude und den Nutzer abgestimmte Anlagentechnik an.

Hierbei sollen die Unternehmen dem Kunden Anlagenkonzepte zu folgenden gängigen Heizsystemen anbieten können:

- Brennwerttechnik
- Wärmepumpentechnik
- Geothermie
- Biomasse (z.B. Holzpellets, Stückholz)
- Kraft-Wärme-Kopplung
- Photovoltaik
- Solarthermie
- Lüftungsanlagen

Eine Anlagenprojektierung ist zu erbringen, wenn das Gewerk im Lieferumfang enthalten ist. Die Heizungskonfiguration gemäß EnEV-Nachweis findet Berücksichtigung bei der Werkplanung.
Der hydraulische Abgleich und die Einregulierung erfolgt durch qualifiziertes und dafür geschultes Personal.

Auf die Pflege und Wartung dieser Anlagen ist durch die Unternehmen in den Pflege- und Wartungsanleitungen hinzuweisen.

A5. Lüftungsanlagen

Lüftungsanlagen oder spezielle Lüftungseinrichtungen sorgen für eine geregelte Frischluftzuführung und leisten damit einen wichtigen Beitrag zur Wohnhygiene. Sie tragen darüber hinaus zur Energieeinsparung bei und steigern den Wohnkomfort. Der Einsatz von Wohnungslüftungsanlagen mit Wärmerückgewinnung sowie speziellen Lüftungseinrichtungen ist zu empfehlen.

Bei Lüftungsanlagen mit Wärmerückgewinnung sollte ein Wärmerückgewinnungsgrad von mindestens 70 % eingehalten werden.

Bei Einsatz einer Lüftungsanlage ist diese für das Gebäude individuell zu planen und zu dokumentieren.

Bei der Inbetriebnahme ist die Lüftungsanlage sorgfältig einzuregulieren. Ein Einregulierungsprotokoll ist zu erstellen.

A6. Raum- und flächensparende Bauweise

Jedes Mitglied bietet Konstruktionen an, die maximal 19 % der bebauten Grundrissfläche je Nutzungsebene in Anspruch nehmen. Bei nachfolgend aufgeführtem Grundrissmodell stehen somit im Vergleich zum Mauerwerksbau (hier: 25 %), bei gleicher Grundrissfläche und vergleichbaren U-Werten ca. 7 m² mehr Wohnfläche (ein kleines Zimmer) pro Vollgeschoss zur Verfügung. Bei hochwärmegedämmten Konstruktionen sind diesbezüglich Abweichungen zulässig.

Der Nachweis ist über ein Grundrissmodell mit 100 m² Grundfläche zu führen. In der Berechnung sind 40 lfm Außenwände, 10 lfm tragende Innenwände und 25 lfm nichttragende Innenwände zu berücksichtigen.

Bei Außenwandkonstruktionen ist als Wanddicke die tragende Konstruktion bis einschließlich der Wärmedämmung anzunehmen.

A7. Holzschutz

In allen Fällen, bei denen unter Beachtung von DIN 68 800 Teil 2 und Teil 3 kein chemischer Holzschutz (Gefährdungsklasse 0) notwendig ist, soll auf ihn verzichtet werden.

Insbesondere ist eine feuchteschutztechnisch einwandfreie Ausbildung der Außenwandanschlüsse an Fenster, Pfetten etc. zu gewährleisten.

Zum Innenraum sichtbare Holzoberflächen dürfen nicht mit chemischen Holzschutzmitteln behandelt werden. PCP-, lindan-, chrom- und permethrinhaltige Holzschutzmittel dürfen nicht eingesetzt werden.

Die nach DIN 68 800 zwingend einzusetzenden Holzschutzmittel müssen folgende Anforderungen erfüllen:

- Bauaufsichtliche Zulassung und Übereinstimmungszeichen gemäß den Vorschriften der Landesbauordnungen
- Kennzeichnung des Holzes nach DIN 68 800, Teil 3
- Bestätigung der gesundheitlichen Unbedenklichkeit bei bestimmungsgemäßer Anwendung durch das Bundesinstitut für gesundheitlichen Verbraucherschutz und Veterinärmedizin (BgVV, vormals BGA)
- Ökotoxische Bewertung durch das Umweltbundesamt
- Nachweis der Wirksamkeit durch eine anerkannte Prüfstelle

A8. Schallschutz

Über die Anforderungen der DIN 4109 hinaus bieten die Unternehmen Decken- und Innenwandkonstruktionen an, die die Empfehlungen für normalen Schallschutz für den eigengenutzten Wohnraum nach Beiblatt 2 zu DIN 4109 einhalten.

Der Luftschallschutz bei Außenbauteilen muss die Anforderungen gemäß Lärmpegelbereich III DIN 4109, Tabelle 8, übertreffen. Für Außenwände mit Fenstern ist der Nachweis für einen Fensterflächenanteil von 50 % zu führen.

A9. Brandschutz

Gebäudeabschlusswände müssen als F90/F30-B-Konstruktion (DIN 4102-2) bzw. REI 30/REI 90 (DIN EN 13501-2) gemäß der gültigen LBO mit einer ausreichend widerstandsfähigen äußeren Schicht aus nicht brennbaren Baustoffen hergestellt werden.

Geschossdecken sind gemäß den Anforderungen der gültigen LBO auszuführen.

Wohnungstrenndecken bei Gebäuden bis Gebäudeklasse 3 werden mind. als F 30 B-Konstruktionen (DIN 4102-2) bzw. REI 30 (DIN EN 13501-2) gemäß den Anforderungen der gültigen LBO ausgeführt.

Die Hersteller bieten Konstruktionen an, die von Versicherern hinsichtlich der Prämienbemessung dem Massivbau gleichgestellt sind (Bauartklasse II).

A10. Wartung & Lebensdauer

Häusern, die nach den Regeln dieser Satzung erstellt werden, wird in gutachterlichen Bewertungen eine Lebensdauer von mehr als 100 Jahren attestiert. Voraussetzung ist eine übliche Nutzung die ein hygienisches Raumklima (siehe DIN 4108) sicherstellt sowie regelmäßige Pflege und Wartung des Gebäudes und seiner Bauteile. Die Mitgliedsfirmen der QDF verpflichten sich, ihren Kunden Pflege- und War-

tungsanleitungen für das Haus zur Verfügung zu stellen, damit eine fachgerechte Pflege und Nutzung sichergestellt ist. Zur Sicherstellung einer fachgerechten Pflege und Wartung sollen den Kunden Wartungsverträge angeboten werden.

A11. Dämmstoffe

Es dürfen nur überwachte Dämmstoffe gemäß der harmonisierten europäischen Normen für Wärmedämmstoffe für Gebäude und / oder gemäß einer allgemeinen bauaufsichtlichen Zulassung verwendet werden. Mineralfaserdämmstoffe müssen den gesetzlichen Vorgaben des Anhangs IV Nr. 22 der Gefahrstoffverordnung entsprechen und ein RAL-Gütezeichen, welches eine geprüfte Qualität und Sicherheit ausweist, tragen. Alternativ kann für die eingesetzten Mineralfaserdämmstoffe ein Gleichwertigkeitsnachweis der Anforderungen des RAL-Gütezeichens für jede Lieferung geführt werden.

A12. Trockenes Holz

Für die Herstellung der Wand-, Decken-, und Dachelemente darf nur technisch getrocknetes Holz oder höher vergütete Sortimente (z.B. Brettschichtholz) verwendet werden.

Der Feuchtegehalt des Holzes darf bei der Herstellung der Tafeln 18%, für zu verleimende Teile 15% nicht überschreiten. Für

Dachstühle darf nur Holz mit einer maximalen Holzfeuchte von 20 % eingesetzt werden.

Fertigung und Montage

A13. Vorfertigung, Lagerung, Transport und Montage

Alle Tafeln für Außenwände, Innenwände und Decken werden nach DIN 1052 in Werkshallen vorgefertigt. Grundputz, Außentüren, Fenster und Fassade sollten bei der Vorfertigung werkseitig angebracht werden. Die vorgefertigten Bauteile werden trocken zwischengelagert, regengeschützt zur Baustelle transportiert und dort schnellstmöglich montiert. Die Gebäude müssen am 2. Tag regendicht sein. Ausnahmen sind bei komplexen Objekten zulässig.

Zusätzlich ist die BDF-Muster-Montageanleitung (2006) zu beachten.

A14. Trockene Bauweise

Für die Herstellung der Wand- und Deckentafeln sind ausschließlich trockene Werkstoffe zu verwenden, die ein gutes Raumklima garantieren und von denen anzunehmen ist, dass aufgrund ihrer Verwendung in den ersten Heizperioden keine erhöhten Lüftungsmaßnahmen notwendig sind, die den Heizenergieverbrauch wesentlich erhöhen.

Überwachung

Im Fertigbau gilt das dreistufige Qualitätssystem. Es setzt sich zusammen aus

*   dem Übereinstimmungszertifikat durch eine anerkannte Zertifizierungsstelle (ÜZ)
*   dem RAL-Gütezeichen
*   und dem QDF-Gütesiegel.

Das ÜZ-Zertifikat stellt sicher, dass die Bauprodukte die gesetzlichen Mindestanforderungen erfüllen.
Das RAL-Gütezeichen Holzhausbau besteht aus 2 Teilen, Werk- und Baustellenüberwachung. Die Werksüberwachung findet 2x jährlich statt, die Baustellenüberwachung 1x jährlich. Hierbei werden technische Belange überwacht.

Das QDF-Gütesiegel prüft zusätzlich die Forderung an einen hohen technischen Standard, die Energieeffizienz, den Umweltschutz und die Vertragsunterlagen, die über die gesetzlichen Vorschriften hinaus gehen.

A 15. Bauaufsichtliche Überwachung

Die Mitglieder sind verpflichtet, die vorgefertigten beidseitig bekleideten oder beplankten Wand-, Decken- und Dachelemente einer amtlich anerkannten Überwachung zu unterziehen. Diese bescheinigt, dass die Herstellung der Bauteile des Fertighauses einer ordnungsgemäßen Eigen-

Das dreistufige Qualitätssystem im Fertighausbau

QDF

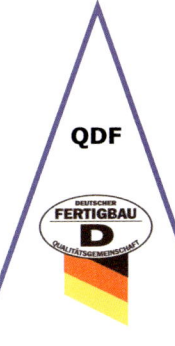

Das Gütesiegel der QDF ist das umfangreichste Qualitätszeichen im deutschen Fertighausbau. Zu den Prüfkriterien zählen höchste technische Standards und Forderungen an Energieeffizienz, Umweltschutz und Vertragsgrundlagen, die weit über die gesetzlichen Vorschriften hinausgehen.

RAL-Gütezeichen Holzhausbau

Das RAL-Gütezeichen besagt, dass Fertigung und Montage des Hausherstellers regelmäßig überwacht werden.

Die Gütekriterien sind technischer Art. Andere Qualitätsfaktoren werden durch das RAL-Gütezeichen nicht bewertet.

Ü-Zeichen

Das Ü-Zeichen sagt lediglich aus, dass ein Bauprodukt die gesetzlichen Mindestanforderungen erfüllt. Es ist kein Qualitätszeichen.

und Fremdüberwachung unterliegt und die Bauteile zertifiziert sind.

A16. QDF-Werksüberwachung

Sämtliche Produktionsstätten einer Mitgliedsfirma, die für den deutschen Markt produziert, müssen hinsichtlich der Einhaltung der QDF-Satzung überwacht werden.

Das Überwachungsprotokoll der QDF mit Unterschriften des unabhängigen Prüfers und der Firma wird der BDF-Geschäftsstelle spätestens zum Ende des Geschäftsjahres, das mit dem Überwachungszeitraum identisch ist, vorgelegt. Die Aufbewahrungsfrist in der Geschäftsstelle beträgt zehn Jahre.

Der Beirat der QDF kann weitere Unterlagen zu einzelnen Prüfungen durch die Geschäftsstelle anfordern.

Liegt das komplette Überwachungsprotokoll eines Mitglieds nicht fristgerecht vor, fordert die BDF-Geschäftsstelle dies mit einer Nachfrist von 3 Monaten an.

Folgt das Mitglied dieser Aufforderung nicht, wird das Mitglied nach Ziffer 9 der BDF-Satzung durch Beschluss des BDF-Vorstandes ausgeschlossen. Hiergegen ist Widerspruch möglich, über den auf der nächstmöglichen BDF-Mitgliederversammlung entschieden wird.

Für die Überwachung der QDF-Regeln werden die Sachverständigen der Bundes-Gütegemeinschaft Montagebau und Fertighäuser e. V. tätig. Ist dies nicht möglich, kann ein anderer geeigneter Sachverständiger im Einvernehmen mit dem Beirat festgelegt werden.

Dass die Prüfung gemäß dieser Satzung erfolgreich bestanden wurde, wird durch eine Urkunde, die für den Prüfzeitraum ausgestellt wird, dokumentiert.

Die Urkunde wird gegengezeichnet durch den Obmann des Beirats. Sie wird erst verliehen, wenn die Kontrolle durch den Überwachungsausschuss erfolgt ist. Nur die Überwachungsprotokolle, die bis zum 31. Oktober des Jahres bei der BDF-Geschäftsstelle eingereicht werden, können garantiert bis zum Ende des Jahres abschließend bearbeitet werden.

A17. QDF-Baustellenüberwachung

Dabei wird kontrolliert, ob die in der Bau- und Leistungsbeschreibung dargestellten Leistungsmerkmale der Unternehmen eingehalten werden und die Bauausführung den bauphysikalischen und statisch-konstruktiven Anforderungen und den Anforderungen dieser Satzung entsprechen.

Zur Absicherung der kompletten Montage und des Ausbaus erfolgt im jährlichen Wechsel die Überwachung zum Zeitpunkt der Rohbaumontage und der Hausübergabe.

Servicequalität

B1. Zahlungsmodalitäten

Die Mitglieder verlangen Zahlungen nur angepasst an den jeweiligen Planungs- und Baufortschritt sowie Wertzuwachs.

B2. Festpreisgarantie

Alle Mitglieder der QDF bieten dem Kunden eine Festpreisgarantie an.

B3. Herstellungsfristen

Auf Wunsch vereinbaren die Mitgliedsfirmen der QDF mit den Bauherren vertraglich Hausaufbau- bzw. Fertigstellungstermine, die in Abhängigkeit zu den von den Bauherren zu erfüllenden Aufbauvoraussetzungen verbindlich sind.

B4. Fortbildung der Mitarbeiter

Die QDF-Mitgliedsunternehmen verpflichten sich, ihre Mitarbeiter durch Fortbildungsmaßnahmen stets auf dem aktuellen Stand der Technik zu halten. Hierzu gehören unter anderen Fortbildungen zu

- neuen Gesetzen, Verordnungen, Richtlinien und Normen
- Energieeffizienz
- Statik

- Bauphysik
- Haustechnik
- Planung
- Verkauf, Beratung
- Fertigung
- Umweltschutz

Die BDF-Akademie bietet hier Fortbildungen an, die von der IHK und den Ingenieurkammern anerkannt werden.

B5. Fortbildung der Subunternehmer

Die Mitglieder verpflichten sich, nur für den Fertigbau qualifizierte Subunternehmer einzusetzen. Die BDF-Akademie bietet regelmäßig qualifizierende Fortbildungen an.

B6. Ombudsstelle

Für Streitigkeiten zwischen Mitgliedern und deren Kunden kann die bei der Geschäftsstelle des BDF bestehende Ombudsstelle angerufen werden. Die Anrufung der Ombudsstelle kann von einem der Beteiligten alleine oder gemeinsam erfolgen. In jedem der vorgenannten Fälle wird die Ombudsstelle vermittelnd tätig. Der Geschäftsführer des BDF ist als Leiter der Ombudsstelle für die Durchführung des Verfahrens zuständig.

Nach Abschluss des Verfahrens fällt die Ombudsstelle eine Entscheidung. Die Mitglieder unterwerfen sich dieser für sie bindenden Entscheidung. Nur für den Fall, dass der Kunde trotz der Entscheidung gerichtliche Schritte einleitet, entfällt die zuvor vereinbarte Verbindlichkeit für die betroffene Firma.

Gegen die Entscheidung der Ombudsstelle kann das Mitglied den Ehrenrat anrufen, der im Bedarfsfall gebildet wird. Er setzt sich aus drei Vertretern der Mitglieder zusammen. Vorstandsmitglieder und Beteiligte des Verfahrens sind von der Mitwirkung ausgeschlossen. Der Ehrenrat wird in alphabetischer Reihenfolge der Mitglieder für jedes Verfahren neu gebildet.
Die Anrufung der Ombudsstelle ist für den Kunden kostenfrei.

In den Fällen, in denen zur neutralen Begutachtung der angezeigten Mängel die Einschaltung eines neutralen Gutachters erforderlich wird, werden diese Kosten nach Maßgabe des Gutachters auf die Parteien umgelegt.

B7. Bauabnahme

Die Abnahme des Gebäudes erfolgt förmlich. Es wird ein Abnahmeprotokoll erstellt.

B8. Kundenservice

Ein Kundenservice wird in der Gewährleistungszeit angeboten.

Gesundheits- und Umweltschutz

C1. Holzwerkstoffe

Holzwerkstoffe für Wände, Decken und Dächer der hergestellten Häuser dürfen ausschließlich nur aus naturbelassenem Holz hergestellt werden.

Verschärfend gegenüber den Anforderungen der Chemikalienverbotsverordnung dürfen für diese Wände, Decken und Dächer nur Holzwerkstoffe (Span-, Holzfaserplatten, Mitteldichte Holzfaserplatten (MDF) und Oriented Strand Board (OSB)) verarbeitet werden, wenn die durch den Holzwerkstoff verursachte Ausgleichskonzentration des Formaldehyds in der Luft einer Prüfkammer 0,03 ppm - gesetzlich erlaubt sind 0,1 ppm - nicht überschreitet.

Für Ausbaumaterialien, wie z. B. Paneele und Parkett, gelten die Anforderungen bezüglich der Formaldehydemissionen analog zu RAL UZ-38 „Blauer Engel".

Die Ausgleichskonzentration ist unter den Prüfbedingungen zu ermitteln, die in der harmonisierten europäischen Norm EN 13 986 für Holzwerkstoffe, bzw. der „Richtlinie über die Klassifizierung und Überwachung von Holzwerkstoffplatten bezüglich der Formaldehyd-Abgabe (DIBt-Richtlinie 100)", Fassung Juni 1994, bzw. den Bekanntmachungen des Bundesgesundheitsamtes für das Prüfverfahren für

Holzwerkstoffe (siehe Bundesgesund heitsblatt 10/91) festgelegt sind.

Über die normativen und gesetzlichen Auflagen hinaus sind die verschärften Nachweise bei der QDF-Werksüberwachung vorzulegen. Der BDF veröffentlicht halbjährlich eine Liste mit Holzwerkstoffen, für die der Geschäftsstelle aktuelle Nachweise der verschärften QDF-Anforderungen vorliegen.

Die Einhaltung dieser Anforderungen ist über die werkseigene Wareneingangskontrolle sowie über die unabhängigen Sachverständigen sichergestellt.

C2. Fluorchlorkohlenwasserstoffe

Es dürfen keine Dämmstoffe und Montageschäume verwendet werden, die voll- oder teilhalogenisierte Fluorchlorkohlenwasserstoffe (FCKW, HFCKW) enthalten oder unter Verwendung dieser Stoffe hergestellt wurden.

Wo konstruktive Lösungen zur Abdichtung von Bauteilen alternativ zu Montageschäumen eingesetzt werden können, sollten diese zur Anwendung kommen.

C3. Umweltschutzbeauftragter

Jedes Mitglied benennt einen Mitarbeiter, der für die Belange des Umweltschutzes verantwortlich ist.

Über die gesetzlichen Anforderungen hinaus verpflichten sich die Mitglieder der QDF, in jedem Fall einen Betriebsbeauftragten für Abfall nach §11a des Abfallgesetzes zu bestellen.

Umweltschutzbeauftragte sind durch Fortbildungsmaßnahmen stets auf dem aktuellen Stand der Technik zu halten.

C4. Wertstoffentsorgung

Alle bei der Werksfertigung und Montage auf der Baustelle anfallenden Abfall- und Reststoffe werden einer geordneten Entsorgung zugeführt. Hierfür wurde in Zusammenarbeit mit überregionalen Entsorgern ein Baustellenentsorgungssystem entwickelt, welches zentral die Rückführung der Abfälle übernimmt. Jedes Mitglied trägt über entsprechende organisatorische Maßnahmen dafür Sorge, dass ein Höchstmaß an Abfallvermeidung und -recycling gewährleistet ist.

Umweltbelastende Stoffe bzw. Baustoffe (z. B. organische Lösemittel) sind weitestgehend zu substituieren, sofern nicht schwerwiegende konstruktiv-technische Gesichtspunkte oder der ausdrückliche Kundenwunsch dagegen sprechen.

C5. Raumluftmessungen

Die Mitglieder der QDF lassen für jedes Werk mindestens einmal im Zeitraum von zwei Jahren Formaldehyd-Raumluftmessungen in einem neuen, unmöblierten, schlüsselfertigen Haus durchführen. Werden in den einzelnen Werken einer Mitgliedsfirma die gleichen Konstruktionen mit gleichen Bau- und Werkstoffprodukten ausgeführt, reicht eine Raumluftmessung für das Mitgliedsunternehmen aus. Durch diese Messungen wird kon¬trolliert, ob die Anforderungen der QDF an die Baumaterialien eingehalten werden und die Emissionsmengen den strengen wohnhygienischen Anforderungen der QDF genügen.

Die durchzuführenden Formaldehyd-Messungen und -Bewertungen erfolgen nach der „Richtlinie zur Durchführung von Formaldehydmessungen in Häusern aus Holz und Holzwerkstoffen"; Herausgeber: Deutsche Gesellschaft für Holzforschung, München.

Der QDF-Überwachungsausschuss behält sich vor, zur zusätzlichen Kontrolle bei QDF-Mitgliedsfirmen stichprobenartig Raumluftmessungen anzuordnen, in denen andere Stoffe und Stoffverbindungen erfasst werden.

Die Anforderungen an den Holzschutz hinsichtlich des Umwelt- und Gesundheitsschutzes sind unter Punkt 9, Holzschutz, aufgeführt.

C6. Klimaschutz

Holz ist ein nachwachsender ökologischer Baustoff.

Beim biologischen Wachstum eines Baumes wird Kohlendioxid (CO_2) aus der Atmosphäre entnommen und liegt während der Nutzungsdauer in gebundener Form im Bauteil vor. Die Ökobilanzen von Holztafelwandsystemen zeigen aufgrund des natürlich nachwachsenden Rohstoffes Holz und der Materialzusammensetzung einen sehr geringen fossilen Primärenergiebedarf im Vergleich zu üblichen massiven Wandsystemen, bei denen der hohe Primärenergiebedarf vor allem aus der Herstellung der Steine und des Betons stammt. Der fossile Primärenergiebedarf einer Holzaußenwand beträgt nur ca. 1 %[1] einer üblichen Massivaußenwand.

Das Treibhauspotenzial verhält sich in der Tendenz ähnlich dem Primärenergiebedarf. Der geringe fossile Energieverbrauch während der Herstellung der Holztafelwand bedingt ebenso geringe Emissionen von Treibhausgasen. Das Treibhauspotenzial einer Holzaußenwand beträgt nur ca. 1%[1] des Wertes einer üblichen Massivaußenwand.

Zur Unterstützung der nationalen und internationalen Klimaschutzziele verpflichten sich die Mitglieder der QDF, Wohnhäuser in der Regel in Holztafelbauweise zu errichten.

[1] Universitäten Hamburg und Stuttgart (2008): Verbundprojekt ÖkoPot

C7. Nachhaltigkeit

Die Mitglieder der QDF setzen Konstruktionsholz aus nachhaltiger Waldwirtschaft ein. Im deutschsprachigen Raum wird seit über 200 Jahren der Wald nach dem Prinzip der Nachhaltigkeit bewirtschaftet, d.h. es wird maximal so viel Holz genutzt wie nachwächst. Zusätzlich können Zertifikate (z.B. von PEFC, FSC oder vergleichbaren Organisationen) auf Holz aus nachhaltiger Waldwirtschaft hinweisen.

Weitere Bestimmungen

D1. Eigenleistung der Bauherren

Übernimmt der Bauherr bei Wohngebäuden einen Teil der Bauleistungen, so sind die Satzungsbestimmungen nur dort anzuwenden, wo dies die mit dem Mitglied vertraglich vereinbarten Leistungen zulassen.

D2. Beirat der Qualitätsgemeinschaft

Der Beirat hat bezüglich der Überprüfung und Weiterentwicklung, insbesondere der technischen Selbstverpflichtungen, einen empfehlenden Charakter. Der Beirat entscheidet auch über die Zulassung von Prüfern.

Über die Mitgliedschaft im Beirat entscheidet der Vorstand des BDF.
Zur Zeit gehören dem Beirat an:

- Prof. Dr. Martin H. Kessel, TU Braunschweig
- Prof. Dr. Rainer Marutzky, WKI Braunschweig
- Dipl.-Ing. Borimir Radovic
- Berufene Mitarbeiter aus den Mitgliedsunternehmen des BDF

Die Tätigkeit im Beirat ist ehrenamtlich.

Beschlossen auf der BDF-Mitgliederversammlung am 10. Oktober 2009 in Rust

III.4 Das A–Z des Fertigbaus

Das A – Z des Holz-Fertigbaus

A

Architektur

Fertighäuser unterliegen wie alle Eigenheime zeitgenössischen Strömungen der Architektur. Die Hersteller setzen aber Akzente und haben eine eigene Architektursprache entwickelt. Fertighäuser werden meist individuell nach Kundenwünschen geplant. Ihre Architektur ist vielfältig (s. individuelles Bauen) und reicht von regionaltypischen Häusern bis zu modernen BAUHAUS-Bungalows. Die Letztgenannten stehen für einen Architektur-Trend im Fertigbau: Die „neue Einfachheit". Die Häuser sind schnörkellos und kubistisch, mit minimalistischer Fassade. Diese zeigt oft Holz – was bei Holz-Fertighäusern nicht der Regelfall ist. Die tragen ihren Namen, weil ihre Grundkonstruktion aus Holz besteht.

Ausbauhaus

Wer es sich zutraut und genug Zeit hat, im Haus Eigenleistungen zu erbringen, findet bei den Fertighausherstellern ein vielseitiges Angebot an so genannten „Ausbauhäusern". Der Haushersteller liefert in der Regel eine komplette Haushülle, bei der noch der Innenausbau vorgenommen werden muss. Die Gebäudehülle ist wetterfest und abschließbar. Die auch „Muskelhypothek" genannte Eigenleistung kann den Innenausbau oder nur Teile davon umfassen. Teilleistungen oder Beaufsichtigung durch einen Bauleiter können beim Hersteller beauftragt werden. Manchmal ist es aber sinnvoller, anspruchsvolle Gewerke und Handwerker-Arbeiten beim Hersteller in Auftrag zu geben. Maßgeblich ist das handwerkliche Geschick und Können des Bauherren und seiner Helfer. Wer sich dazu entschließt, selber mit anzufassen, sollte im Vorfeld prüfen, welche Leistungen er tatsächlich bewältigen kann. Die Hersteller stellen „Selbermachern" ein Ausbauhandbuch zur Verfügung.

B

Barrierefreiheit

Bauen ohne Barrieren wird immer wichtiger. Barrierefreiheit hilft zum Beispiel Senioren, Menschen mit Behinderungen oder Eltern mit kleinen Kindern. Fertighäuser sind für jede Lebensphase geeignet. Zur Barrierefreiheit gehören ein ebenerdiger Zugang zum Gebäude und ausreichende Bewegungsflächen in Flur, Bad und Wohnräumen. Auch bodengleiche Duschen und breite Türen ohne Schwellen tragen zu hohem Wohnkomfort bei. Die Fertighaus-Hersteller haben Erfahrung mit findigen Detaillösungen des barrierefreien Bauens und planen sie auf Wunsch gleich bei Beginn der Bauplanung ein. Auch ein nachträglicher Umbau ist dank der flexiblen Konstruktion eines Fertighauses möglich. Barrierefreie Fertighäuser stehen für Wohnqualität für mehrere Generationen – und für Eigenheime, die geeignet für Menschen reiferen Alters sind.

Bauabnahme

Ob alles richtig sitzt und funktioniert, wird am Tag der Bauabnahme festgestellt. Die Abnahme des Gebäudes erfolgt förmlich, es wird ein Protokoll erstellt. Für die Bauabnahme sollte sich jeder Bauherr viel Zeit nehmen. Bauherr und Bauleiter begehen gemeinsam das Gebäude und prüfen die Übereinstimmung der Ausführungen aller Gewerke mit der Planung. Wird einvernehmlich die Abnahme des Hauses erklärt, beginnt die Gewährleistungsfrist und die Beweispflicht für Mängel kehrt sich um.

Bauantrag und Baugenehmigung

Die behördlichen Verfahren vor einem Hausbau sind in den Landesbauordnungen geregelt und bundesweit vielfältig. Sie reichen von der Genehmigungsfreistellung für Wohngebäude über ein vereinfachtes Genehmigungsverfahren bis hin zur allgemein üblichen Form des Baugenehmigungsverfahrens. Der Antrag auf eine Baugenehmigung ist schriftlich bei der unteren Bauaufsichtsbehörde einzureichen. Mit dem Bauantrag müssen in der Regel bereits alle für die Prüfung erforderlichen Bauvorlagen eingereicht werden. Über die jeweils geltenden aktuellen Bestimmungen der Landesbauordnung bzw. die Ein-

haltung städtebaurechtlicher Vorschriften sind die Fertigbaufirmen auf dem Laufenden. Auf Wunsch übernehmen sie die Organisation der Abwicklung mit den Bauämtern und unterstützen die Bauherren bei der Vorbereitung der Beantragung.

Baustoff

Fertighäuser werden meist aus dem natürlichen und nachwachsenden Rohstoff Holz hergestellt. Holz ist extrem stabil und lange haltbar. Bauen mit Holz ist umwelt- und klimaschonend (s. auch Klimaschutz).

Brandschutz

Jeder Neubau muss den Anforderungen der Landesbauordnungen entsprechen. Das gilt auch für die Brandschutzanforderungen. Häuser aus Holz erfüllen alle notwendigen Standards. Heute werden sogar fünfgeschossige Wohnhäuser mit Konstruktionen aus Holz gebaut. Mit tragenden Holzkonstruktionen lassen sich gute Brandschutzwerte erzielen, hier zählt vor allem die äußere Bekleidung von Wänden und Decken. Selbst einfache Konstruktionen einer Holztafelbau-Wand weisen einen hohe Feuerwiderstandsklasse auf. Folglich können Fertighäuser in Holztafelbauweise genau so günstig gegen Feuer versichert werden wie Häuser in konventioneller Bauweise.

C

Chemie

Alle qualitätsgesicherten Fertighäuser genügen höchsten Ansprüchen an gesundes und ökologisches Bauen. Auf chemischen Holzschutz wird weitestgehend verzichtet. „So wirksam wie möglich und nur dort, wo gesetzlich vorgeschrieben", das ist die Maxime der deutschen Fertighausindustrie in Sachen Holzschutzmittel. Der Fertigbau hat andere Wege gefunden, um seine natürlichen Baumaterialien mit konstruktivem Holzschutz vor Verwitterung und Insektenbefall zu bewahren.

D

Dämmstoffe

Gute Dämmstoffe sind das A und O für effektiven Wärme-, Schall- und Brandschutz. Konstruktionsbedingt verfügt der Holzbau über eine optimal gedämmte Außenhülle, weil bereits in den Holztafeln Raum für Dämmmaterialien ist. Holz selbst kann im Vergleich zu anderen Stoffen als gut Wärme dämmend bezeichnet werden. Ausschlaggebend dafür ist die spezifische Wärmeleitfähigkeit. Hier hat Holz den Wert 0,13 Watt pro Meter Kelvin (W/mK). Je geringer dieser Wert ist, desto besser ist die Wirkung als Dämmstoff. Zum Vergleich seien hier Werte anderer Stoffe und Elemente genannt: Luft 0,17 W/(mK), Kalksandstein 0,8 W/(mK), Beton 2,1 W/(mK), Stahl 60 W/(mK), Aluminium 200 W/(mK). Dämmstoffe müssen auch den Erwartungen der Bauherren an gesundes Wohnen entsprechen. Daher werden für die Dämmstoffe Nachweise der Gesundheitsverträglichkeit verlangt. Für die Dämmung werden in der Regel Mineralwolle oder ökologische Materialien verwendet.

E

Eigenleistung

Die so genannte „Muskelhypothek" kann sich auch beim Fertigbau lohnen. Die Hersteller bieten Häuser in unterschiedlichen Ausbaustufen an. Wird nur eine Haushülle industriell vorgefertigt und montiert, übernimmt der Bauherr den kompletten Innenausbau selbst. In jedem Fall steht die wetterfeste Gebäudehülle auf der Baustelle, so dass der Hausbauer seine Eigenleistung im Trockenen erbringen kann. Zum Ausbauhaus gibt es eine Anleitung, in der alles Nötige über Material, Werkzeug und Arbeitsgänge steht. Auch fast fertige Ausbaustufen werden angeboten, bei denen der Bauherr zum Beispiel nur noch die Malerarbeiten übernehmen muss. Der Vorteil der Eigenleistung: Je nach Umfang lässt sich ein erheblicher Teil der Baukosten sparen. Wer sich handwerkliche Tätigkeiten zutraut sollte vorher rechnen, ob sich die Ersparnis tatsächlich lohnt und der Aufwand angemessen ist. Manchmal ist es sinnvoller, die Arbeit dem Haushersteller zu überlassen. Laien brauchen mehr Zeit als erfahrene Handwerker. Art und Umfang aller Eigenleistungen des Bauherrn werden vertraglich festgeschrieben.

Effizienzhaus

Als Effizienzhäuser bezeichnet man energiesparende Häuser, die die Vorgaben der Energieeinsparverordnung bei weitem unterschreiten. Der Begriff wird unter anderem von der KfW-Förderbank und der Deutschen Energie-Agentur (dena) verwendet. Holz-Fertighäuser sind Effizienzhäuser, weil sie in der Regel wesentlich weniger Primärenergie verbrauchen als im gesetzlichen Standard definiert. Außerdem unterschreiten sie die Grenzwerte für den Wärmeverlust meist deutlich.

Energieeinsparverordnung

Seit 2002 gilt die Energieeinsparverordnung (EnEV), durch die der Gesetzgeber hohe energetische Anforderungen an den Eigenheimbau stellt. In der aktuell geltenden Version EnEV 2009 wird der Energiebedarf primärenergetisch betrachtet. Außerdem wird die Anlagentechnik in die Bilanzierung der Energieeffizienz eines Hauses eingerechnet. Die Anforderungen der EnEV fordern eine gut durchdachte und vor allem sauber ausgeführte Wärmedämmung der Außenhüllen (Wände, Decken, Dach, Böden), aber auch der Fenster und Türen, sowie eine passende Heizungsanlage und eine entsprechende Warmwasserbereitung. Kennzahlen für die Energieeffizienz sind der Primärener-

giebedarf und der Transmissionswärmeverlust. Diese werden auch als Kriterien für die Förderwürdigkeit eines Neubaus von der KfW-Förderbank herangezogen – berechnet anhand des ebenfalls in der EnEV vorgeschriebenen Referenzhausverfahrens. Holz-Fertighäuser sind energieeffiziente Eigenheime und meistern die Anforderungen der EnEV meist spielend.

Erneuerbare Energien

Alternative Energiekonzepte und die Nutzung regenerativer Energien sind keine Marotte ökologisch orientierter Bauherren. Schließlich ist mit einem deutlichen Preisanstieg für die fossilen Brennstoffe Öl und Gas zu rechnen, die endliche Ressourcen sind. Für Eigenheime sind vor allem Solaranlagen, zum Beispiel die Solarthermie zur Brauchwasser-Erwärmung, interessant. Immer beliebter werden außerdem Photovoltaik-Anlagen als Energielieferant sowie Holzpellet-Öfen als regenerativer Heizenergiespender. Nicht zuletzt die Förderprogramme der KfW-Förderbank für energieeffiziente Neubauten machen diese Technologien für Bauherren attraktiv. Der Einsatz regenerativer Energien hat im Fertigbau eine lange Tradition.

Erschließung

Jedes Haus entsteht auf einem erschlossenen Grundstück. Beim Kauf der Parzelle müssen Bauherren darauf achten, ob ihr Bauplatz bereits erschlossen ist bzw. welche Schritte noch zu tun sind. Zeitplan und

Kosten hängen maßgeblich davon ab, ob es sich um Bauerwartungsland, Bauland, fertiges Bauland und freies fertiges Bauland handelt. Das „Bauerwartungsland" ist zwar im Flächennutzungsplan bereits ausgewiesen, einen Bebauungsplan gibt es dafür aber noch nicht. Für „Bauland" ist dieser bereits vorhanden. Es fehlt aber die Erschließung. Beim „fertigen Bauland" müssen die Hausanschlüsse gelegt und die Erschließungskosten anteilig vom Grundstückseigentümer mitgetragen werden. In bereits erschlossenen Wohngebieten findet man „fertiges freies Bauland": Auf diesen vollständig erschlossenen Bauplätzen fallen keine weiteren Erschließungskosten an.

F

Fachberater

Im Fertigbau stehen den Bauherren Hausbau-Manager zur Seite, die sie auf dem Weg ins Eigenheim begleiten. Den Kontakt zu Fachberatern knüpfen Bauinteressierte meist über den Besuch von Musterhäusern. Die Fachberater klären mit den Bauherren deren Wünsche und Vorstellungen ab und erläutern die Hausentwürfe der Fertighaushersteller. Sie erarbeiten ein auf die Bedürfnisse zugeschnittenes Angebot und besprechen mit den Hausbauern den Bauvertrag und die Leistungsbeschreibung. Auch während der Bauphase und darüber hinaus bleiben Fachberater ihren Kunden als Ansprechpartner erhalten.

Fertighaus

Ein Fertighaus ist ein im Werk vorgefertigtes, meist aus Holztafeln mit integrierter Wärmedämmung bestehendes Eigenheim, das individuell nach Bauherrenwunsch geplant wird und auf der Baustelle in kurzer Zeit entsteht. Fertighäuser sind energiesparend und klimaschonend. Die deutsche Fertighausindustrie hat mit der Qualitätsgemeinschaft Deutscher Fertigbau (QDF) einen hohen Standard für Eigenheime in Fertigbauweise entwickelt, der von den führenden Herstellern konsequent angewendet wird.

Finanzierung

Die Finanzierung nimmt im Hausbau eine Schlüsselrolle ein. Dieser ist schließlich eine große Investition. In fast allen Fällen ist eine Kreditaufnahme unumgänglich. Eine Analyse, welche finanziellen Möglichkeiten vorhanden sind, steht am Anfang jeder Hausplanung. Der finanzielle Aufwand sollte in realistischer Relation zum Einkommen und zum Eigenkapital stehen. Die Fachberater der Haushersteller bieten Hilfestellung bei der Finanzierung. Der Bau eines energiesparenden Ein- oder Zweifamilienhauses kann vom Staat gefördert werden – zum Beispiel über Kredite und Tilgungszuschüsse der KfW-Förderbank.

Fläche

Die Konstruktionsweise des Fertighauses hat für Bauherren viele Vorteile. Da Dämmmaterial in die Holztafeln eingebaut wird, bleibt mehr Platz für Wohnraum. Durch die schlanke Wandkonstruktion hat ein Fertighaus bis zu zehn Prozent mehr Nutzfläche als ein Haus in einer anderen Bauweise – gerechnet bei gleichem Hausumfang. Bei einem Einfamilienhaus durchschnittlicher Größe entspricht dieser Raumgewinn einem zusätzlichen kleinen Zimmer.

Flexibilität

Fertighäuser können leicht umgebaut und modernisiert werden. Die Bauweise erlaubt sowohl eine nachträgliche Aufstockung als auch eine Veränderung des Grundrisses und einen Anbau. Die Häuser können flexibel veränderten Bedürfnissen der Bewohner angepasst werden.

Fördermittel

Bauherren von Eigenheimen können auf vielfältige Fördermöglichkeiten von Bund, Ländern und Kommunen zurückgreifen. Die für den Hausbau wichtigste ist die Förderung von energieeffizienten Neubauten durch die staatliche KfW-Förderbank. Für neu errichtete Häuser in den Kategorien „KfW-Effizienzhaus 40", „KfW-Effizienzhaus 55" und „KfW-Effizienzhaus 70" können Bauherren im Programm „Energieeffizient Bauen" zinsgünstige Kredite in Höhe von bis zu 50.000 Euro, sowie einen Tilgungszuschuss von bis zu 5.000 Euro erhalten. Die Anträge auf Förderung sind vor Baubeginn zu stellen. Die Zuordnung des geplanten Hauses in die Förderkategorien hängt von seinem Primärenergiebedarf und dem Transmissionswärmeverlust ab. Grundsätzlich gilt: Je energiesparsamer der Neubau ist, desto höher fällt die Förderung aus. Weil der Holz-Fertigbau energieeffizientes Bauen ist und die Förderbedingungen leicht erfüllen kann, öffnen die Häuser die Türen zu den Fördertöpfen.

G

Gesundheit

Holz steht für naturnahes und gesundes Wohnen. Der Baustoff reguliert das Raumklima auf natürliche Weise. Holz mäßigt Veränderungen der Luftfeuchtigkeit und wirkt als Puffer für feuchte und extrem trockene Luft. Kontrollierte Be- und Entlüftung ist Standard im Fertigbau. Sie filtert Staub und Pollen aus der Raumluft, was ideal für Allergiker ist. Feuchte Wohnräume sind ungesund. In qualitätsgesicherten Fertighäusern gibt es keine feuchten Wände, denn die Bauteile bestehen aus trockenen Werkstoffen und sind so gefertigt, dass sie zu keiner Zeit Feuchtigkeit in die Wohnräume abgeben. Konstruktiver Holzschutz sichert Langlebigkeit ohne schädliche Emissionen.

Gewährleistung

Vor dem Bau eines Fertighauses wird ein Werkvertrag abgeschlossen. Es gelten in der Regel die Gewährleistungsrechte nach dem Bürgerlichen Gesetzbuch (BGB). Viele Hersteller geben eine langjährige Garantie auf ihre Hauskonstruktionen.

Grundstück

In der Regel gilt: Erst der Bauplatz, dann das Haus. Wer auf der Suche nach einem geeigneten Grundstück ist, findet Hilfe und Unterstützung bei den Fachberatern der Fertighausunternehmen. Ist der Grundstückskauf notariell beurkundet, die Auflassungsvormerkung (die zur Sicherung des Anspruchs auf Übertragung des Eigentums an einem Grundstück gerichtete Vormerkung im Grundbuch) erledigt und ist die Finanzierung gesichert, steht dem Hausbau nichts mehr im Weg. Wenn der Grundstückskauf nicht rechtzeitig unter Dach und Fach gekommen ist oder eine Förderung noch nicht genehmigt wurde, sollten sich Bauherren ein kostenloses Rücktrittsrecht im Vertrag einräumen lassen.

Gütesicherung

s. Qualitätssicherung

H

Hausausstellungen

s. Musterhäuser

Hanglage

Häuser am Hang lassen sich in Fertigbauweise gut realisieren - mit Keller. In besonders schwierigen Lagen oder bei unklaren Bodenverhältnissen ist ein geologisches Gutachten im Vorfeld der Hausplanung sinnvoll. Eventuell sind Stützkonstruktionen erforderlich. Wichtig ist auch die Frage, ob das Grundstück von der Berg- oder der Talseite her erschlossen werden soll. Dies ist zum Beispiel für die Abwasserentsorgung von Bedeutung. Bei einem Keller, dessen hintere Wände bei Hanglage oft vollständig im Erdreich liegen, muss besonders gut auf den richtigen Schutz vor Feuchtigkeit und eine ausreichende Belüftung des Untergeschosses geachtet werden.

Heizung

In Fertighäusern werden alle gängigen Arten von Heizsystemen verwendet – ganz nach Kundenwunsch. Besonders Heizungen mit Unterstützung von regenerativen Energien werden immer öfter für Fertighäuser herangezogen. Dazu gehören alle Arten von Wärmepumpen, Biomasse-Heizungen oder Solarthermie-Anlagen, die Wärme aus Sonnenenergie gewinnen. Auch Lüftungsanlagen mit Wärmerückgewinnung können zur Deckung des Heizenergiebedarfes eines Fertighauses beitragen.

Holzbausysteme

Die im modernen Fertigbau gebräuchlichsten Holzbausysteme sind der Skelettbau und die Tafelbauweise.

Die Skelettbauweise gilt als Weiterentwicklung des historischen Fachwerks, das im Neubau zwar eher selten ist, aber elegante Architektur ermöglicht. Die stabförmige Tragstruktur aus senkrechten Stützen und waagerechten Trägern ist für den Skelettbau charakteristisch. Das Holzgerüst übernimmt die tragende Funktion, die Ausfachungen der Wände haben dagegen lediglich noch aussteifende Wirkung. Deshalb können hier zum Beispiel große Glasbauteile eingesetzt werden. Die bis zu fünf Meter großen Abstände der Stützen im Skelettbau ermöglichen eine besonders flexible Gestaltung des Grundrisses.

Die Tafelbauweise ist die häufigste Bauart im Holz-Fertigbau. Die vorgefertigten Wand-, Decken- und Dachelemente bestehen aus Riegelwerken mit Wärmedämmung und beidseitigen Beplankungen aus Holzwerkstoffen oder Gipsplatten. Die Größe dieser Elemente für die Innen- und Außenwände reicht bis zu zwölf Metern Länge. Die verwendeten Hölzer sind technisch getrocknet. Die Lasten werden im Gegensatz zum Holzskelett von der kompletten Wand – bestehend aus Ge-

rippe und Beplankung – getragen. Vor der Witterung wird die tragende Konstruktion durch die Fassaden geschützt. Die Holz-Tafelbauweise erlaubt einen hohen Grad an Vorfertigung, was kurze Bauzeiten möglich macht. So kann die Gebäudehülle eines Einfamilienhauses an einem Arbeitstag regendicht montiert werden. Das Konstruktionsprinzip ist mit dem Holzrahmenbau identisch, der aber einen geringeren Grad an Vorfertigung aufweist.

I

Individuelles Bauen

Fertighäuser werden im Werk vorgefertigt. Trotzdem ist ein Fertighaus alles andere als ein „Haus aus dem Katalog": Die Häuser werden in der Regel individuell geplant, ganz ausgerichtet an Wünschen und Bedürfnissen der Bauherren. Die Hersteller bieten Haus-Entwürfe für jeden Geschmack an: Bungalows, klassische Familienhäuser mit ausgebautem Dachgeschoss, Landhäuser, Häuser in regionaltypischer oder moderner Architektur, Villen im Bauhaus-Stil. Auch ausgefallenes Design kann in Fertigbauweise verwirklicht werden.

Industrielle Vorfertigung

Die Bauelemente eines Fertighauses werden nicht auf der Baustelle, sondern in einer wettergeschützten Produktionshalle hergestellt. Oder technisch ausgedrückt: Zumindest die Elemente für die Wände - in der Regel auch für Decke und Dach - werden bei einem Fertighaus beidseitig geschlossen und von innen mit Wärmedämmung versehen vorgefertigt. Dieses Verfahren bietet Vorteile. Das ausbaufertige Haus ist nicht über lange Zeit ungeschützt der Witterung ausgesetzt, sondern wird von Fachleuten in einer Werks-halle vorbereitet – und auf der Baustelle an ein oder zwei Tagen regendicht montiert. Verarbeitungsfehler sind durch den Einsatz computergesteuerter Maschinen so gut wie ausgeschlossen. Auf die Qualität kann sich der Bauherr verlassen: Alle Bauteile werden kontrolliert, bevor sie das Werksgelände verlassen. Die führenden Hersteller unterliegen einer brancheneigenen Gütesicherung. Die Qualitätsgemeinschaft Deutscher Fertigbau (QDF) prüft alle Mitgliedsunternehmen des Bundesverbandes Deutscher Fertigbau (BDF) im Werk und auf der Baustelle.

J

Jahrhunderte

Dass Holzhäuser Jahrhunderte überdauern können, sieht man in vielen deutschen Städten eindrucksvoll an den historischen Fachwerkhäusern aus dem Mittelalter. Häuser aus Holz haben eine lange Tradition – und das gilt auch für die Fertigbauweise. Schon für den Tempelbau in der Antike wurden vorgefertigte Bauteile verwendet. Der Entwurf für das erste Fertighaus aus Holz wird Leonardo da Vinci

zugeschrieben. Das Universalgenie entwickelte um 1500 einen Gartenpavillon aus großflächigen Holzrahmentafeln. Der moderne Fertigbau setzt auf industrielle Vorfertigung, Qualitätssicherung und Individualität. Die technische Lebensdauer von Holzbauten kann mehrere hundert Jahre betragen. Die Lebenserwartung eines Holz-Fertighauses steht derjenigen eines konventionellen Mauerwerksbaus in nichts nach.

K

Keller

Ein Keller bietet Bauherren zusätzlichen Wohnraum oder Platz für Hobbys. Außerdem trägt er dazu bei, den Wert des Hauses zu sichern. Auch im Kellerbau hat die Vorfertigung Eingang gefunden. Wand- und Deckenelemente aus Betonfertigteilen werden entsprechend der Kellerplanung im Werk vorgefertigt und ähnlich wie ein Fertighaus auf der Baustelle montiert. Die Vorteile eines Fertigkellers sind Festpreis, Fixtermin, kurze Bauzeiten und Maßgenauigkeit. Viele Fertighaushersteller bieten auch die Errichtung eines Kellers an. An der Schnittstelle zum Haus sind die nötigen Anschlüsse vorbereitet. Die Gütegemeinschaft Fertigkeller (GÜF) informiert ausführlich über die Vorteile des Fertigkellers. Die Alternative zum Keller ist eine Bodenplatte, die kostengünstiger ist.

Klimaschutz

Holz-Fertigbau ist klimaschonendes Bauen. Denn der natürliche und nachwachsende Rohstoff Holz speichert für die Dauer seiner Nutzung das klimaschädliche CO_2. Je mehr Holz verwendet wird und nachwachsen kann, desto mehr wird die Erdatmosphäre vom Klimagas Kohlendioxid entlastet. Außerdem wird für die Herstellung einer Holztafel-Wand weit weniger Primärenergie benötigt als für eine Wand aus Mauerwerk oder anderen Baustoffen. Politiker jeder Couleur fordern deshalb, dass das Bauen mit Holz besonders gefördert werden muss.

Konstruktiver Holzschutz

Um Holz dauerhaft zu erhalten, muss es geschützt werden. Fertighaushersteller verzichten weitestgehend auf chemische Holzschutzmittel und setzen auf konstruktiven Holzschutz. Das Holz wird in speziellen Kammern getrocknet. Durch diese technische Trocknung wird verhindert, dass sich Risse im Holz bilden. Lockstoffe für Holzschädlinge gehen zurück und der Baustoff ist vor Insektenbefall geschützt. Neben dem Trocknungsverfahren sind der Einsatz natürlich resistenter Holzarten, die Verarbeitung des Materials und die Geometrie des Gebäudes für den Schutz des Baustoffes Holz entscheidend. Ein hochwertiges Haus ist so konstruiert, dass sich die Bauteile durch ihre Anordnung gegenseitig vor Feuchtigkeit schützen. So werden zum Beispiel Niederschlä-

ge abgeführt, indem man waagerechte Flächen vermeidet und Dachüberstände einsetzt. Das Verfahren wird auch baulicher Holzschutz genannt.

L

Lebensdauer

Das Vorurteil, Holz-Fertighäuser hätten eine geringere Lebensdauer und seien weniger wertbeständig als Häuser in konventioneller Bauweise, ist lange widerlegt. Wissenschaftliche Studien zeigen, dass moderne Holz-Fertighäuser qualitativ den Vergleich mit Häusern in anderer Bauweise nicht scheuen müssen – sondern im Gegenteil sogar Maßstäbe setzen. Sie genügen allen Anforderungen an Wärme-, Feuchte-, Brand- und Schallschutz oder übertreffen diese sogar. Die technische Lebensdauer von Holzbauten kann bei qualitätsorientierter Bauweise mehrere hundert Jahre betragen.

Leistungsbeschreibung

Die Bau- und Leistungsbeschreibung ist für den Bauherren die Bibel ihres Hausbaus. Denn dort steht Schwarz auf Weiß, welche Leistungen sie in welchem Umfang für ihr Geld erhalten. Die Bau- und Leistungsbeschreibungen sind bei vielen Anbietern der Baubranche uneinheitlich und unübersichtlich. Das Bundesbauministerium hat im Rahmen der „Initiative kostengünstig qualitätsbewusst Bauen" eine Broschüre zu den „Mindestanforderungen an Bau- und Leistungsbeschreibungen für Ein- und Zweifamilienhäuser" herausgegeben. Die führenden Fertighaushersteller orientieren sich an diesem Standard.

Luftdichtheit

Um Heizenergie zu sparen und den Vorgaben der Energieeinsparverordnung zu genügen, werden Häuser immer luftdichter gebaut. Zur Messung der Luftdichtheit wird im so genannten Blower-Door-Verfahren ein künstlicher Überdruck mittels eines großen Ventilators erzeugt und der Druckabfall zu bestimmten Zeitpunkten gemessen. Damit die erwärmte Raumluft nicht verloren geht, sind Lüftungsanlagen empfehlenswert. Sie sorgen für eine optimale Frischluftzufuhr und tragen außerdem zur Energieeinsparung bei. Die Haushersteller bieten ihren Kunden entsprechende Messungen an – und ausgetüftelte Lüftungssysteme, die für ein angenehmes Wohnklima sorgen.

M

Musterhäuser

Musterhäuser bieten eine ideale Orientierungshilfe für jeden, der den Bau eines Eigenheims plant. Hier steht der Entwurf des neuen Hauses nicht nur auf dem Papier. Er existiert in Originalgröße, ist begehbar und voll eingerichtet. Der künftige Bauherr kann

sich alle Details in Ruhe ansehen und ein Raumgefühl entwickeln. In Deutschland gibt es 15 große Musterhausausstellungen, in denen moderne Fertighäuser von Bauinteressierten erkundet werden können. Dort stehen auch Fachberater bereit.

N

Nachhaltigkeit

Holz ist ein nachhaltiger Rohstoff, weil er nachwächst und CO_2-neutral ist, und somit dauerhaft das ökologische Gleichgewicht hält und die natürlichen Ressourcen schont.

Natur

Fertighäuser bestehen aus natürlichen Baustoffen. Für ein Fertighaus werden durchschnittlich etwa 25 Kubikmeter Holz verwendet, zum größten Teil aus heimischer Fichte. Wände, Decken und Dächer werden aus Natur belassenem Holz hergestellt. Sägewerks- und Industrie-Restholz ist nur dann erlaubt, wenn es nachweislich unbehandelt ist. Wer ein Holzhaus baut, leistet einen nachhaltigen Beitrag zum Umweltschutz, denn der natürliche Baustoff aus dem Wald ermöglicht klimaschonendes Bauen.

O

Objektbau

Nicht nur das klassische Einfamilienhaus wird aus vorgefertigten Elementen gebaut, sondern auch Bürohäuser, Verwaltungsgebäude, Hotels, Turnhallen, Kindergärten, Schulen und sogar Kirchen. Immer mehr Kommunen und Unternehmen wollen die enormen Sparpotenziale der industriellen Vorproduktion nutzen. Der Auftraggeber bekommt auch im Fertigbau-Objektbau alle Leistungen aus einer Hand.

Ombudsstelle

Für die seltenen Fälle von Streitigkeiten zwischen Bauherren und einem Fertighaushersteller aus Reihen der Qualitätsgemeinschaft Deutscher Fertigbau (QDF) steht dort eine Ombudsstelle bereit, um zu vermitteln. Der Rechtsweg vor einem ordentlichen Gericht bleibt offen. Die Anrufung der Ombudsstelle ist kostenfrei.

P

Passivhaus

Ein Passivhaus ist Haus, dass aufgrund seiner Konstruktionsweise und Ausrichtung, sowie des intelligenten Einsatzes von Haustechnik quasi keine aktive Heizungsanlage mehr benötigt. Schlüssel ist ein niedriger Energiebedarf. Dieser wird durch die Qualität von Gebäudehülle und Haustechnik erreicht. Um das Haus warm zu halten, reichen Wärmerückgewinnung durch das Lüftungssystem, eingestrahlte Sonnenenergie, Eigenwärme der Bewohner und die Wärmeabgabe von Küchengeräten aus.

Preis

Alle führenden Fertighaushersteller geben ihren Kunden auf Wunsch eine vertragliche Festpreisgarantie. Außerdem halten es die Hersteller mit einer alten Kaufmannsregel: Erst die Ware, dann das Geld. Der Bauherr bezahlt nur für erbrachte Leistungen, also nach Baufortschritt. Fertighäuser stehen für hochwertiges Bauen und haben deshalb ihren Preis. Bauherren mit schmalerem Geldbeutel können durch Einbringung von Eigenleistungen sparen und ein Ausbauhaus erwerben.

Primärenergiebedarf

Der Primärenergiebedarf ist eine wichtige Kennzahl für die „Sparsamkeit" eines Hauses. Er wird in Kilowattstunden je Quadratmeter Wohnfläche und Jahr angegeben. Zum Primärenergiebedarf zählt nicht nur die Heizwärme, sondern auch die Trinkwassererwärmung sowie Energieverluste der Anlagen. Für jedes Haus wird nach der Energieeinsparverordnung ein maximal zulässiger Primärenergiebedarf anhand eines vergleichbaren Standard-Referenzhauses ermittelt. Dieser ist unter anderem von der Architektur und der Heiztechnik abhängig.

Q

Qualitätsgemeinschaft Deutscher Fertigbau (QDF)

Das Siegel der Qualitätsgemeinschaft Deutscher Fertigbau (QDF) garantiert Bauherren Sicherheit beim Hausbau. Die Mitgliedsunternehmen haben sich ein strenges Regelwerk gegeben, nach dem die Häuser, die verwendeten Baumaterialien, die Fertigung und der ganze Bauprozess kontrolliert werden. Alle QDF-Mitgliedsunternehmen unterwerfen sich den in der Satzung enthaltenen Qualitätssicherungsbestimmungen. Das QDF-Siegel wird nur für ein Jahr verliehen, danach muss der Hersteller sich dieses Prädikat erneut verdienen – und zwar über Kontrollen von Prüfern im Werk und auf der Baustelle. Geprüft werden die Gebäudehülle und schlüsselfertig ausgebaute Eigenheime.

Qualitätssicherung

Im Rahmen der Qualitätsgemeinschaft Deutscher Fertigbau (QDF) unterwerfen sich die führenden Hersteller einem mehrstufigen Kontroll- und Qualitätssicherungsverfahren, das in der deutschen Bauwirtschaft einmalig ist. Mindestens zwei Mal pro Jahr kommen Überwacher in die Werke und auf die Baustellen. Es wird kontrolliert, ob die tatsächliche Ausführung auch mit der Bauplanung übereinstimmt. Auch Konstruktion, Wärmeschutz, Schallschutz, Brandschutz und sämtliche Materialien

werden überprüft. Die Hersteller müssen außerdem die Raumluft ihrer Häuser messen lassen. Ein weiterer Nachweis, der erbracht werden muss, ist ein ausreichender Grad der Luftdichtheit der Gebäude.

R

Raumklima

s. Gesundheit

Raumluftmessung

Die führenden Hersteller von Fertighäusern lassen regelmäßig Raumluftmessungen durchführen. Gemessen wird Formaldehyd im unmöblierten, schlüsselfertigen Haus. Damit wird kontrolliert, ob die Emissionsmengen den wohnhygienischen Anforderungen genügen. Darüber hinaus behält sich der Überwachungsausschuss vor, zur zusätzlichen Kontrolle stichprobenartig Raumluftmessungen anzuordnen, bei denen auch andere Stoffe und Verbindungen erfasst werden.

S

Schallschutz

Für Einfamilienhäuser bestehen keine gesetzlichen Auflagen für den Schallschutz. Für Häuser in Holz-Tafelbauweise gilt: Außengeräusche bis zu 65 Dezibel – das entspricht einem mit 100 Stundenkilometern vorbei fahrenden Auto – dürfen im Haus nur stark vermindert hörbar sein. Ihr Lärmpegel im Inneren darf 30 Dezibel nicht überschreiten. Beim Schallschutz arbeitet der Fertigbau mit einer intelligenten Kombination der Werkstoffe und der Schichtenanordnung. Ein mehrschaliger Wandaufbau mit schalldämmenden Werkstoffen schafft Ruhe in den Häusern.

Service

Die deutsche Holz-Fertigbauindustrie setzt auf Kundenservice. Dieser beginnt bei der Betreuung der Bauherren durch die Fachberater, Bauleiter und Architekten. Im Fertigbau kommt alles aus einer Hand. Das minimiert Ärger mit Behördengängen und Handwerkerrechnungen, sowie unliebsame Überraschungen bei Fristen und Finanzierungskonditionen. Der Fachberater ist fester Ansprechpartner, hilft auf Wunsch bei der Grundstückssuche, bei Versicherungen und bei der Finanzierung. Und: Der Service eines Fertighausherstellers endet nicht am Tag der Bauabnahme. Auch darüber hinaus steht er den Bauherren als Partner rund um Erweiterung oder Modernisierung des Hauses zur Verfügung.

Sicherheit

Fertighäuser aus Holz stehen Häusern in anderen Bauweisen und aus anderen Baustoffen in Sachen Brandschutz, Schallschutz oder Lebensdauer in keiner Weise nach. Dafür bürgt die brancheneigene Qualitätssicherung.

T

Termine

Alle Mitgliedsunternehmen des Bundesverbandes Deutscher Fertigbau (BDF) vereinbaren auf Wunsch mit dem Bauherrn vertraglich Hausaufbau- bzw. Fertigstellungstermine, die - abhängig von den vom Bauherrn zu erfüllenden Aufbauvoraussetzungen - verbindlich sind. Der Bauherr weiß also lange im Voraus, an welchem Tag der Möbelwagen kommen kann. Zusätzliche finanzielle Belastungen wegen einer verzögerten Fertigstellung kommen beim Fertigbau nicht vor.

Trockene Bauweise

Feuchte Wände gibt es im Holz-Fertigbau nicht. Die Bauteile bestehen aus trockenen Werkstoffen, werden in wettergeschützten Werkshallen vorgefertigt und im Lastwagen zur Baustelle transportiert. Innerhalb von ein bis zwei Tagen ist die Montage abgeschlossen und das ausbaufertige Haus steht regendicht auf der Baustelle. Weil Trocknungszeiten entfallen, kann sofort mit dem Innenausbau begonnen werden.

U

Umweltschutz

Umweltschutz hört im Fertigbau nicht bei der Entscheidung für den natürlichen und klimaschonenden Baustoff Holz auf. Alle Abfall- und Reststoffe, die bei Werksfertigung und Montage anfallen, werden einer geordneten Entsorgung zugeführt. In Zusammenarbeit mit überregionalen Entsorgern wurde hierfür ein Baustellen-Entsorgungssystem entwickelt, das die Rückführung der Abfälle zentral übernimmt. Die führenden Hersteller gewährleisten ein Höchstmaß an Abfallvermeidung und Recycling.

U-Wert

Kennzahl für die Wärmedämmung von Bauteilen wie Außenwänden oder Dächern ist der Wärmedurchgangskoeffizient, der so genannte U-Wert. Er gibt an, wie groß die in Watt gemessene Wärmemenge ist, die in einer Stunde durch einen Quadratmeter Fläche geht, wenn der Temperaturunterschied auf beiden Seiten ein Grad Celsius beträgt. Anhand des U-Wertes bewertet man den Wärmeschutz eines Hauses: Je niedriger er ist, desto besser die Wärmedämmung. Die Mitgliedsunternehmen der Qualitätsgemeinschaft Deutscher Fertigbau (QDF) haben sich zu einem U-Wert für Außenwände von höchstens 0,25 verpflichtet und liegen damit unter den Vorgaben der Energieeinsparverordnung.

V

Versicherung

Die auf jeder Baustelle nötigen Versicherungen zählen zu den Ausgaben, die ein Bauherr zusätzlich zu den Baukosten des Hauses einkalkulieren muss. Die Bauherren-Haftpflichtversicherung ist unverzichtbar, denn die Privathaftpflichtversicherung des Bauherrn deckt Unfälle am Bau meist nicht ab. Sowohl die Bauherren-Haftpflicht- als auch die Bauleistungsversicherung für Schäden am Gebäude sind zu günstigen Konditionen speziell für Fertighäuser erhältlich.

Vertrag

Ein Bauvertrag sollte mindestens aus folgenden Punkten bestehen: Einer Bau- und Leistungsbeschreibung, Angaben zu Vergütung und Zahlungsmodalitäten, Termine, Sicherheiten, Kündigungsregeln und Folgen einer Kündigung. Eine detaillierte Bau- und Leistungsbeschreibung enthält nachvollziehbare, exakte Angaben über die einzelnen Gewerke und die Grundausstattung des Hauses. Zusätzliche Vereinbarungen, die später bei der Ausstattungsberatung getroffen werden, werden dem Bauvertrag hinzugefügt, mit Vermerk über Mehr- oder Minderkosten. Ebenso sind Sonderanfertigungen und besondere Absprachen schriftlich als Bestandteil des Bauvertrages festzuhalten. Bauverträge sind in der Regel Werkverträge nach dem Bürgerlichen Gesetzbuch. Die Anwendung der Bestimmungen der Vergabe- und Vertragsordnung für Bauleistungen (VOB) kann vereinbart werden, ist aber selten.

W

Wandaufbau

Der Außenwandaufbau der einzelnen Hersteller ist unterschiedlich und hängt auch vom gewünschten U-Wert der Wand ab. Allen gemeinsam ist, dass in der Wandtafel Wärmedämmung integriert ist. Meist befindet sich unter dem Außenputz ein Wärmedämmverbundsystem, dann eine Holzwerkstoff- oder Gipsbauplatte, dann kommt das Fach mit dem Dämmmaterial, bevor auf der Innenseite eventuell eine Diffusionssperre und erneut eine Holzwerkstoff- oder Gipsbauplatte angebracht sind.

Wärmebrücken

Energetische Schwachstellen in Außenbauteilen eines Hauses weisen eine geringere Wärmedämmung als ihre Umgebung auf. An diesen Wärmebrücken verliert das beheizte Haus schneller Energie. Betroffen sind die Anschlüsse der Bodenplatte, der Kellerdecke oder des Daches an die Außenwand, die Anschlüsse der Geschossdecken und der Innenwände, Rollladenkästen und alle herausragenden Bauteile wie Balkone oder Vordächer. Wärmebrücken lassen sich durch sorgfältige Planung und eine lückenlos ausgeführte Dämmung reduzieren. Die

führenden Hersteller führen Nachweise der Wärmebrücken gemäß der Energieeinsparverordnung.

Werthaltigkeit

s. Lebensdauer

Wirtschaftlichkeit

Fertighäuser bieten beste Voraussetzungen für einen wirtschaftlichen Hausbau. Die Einbringung von Eigenleistungen ist problemlos möglich. Die Bauweise ist platzsparend und eignet sich auch für ungünstig geschnittene oder kleine Grundstücke. Der Heizenergiebedarf der Eigenheime ist niedrig, die Bewohner haben nur geringe Kosten zu tragen.

XYZ

Zeit

Aufgrund der Vorfertigung ist die eigentliche Bauzeit eines modernen Fertighauses auf dem Bauplatz kurz: Das Haus steht regendicht in weniger als 48 Stunden, einschließlich des geschlossenen Daches. Vom Vertragsabschluss über die Fertigung im Werk bis zur Lieferung und Montage auf der Baustelle vergehen erfahrungsgemäß nur wenige Monate. Die kurze Bauzeit spart Geld, denn sie hält die Zeit der Mehrfachbelastung durch Miete und Zinszahlungen kurz. Auf Wunsch garantieren die führenden Haushersteller ihren

Bauherren den Tag der Fertigstellung und schreiben das Datum im Bauvertrag fest.

Zukunft

Bei vielen Experten gilt der Holz-Fertigbau als das Bauen der Zukunft. Grund ist, dass die Häuser aufgrund ihrer Konstruktionsweise energiesparsam sind und ihr Baustoff Holz das Klima schont. Als zukunftsträchtige Form des Hausbaus gilt das Plusenergiehaus. Damit ist ein Eigenheim gemeint, dass über erneuerbare Energien im Jahresverlauf mehr Primärenergie produziert als es verbraucht.

Zuschüsse

Die wichtigste Fördermöglichkeit für Bauherren ist das Programm „Energieeffizient Bauen" der staatlichen KfW-Förderbank. Seit 2010 können sie nicht nur zinsgünstige Kredite, sondern auch direkte Tilgungszuschüsse beantragen. Voraussetzung ist, dass sie ein energiesparsames Haus errichten wollen. Die Förderbedingungen der KfW orientieren sich an der Energieeinsparverordnung (EnEV): Nur Häuser, die die Vorgaben der EnEV weit unterschreiten, werden gefördert. Fertighäuser sind energiesparsam und bringen alle Voraussetzungen dafür mit, Bauherren den Weg zu KfW-Fördermitteln zu ebnen.

Index